Boris & Oliver Schumacher

Wie Familie halt so is(s)t

Kleines Glück? Bunte Runde? Große Party? Zeigt uns Eure Küchenabenteuer!

   @heimathaufen
#wiefamiliehaltsoisst #meinheimathaufen

Impressum

Bibliografische Informationen der Deutschen Nationalbibliothek
Die Deutsche Nationalbibliothek verzeichnet diese Publikation in der Deutschen Nationalbibliografie; detaillierte bibliografische Daten sind im Internet über http://dnb.d-nb.de abrufbar.

ISBN: 978-3-95894-106-9 (Print) / 978-3-95894-107-6 (E-Book)

© Copyright: Omnino-Verlag, Berlin / 2019

Alle Rechte, auch die des Nachdrucks von Auszügen, der fotomechanischen und digitalen Wiedergabe und der Übersetzung, vorbehalten.

E-Book-Herstellung: Open Publishing GmbH

Boris & Oliver Schumacher

Wie Familie halt so is(s)t

Das ehrliche Friends & Family Kochbuch

Über das Buch

Das Leben ist bunt – und genauso sollte es in unseren Küchen zugehen. Denn simpel muss nicht gleich langweilig sein. Eine kreative und spannende Küche ist mit einfachen Zutaten und ohne aufwendige Zubereitung möglich.
Sei es die schnelle Küche für den Familientisch, der kunterbunte Abend mit Freunden oder die große Gartenparty – für alle Anlässe bietet dieses Buch das passende Gericht. Kein Schnick-Schnack, absolut frustfrei, mit großer Auswahl an unterschiedlichsten Gerichten und Bildern, die nicht nur Appetit auf Kochen machen, sondern jedes Rezept gänzlich ohne Foodstyling genauso abbilden, wie es nach der Anleitung gekocht (und gegessen) wurde.
Ein Buch für gemeinschaftliches Kochen, Essen und Genießen. Viele Sonderseiten zu Teigen, Saucen, Eis, Dips und Marmeladen sorgen für noch mehr Abwechslung auf dem Teller.

Dieses Kochbuch ist ...
... ehrlich:
Du kriegst, was Du siehst! Kein Fake, keine inszenierten Teller, keine Stylisten und keine Fooddesigner.
... sozial:
Das Leben ist bunt – mach was draus! Essen sollte keine nebensächliche Nahrungsaufnahme sein, sondern Spaß machen. Gemeinsam kochen, gemeinsam genießen – für fröhliche und leckere Abende mit Familie und Freunden.
... praktikabel:
Mach Dir Arbeit, die was wert ist! Rezepte, die funktionieren für Einsteiger und Fortgeschrittene.

Über die Autoren

Boris und Oliver sind Food-Liebhaber aus vollem Herzen! Sie verbindet die Leidenschaft für Kochen, frische und leckere Zutaten, ehrliche Küche und ein gutes Glas Rotwein. Ihre Liebe zu gutem Essen und der Faszination für Lebensmittel und Kochen geht sogar so weit, dass sie 2018 eine offizielle Ausbildung zum Pizzaiolo (Pizzabäcker) gemacht haben.

Während Boris schon früh in der Küche aktiv war und schnell ein Gespür für verschiedene Geschmacksrichtungen, feine Nuancen und den Mut, auch mal ungewöhnliche Sachen zu kombinieren entwickelt hat, hat Oliver seinen Weg in die Küche eher spät gefunden. Nun ist er aber Genießer durch und durch, der leidenschaftlich selbst den Kochlöffel schwingt, vor keinem ungewohnten Gericht zurückschreckt und eine ausgewogene Küche über alles schätzt.

Für Liv.

„Wege entstehen dadurch,
dass man sie geht."

Franz Kafka

Danke allen, die uns bisher auf dieser Reise begleitet haben.

HEI|MAT|HAU|FEN, der

Ansammlung von Menschen, bei denen man sich vertraut, sicher, geschützt und verstanden fühlt.

Vorwort

Wir lieben Essen über alles! Und daraus machen wir auch keinen Hehl. Selbst ohne gelernte Köche zu sein, kochen wir für unser Leben gern. Das soll an dieser Stelle nur kurz erwähnt werden...

In unserem Küchenschrank schlummerten viele Familienrezepte in Form loser Blätter und mit jedem Kochabend kamen weitere Zettel hinzu – so konnte das nicht weitergehen.
Damit reifte die Idee eines eigenen Kochbuches. Ehrlich. Sozial. Praktikabel. – Einfach anders als bisherige Kochbücher. Die Rezepte sollten ohne großen Aufwand funktionieren, die Bilder auf Retusche und Fake verzichten, die Speisen nicht aufwendig dekoriert und extravagant angerichtet und die Bandbreite an Gerichten bunt wie das Leben selbst sein.
Von vorne bis hinten haben ausschließlich wir beide dieses Buch erstellt. Keine Grafiker, keine Fotografen, keine Köche, keine Texter. Diese Machart und die Authentizität des Buches machen es für uns einzigartig.

Für uns ist dieses Kochbuch aber noch so vieles mehr...
Wir selbst haben uns mit der Arbeit an diesem Buch auf eine Reise begeben, ohne dass wir genau wussten, wo diese uns hinführen würde. So glauben wir mittlerweile fest daran, dass wir alle gemeinsam Einiges zum Besseren verändern können, wenn wir wieder anfangen, uns bewusst mit Essen & Genuss zu beschäftigen.

Häufig setzt sich jeder Einzelne in unserer Gesellschaft viel zu wenig mit dem auseinander, was er täglich zu sich nimmt. Meist erfolgt die „Nahrungsaufnahme" sogar eher unbewusst – nämlich im Vorbeigehen, schnell zwischendurch oder beim Warten auf die nächste Bahn.
Die Industrie macht es uns auch zunehmend einfacher: früher Tütensuppen, Konserven und abgepackte Sandwiches, heute vollwertige Mahlzeiten in Pulverform – Wasser dazu, schütteln, fertig!

Mit Blick auf diese Entwicklungen im Bereich Food sind uns die Auswirkungen und Ausmaße der gesellschaftlichen Veränderungen besonders bewusst geworden.

Es ist daher wichtig, dass wir die Freude am Kochen, das Interesse an der Entstehung und Zusammensetzung unserer Lebensmittel neu entdecken. Nur so erlangen wir wieder Hoheit über die eigene Ernährung und sind in der Lage, dieser bewusst nachzugehen und Industrieware zu hinterfragen. Die tägliche Nahrungsaufnahme sollte für uns alle wieder ein genussvoller, wichtiger und fester Bestandteil des Alltags sein. Und vor allem ist Kochen und Essen kein Solosport, sondern ein fröhliches, sinnliches und gemeinschaftliches Ereignis, das uns dafür öffnet, aufeinander zuzugehen und neue Geschmacksrichtungen, Küchen und Kulturen zu entdecken.

So wurde dieses Kochbuch für uns wahrlich zu einer Herzensangelegenheit. Natürlich kann das Buch, das ist uns auf der „kurzen" Reise bereits bewusst geworden, nur der Anfang und erste Schritt sein. Aber ein erster Schritt für mehr Mut am Herd und Lust auf Kochen.

Vergesst also, dass Kochen schwer oder anstrengend sein soll, keinen Spaß macht und anscheinend nur mit teuren Küchenmaschinen gelingt. Sucht Euch ein Rezept aus, ladet Familie und Freunde ein und entdeckt die Freude am Selbstmachen – ganz ohne Fertigprodukte und Gesundheitswahn.

Wir wünschen Euch von Herzen ganz viele genussvolle Momente mit Eurem HEIMATHAUFEN und diesem Buch!

Boris & Oliver

Inhalt

Intro	11
Kleines Glück	21
Bunte Runde	81
Große Party	131
Teig	167
Saucen, Dips & Cremes	177
Eis & Sorbet	189
Marmelade	195
Register	200

„Gute Zutaten, gute Gesellschaft und Spaß am Kochen sind die Basis für Erfolg am Herd."

Intro

Jeder Mensch hat andere Angewohnheiten in der Küche und (wie wir selbst schmerzlich erfahren mussten) auch jede Küche ist anders. Dafür gibt es genau dieses Kapitel!

Damit der Spaß niemals zu kurz kommt und der Erfolg am Herd mit diesem Buch frustfrei gelingt, haben wir bei allen Rezepten darauf geachtet, möglichst wenige Tools und schwer im Supermarkt erhältliche Lebensmittel oder Gewürze einzusetzen. Die Küchenhelfer, Techniken und Zutaten, welche uns besonders am Herzen liegen, haben wir für Euch nachfolgend zusammengeschrieben.

Einfach anfangen!

Seid kreativ! Es ist nicht nötig, sich bei allen Rezepten mit genauester Präzision an die Zutaten und Mengenangaben zu halten (außer beim Backen vielleicht ;-) – seht die Rezepte daher viel mehr als Einstieg, als Ausgangspunkt für Eure eigenen Kreationen. Und probiert gerne mal etwas Neues aus! Damit Euch das bestmöglich gelingt, hier ein paar Hinweise und Anmerkungen von uns:

» Selbstverständlich sind alle Zutaten immer gewaschen, daher haben wir dies nicht extra in den Rezepten notiert.

» Wenn es im Rezept nicht zu Verwechslungen kommen kann, haben wir es uns gespart, die genauen Bezeichnungen der Lebensmittel (rote Paprika) und Mengenangaben (2 TL Pfeffer) aus der Zutatenliste erneut in den Zubereitungsschritten auszuführen.

» Wenn es mal schnell gehen muss, könnt Ihr auch fertige Spätzle, Maultaschen, Sauce Bolognese etc. verwenden – wir gehen bei den Mengenangaben allerdings immer davon aus, dass Ihr die Rezepte aus dem Buch nutzt.

» Die wichtigsten Utensilien in unserer Küche haben wir auf den folgenden Seiten für Euch aufgelistet. Ihr findet daher in den Rezepten selbst keine zusätzlichen Angaben zu benötigten Küchenhelfern (das gilt auch für Salzwasser zum Kochen von Pasta & Co.).

» Viele Rezepte sind auf 2 Portionen ausgelegt – einfach, weil wir finden, dass es Euch leichter fallen wird, auf die benötigten Portionen hochzurechnen, als herunterzurechnen. Denn wo bekommt man schon ⅛ Zucchini gekauft? Außerdem ist Familie bunt und nicht „4"!

Auf jeder Rezeptseite findet Ihr direkt neben der Zubereitung immer einige Symbole, damit Ihr bereits einen ersten Eindruck von dem Gericht bekommt. Dabei möchten wir die drei wahrscheinlich brennendsten Fragen beantworten*:

Ist das scharf?	Liegt das schwer im Magen?	Viel oder wenig zu futtern?
Nö, da ist nicht mal Knoblauch drin.	I wo, nur Luft ist noch leichter.	Hm, ein bisschen wenig ist das schon…
Vielleicht, ein wenig Knobi/Chili ist schon am Start…	Nein, es kann danach direkt unbeschwert weitergehen.	Naja, dazu geht auf jeden Fall noch eine Beilage.
Absolut, da sollte man Schärfe schon mögen!	Richtig satt und zufrieden trifft es besser.	Wir nennen das eine vernünftige Portion.
Puh, uns läuft selbst immer noch der Schweiß…	Nach ein/zwei Verdauungsschnäpsen nicht mehr…	Wer diese Portion alleine verputzt: Respekt!

PS: Nehmt die Symbole ernst – wir beide sind gute Esser, die es gerne scharf mögen… ;-) Passt die Rezepte also sehr gerne an Euren Geschmack an und experimentiert mit Chili und Pfeffer (zugeben geht immer, wegnehmen ist da schon schwieriger). Und vergesst nicht: Wenn was übrig bleibt, freuen sich vielleicht Eure Mitbewohner, Nachbarn oder Arbeitskollegen darüber. Oder Ihr habt einfach bereits ein Essen für die kommenden Tage (fast alles hält sich nämlich ein paar Tage im Kühlschrank).

*Die Symbole für Satt-Faktor und Portionsgröße beziehen sich stets auf eine Portion bzw. ein Stück/ein Glas/100 ml/100 g.

Äh, gibt's das auch in glutenfrei?

Wenn Ihr schon einen Blick in das Register geworfen habt, werdet Ihr sicherlich gesehen haben, dass viele Rezepte bereits „von Natur aus" vegetarisch, vegan, glutenfrei und/oder laktosefrei sind.
Damit Ihr das allerdings auch auf den Rezeptseiten sofort erkennen könnt, findet Ihr dort jeweils die passenden Symbole*:

Fleisch, Fisch & Geflügel   Vegetarisch   Vegan   Laktosefrei   Glutenfrei

Allerdings lassen sich viele weitere Rezepte bereits durch kleine Änderungen (oder entsprechende Aufmerksamkeit beim Einkauf) ganz schnell auf das jeweilige Bedürfnis anpassen.
Überall wo das möglich ist und von uns empfohlen wird (manche Rezepte funktionieren einfach nicht so wie gedacht, wenn man z.B. laktosefreie Produkte verwendet), haben wir Euch ein paar weitere Symbole hinterlassen. So gibt es die Symbole von oben noch in einer grauen Variante, um zu signalisieren, dass die Rezepte mit den Empfehlungen von dieser und der folgenden Seite abgewandelt werden können.

Optional Vegetarisch

Hackfleisch	→	Durch vegetarisches „Hackfleisch" auf Basis von zum Beispiel Mycoprotein oder Hühnereieiweiß ersetzen.
Prosciutto Cotto, Speck	→	Einfach weglassen.
Putenschnitzel, Steak	→	Einfach weglassen oder alternativ durch ein vegetarisches Produkt nach Wahl ersetzen.
Maultaschen	→	Jeder Supermarkt bietet auch vegetarische Maultaschen an. Kauft einfach diese – oder macht sie am besten gleich selbst (wir haben natürlich auch an vegetarische Varianten gedacht).

Wir empfehlen, bei fertigen Saucen und Zubereitungen immer einen Blick auf die Zutaten zu werfen. So ist unsere verwendete Worcestershire Sauce zwar vegetarisch, es gibt sie aber wohl auch mit Sardellen...

Optional Vegan

Parmesan (zum Drüberstreuen)	→	Einfach weglassen.
Hackfleisch	→	Durch veganes „Hackfleisch" z. B. auf Basis von Soja ersetzen.
Hähnchenbrustfilet	→	Einfach weglassen.
Wein	→	Auf die Verwendung von veganem Wein achten.
Honig	→	Durch Ahornsirup oder Agavendicksaft ersetzen.

*Den auf Verpackungen häufig verwendeten Zusatz „Kann Spuren von ... enthalten" haben wir hinsichtlich der Einordnungen nicht weiter berücksichtigt.

Optional Laktosefrei

(reifer) Käse	→	Da der Laktosegehalt bei Käse von seiner Reifedauer abhängt, einfach beim Kauf den Laktosegehalt prüfen (häufig liegt dieser bei unter 0,1 g pro 100 g Käse).
Butter	→	Je nach Ausprägung der Laktoseintoleranz kann normale Butter verwendet werden (rund 0,6 g Laktose pro 100 g), ansonsten zu „laktosefreier Butter" greifen.
Milch & sonstige Milchprodukte (Sahne, Frischkäse, Mozzarella, Ricotta, Crème fraîche, Joghurt)	→	Auf den Laktosegehalt achten (in der Regel muss hier zu einer besonderen laktosefreien Variante gegriffen werden); bitte nicht durch pflanzliche Varianten (z.B. Mandelmilch) ersetzen.
Schokolade	→	Auf Laktosegehalt achten (bereits Zartbitter Schokolade mit min. 75 % Kakao enthält unter 1 g Laktose pro 100 g).

Alle Rezepte mit Milchprodukten sind mit „optional laktosefrei" gekennzeichnet, da der Grad der Unverträglichkeit eine wichtige Rolle spielt. Allerdings sind viele Zutaten von Natur aus bereits laktosearm.

Optional Glutenfrei

Pasta, (Toast-) Brot	→	Durch eine der auf dem Markt erhältlichen glutenfreien Varianten ersetzen (z. B. auf Basis von natürlich glutenfreien Zutaten wie Reis, Mais, Kichererbsen, Linsen, Buchweizen). Leider wird bei machen Rezepten das Gluten aus dem Brot benötigt – daher lässt es sich dort durch nichts ersetzen.
Tortilla Chips	→	Eigentlich werden Tortilla Chips aus Maismehl hergestellt. Beim Einkauf aber dennoch auf die Zutaten achten: Manchmal ist nämlich zusätzlich auch Weizen enthalten.
Löffelbiskuit	→	Durch eine glutenfreie Variante ersetzen.
Sojasauce, Chipotle Sauce, Worcestershire Sauce	→	Auf entsprechende Hinweise achten, denn auch wenn Weizen oder Gerste verwendet wurden, können die Endprodukte (je nach Herstellungsmethode) dennoch glutenfrei sein.
Selbstgemachte Pasta aus Weizenmehl und Hartweizengrieß	→	Den Pastateig aus Buchweizenmehl herstellen (siehe auch ausführliche Beschreibung im Tipp beim Rezept).

Und was ist mit Alkohol?

In ein paar Rezepten ist Alkohol enthalten. Allerdings nicht, um in einem unscheinbaren Essen ordentlich Promille zu verstecken, sondern für den Geschmack. Muss es ohne gehen, könnt Ihr Wein meist durch Brühe ersetzen. Hochprozentiges weglassen und Rum-, Bittermandel-, oder Orangenaroma verwenden.

Ich packe meinen Koffer…

Zum Kochen braucht es häufig gar nicht viel Ausrüstung. Etwas mehr als ein gutes Messer, ein geeignetes Schneidebrett und ein paar Töpfe und Pfannen sollte es dann aber doch sein. Daher haben wir hier für Euch sämtliche unserer Küchenutensilien niedergeschrieben — alphabetisch sortiert und nach Wichtigkeit aufgeteilt. Nicht erschrecken: Die Liste ist etwas länger, weil wir wirklich ALLE Sachen aufgeschrieben haben — wir sind allerdings überzeugt, dass Ihr mindestens alle Dinge der ersten Spalte Zuhause habt.

Ohne geht's nicht

- Alufolie
- Backofen & Backbleche
- Backpapier
- Besteck
- (Schneide-) Bretter
- Frischhaltefolie
- Geschirrtücher
- Herd
- (Holz-) Kochlöffel
- Küchenpapier
- Messer
- Pfanne (ofenfest)
- Pfannen (beschichtet)
- Pfannenwender
- Pürierstab
- Schneebesen
- Schüsseln
- Tassen & Gläser
- Töpfe (auch mit Deckel)
- Topflappen

Ganz praktisch

- Auflaufform
- Back-/Silikonpinsel
- (Brownie-) Backform
- Brotbackform
- Handrührgerät
- Nudelholz
- Rührlöffel
- Schaumlöffel
- Schüssel (verschließbar)
- (Abtropf-) Sieb & Küchensieb
- Silikon-/Dauerbackfolie
- Sparschäler
- (Gugelhupf-) Springform, ⌀ ca. 26/28 cm (entspricht etwa 2 x ⌀ 18 cm)
- Spülmaschine ;-)
- Teigkarte
- Universalzerkleinerer
- Wasserbadschüssel
- Wok

Geht auch ohne

- Kleine Auflaufförmchen
- Fleischklopfer
- Fritteuse
- Garnierring
- Kartoffelpresse
- Kartoffelstampfer
- Kirschentkerner
- Küchenbrenner
- Mörser
- Muffinform
- Passiermühle
- Pastamaschine
- Spätzlebrett & Schaber
- Teigrädchen
- Waffeleisen

Vom Abkochen, Kneten & Passieren

Wenn man in ein Lebensmittellexikon schaut, dann können einen die vielen Begriffe schon ein bisschen schwindelig machen. Da wird Kochen irgendwie gleich zur Wissenschaft. Wir finden aber, dass dies überhaupt nicht nötig ist. Aus unserer Sicht ist es viel entscheidender, ein gemeinsames Verständnis zu schaffen. Daher hier unsere wichtigsten Begriffe. Das Wichtigste allerdings: G – wie Gefühl...

Abkochen
Wenn Ihr Saucen oder Marmeladen haltbarer machen wollt, empfiehlt sich das Abfüllen in abgekochte Gläser und Flaschen. Hierzu die Gefäße und Deckel randvoll mit kochendem Wasser füllen und einen Augenblick stehen lassen. Wasser abgießen und direkt die Sauce etc. abfüllen. Gefäß sofort fest verschließen und für ca. 5 Minuten auf dem Kopf stehen lassen.

Andünsten
Zum Andünsten das Gemüse etc. in wenig Fett auf niedriger bis mittlerer Hitze langsam garen. Es sollte dabei nicht angebraten werden, sondern maximal eine leichte Bräunung bekommen.

Backen
Während bei allen anderen Gerichten etwas mehr oder weniger nicht entscheidend ist, kommt es beim Backen durchaus auf Genauigkeit an.
Dies betrifft sowohl die Mengenangaben, als auch die Zutaten selbst. So gelingen einige Rezepte leider nicht, wenn man auf gluten- und laktosehaltige Zutaten verzichtet.
Außerdem können ein paar wenige Kniffe helfen, gute Backergebnisse zu erzielen:
» Für Backwaren wie Brot, Brötchen, Pizza & Dünnele empfiehlt es sich, die Backbleche stets auf volle Hitze aufzuheizen und nicht auf einem kalten Blech zu backen. So bekommt der Teig von Anfang an auch von unten ordentlich Hitze (ähnlich einem Pizzastein). Der Boden wird schön kross und weicht nicht so leicht durch.
» Wenn ein Kuchen noch etwas Backzeit benötigt, reicht es aus, ihn mit etwas Alufolie abzudecken, um zu verhindern, dass er oben zu dunkel wird. Die Folie schützt die Oberseite des Kuchens etwas vor der Hitze.
» Mit einem Zahnstocher oder Schaschlick kann man ganz einfach prüfen, ob der Kuchen fertig ist. Hierzu an mehreren Stellen vorsichtig in den Kuchen stechen. Klebt nach dem Einstechen Teigmasse am Holz, ist der Kuchen noch nicht fertig (enthält der Kuchen z. B. Schokolade, darf diese natürlich am Holz kleben).

Einkochen/köcheln lassen
Um Saucen und Suppen etwas einzudicken, lassen wir diese in der Regel bis zu einer Stunde einkochen. Hierbei ist es sehr wichtig, von Zeit zu Zeit umzurühren, die Konsistenz zu prüfen und die Temperatur ggf. anzupassen. Je weiter die Flüssigkeit reduziert ist, desto weniger Hitze wird benötigt und desto leichter kann die Sauce anbrennen. Deswegen immer nur auf niedriger Flamme köcheln lassen und regelmäßig umrühren.

Gefühl
Kochen hat viel mit Gefühl zu tun. Es geht dabei nicht um das strikte Einhalten von Anleitungen, sondern auch darum, nach seinem persönlichen Gefühl zu gehen – was bei uns nach 10 Minuten schön gar ist, kann bei Euch vielleicht bereits total verbrannt sein (schon auch deshalb, weil jede Küche anders ist). Es kommt insofern viel weniger darauf an, die (Zeit-) Angaben genau einzuhalten, sondern zu einem guten Ergebnis zu kommen.

Gelierprobe
Mithilfe dieser Probe kann man prüfen, ob die zu gelierende Flüssigkeit nach dem Abkühlen die gewünschte Festigkeit erreichen wird. Dazu gibt man einen Klecks der Flüssigkeit auf einen Teller und prüft, ob sie nach ca. 1 bis 2 Minuten fest wird (geliert). Wenn dies nicht der Fall ist, weiter köcheln lassen oder zusätzlichen Gelierzucker hinzufügen.

Kneten
Geknetet wird bei uns stets von Hand. Einerseits spart man sich so eine teure Küchenmaschine, andererseits habt Ihr den Teig viel besser unter Kontrolle. Wir haben es auch erst für ein Märchen gehalten, dass der Teig „die Wärme der menschlichen Hand benötigt" – bis wir einmal

versucht haben, unseren Pizzateig von einer Haushaltsmaschine kneten zu lassen. Der Teig war absolut unelastisch und riss furchtbar schnell. Daher empfehlen wir, immer mit warmen Händen und ganz viel Kraft zu kneten (je kräftiger Ihr knetet, desto stärker bildet sich das Glutennetz aus). Sobald der Teig nicht mehr klebt und sich elastisch anfühlt, seid Ihr fertig – nur Mut, das kann bis zu zehn Minuten dauern.

Mengenangaben
Groß, klein, Bund, Stück – irgendwie jedes Mal anders. Wir finden, beim Kochen ist das nicht schlimm. Deswegen gibt es in diesem Buch nicht nur absolute Angaben wie Gramm, sondern auch mal Stück, Bund, klein, groß, ml, TL und EL…
Als grobe Richtlinie gilt:
» 2 TL sind in etwa 1 EL
» 100 ml sind in etwa 100 g
» TL und EL sind immer gehäuft, außer bei Salz und Pfeffer – da sind sie immer gestrichen.
»   Verpackungsgrößen unterscheiden sich häufig und auch frische Zutaten lassen sich nicht auf's Gramm genau kaufen. In diesem Fall einfach verwenden, anstatt wegzuschmeißen.
Nehmt es also nicht immer zu genau. Außer beim Backen – da geben wir aber auch meist alles in Gramm an ;-)

Passieren
Der Großteil unserer Rezepte kommt zwar komplett ohne Passieren aus, an manchen Stellen erhält man dadurch aber eine samtigere Konsistenz. Deswegen streichen wir die Sauce dann durch einen Küchensieb (oder verwenden die Passiermühle). Mehrere Passiervorgänge oder gar das Streichen durch ein Passiertuch sind aber nicht nötig. Wen kleine Stückchen nicht stören, kann sich diesen Schritt auch ganz sparen – Ketchup & Co. schmecken nämlich auch unpassiert lecker!

Reifen & ruhen
In der Regel reifen alle Teige in unseren Rezepten ca. 24 Stunden. Sie bekommen dadurch Geschmack und werden besonders bekömmlich. Für Euch bedeutet das eigentlich kaum Einsatz – unter „reifen lassen" verstehen wir nämlich nichts anderes, als den Teig in Ruhe stehen zu lassen. „Ruhen lassen" bedeutet, dem Teig nach der Bearbeitung (z. B. rund einschlagen) einfach eine kleine Pause zu gönnen.

Rund einschlagen
„Rund einschlagen" ist der erste Schritt, um Brot und Brötchen in Form zu bringen. Dazu wird der Teig ringsum jeweils zur Mitte hin eingeschlagen und dort leicht angedrückt. So entsteht nach mehrmaligem Einschlagen eine runde, straffe Kugel. Egal ob der Teig danach mit der glatten Oberseite nach oben oder nach unten zum Ruhen auf ein Geschirrtuch gelegt wird – gebacken wird er immer mit der Oberseite nach oben.

Teig falten
Durch „dehnen und falten" wird der Reifeprozess des Teiges unterstützt. Die Hefe bekommt zusätzlichen Sauerstoff, kann sich weiter vermehren und Gase produzieren. Zum Dehnen und Falten greift Ihr das obere Viertel des Teiges vorsichtig auf 12 Uhr, zieht es vorsichtig in die Länge und klappt es auf 6 Uhr. Schüssel um 90 Grad drehen und mit den anderen Vierteln ebenso verfahren.

Tröpfchenweise zugeben
Bei manchen Dingen ist Geduld alles, vor allem, wenn man eine schöne Mayonnaise oder Alioli machen möchte. Nur durch das ständige und kräftige Rühren wird aus den Zutaten eine cremige Masse. Verantwortlich ist hierfür das Lecithin im Eigelb. Doch nur wenn man das Öl am Anfang wirklich tröpfchenweise zugibt, entsteht eine feine Emulsion.

Wasserbad/Zur Rose abziehen
Um empfindliche Zutaten nur langsam zu erhitzen, verwenden wir ein Wasserbad. So lässt sich Schokolade schonend schmelzen und Eiermassen gleichmäßig eindicken, ohne zu stocken. Dazu einen Topf mit Wasser aufsetzen und eine Wasserbadschüssel einhängen. Das Wasser sollte zwar heiß sein und dampfen, aber nicht kochen. Die Schüssel darf das Wasser nicht berühren. Sobald sich beim Rühren mit dem Schneebesen Wellen bilden, die nicht wieder in sich zusammenfallen („zur Rose abziehen"), ist die Masse fertig.

Gibt's sonst noch etwas zu beachten?

Natürlich ist es auch für die Verwendung von Zutaten wichtig, dass man die gleiche „Sprache" spricht. Dies trifft allerdings nicht auf alle Zutaten zu. Denn dann wäre dieses Kochbuch wahrscheinlich zur Hälfte ein Nachschlagewerk. Damit Ihr aber ganz schnell den Kochlöffel schwingen könnt, haben wir Euch nur zu ausgewählten Zutaten aufgeschrieben, worauf aus unserer Sicht zu achten ist, was Ihr bedenken solltet oder warum wir diese und nicht andere Zutaten verwenden.

Alkohol zum Kochen & Backen
Wenn Ihr Alkohol zum Kochen oder Backen verwendet, dann muss es nicht die teuerste Flasche sein. Ihr solltet aber auch nicht auf den billigsten Fusel zurückgreifen – schließlich rundet der Alkohol den Geschmack der Speisen ab.

Chiliflocken, Paprikapulver & Knoblauch
» Es gibt deutliche Unterschiede was die Qualität und die Schärfe von Chiliflocken betrifft. Einige sorgen für sofortige aber kurze Schärfe, andere für eine späte dafür lange Tiefenschärfe. Besonders neue Produkte also zunächst nur vorsichtig einsetzen. Nur so stellt Ihr sicher, dass Ihr Euch ein Gericht nicht durch die Schärfe kaputt macht.
» Das Gleiche gilt für Paprikapulver – am bekanntesten sind edelsüß, rosenscharf und delikatess. Entscheidet einfach nach Eurem Geschmack (wir verwenden delikatess), aber greift nach Möglichkeit immer zu ungarischem Paprikapulver.
» Für Knoblauch gilt: Dieser wird immer geschält verwendet, es sei denn es steht anders im Rezept.

Eier & Milchprodukte
» In allen Rezepten werden Eier der Größe M verwendet. Dies solltet Ihr vor allem bei Teigen und beim Backen berücksichtigen.
» Viele Milchprodukte gibt es mit unterschiedlichen Fettgehalten. Ihr habt die Wahl! In einigen Rezepten, ist dennoch ein Fettgehalt angegeben, weil wir es für das Ergebnis wichtig finden.
» In gleichem Maße gilt dies für die Qualität und den Geschmack der Butter, die dann in den Zutaten als Fassbutter angegeben ist.

Gewürze & Kräuter
Alle verwendeten Gewürze und Kräuter sind stets gemahlen bzw. getrocknet. Eventuelle Abweichungen werden im Rezept angegeben (z. B. frisch, ganz, gehackt, gemörsert). Natürlich könnt Ihr immer gerne frische Kräuter verwenden. Dann wird etwa die doppelte Menge benötigt.
Meist kommen einzelne Kräuter zum Einsatz, in manchen Fällen aber auch Gewürzmischungen wie Curry Madras, Berbere oder Salatkräuter. Diese erhaltet Ihr meistens in jedem gut sortierten Laden.

Mehl & Hefe
» Bei Weizenmehl setzen wir ausschließlich auf Type 550. Ihr könnt allerdings auch ohne Weiteres Type 450 verwenden. Nur bei den italienischen Rezepten mit Weizenmehl tipo 00 solltet Ihr nicht experimentieren.
» Es ist ein Irrtum, dass es viel Hefe braucht, damit ein Teig schön aufgeht. Für 1 kg Mehl reicht 1 g Frischhefe vollkommen aus (ein Hefewürfel hat 42 g), wenn man dem Teig genügend Zeit lässt. Da der Teig bei der Verwendung von wenig Hefe und einer Reifezeit von 24 Stunden aromatischer und bekömmlicher wird, wollen wir Euch diese Art der Teigführung ans Herz legen. Wenn es allerdings doch einmal schnell gehen muss, dann verwendet die 40-fache Menge Hefe und gebt dem Teig ca. 1 bis 2 Stunden Zeit zum aufgehen.
Bei Hefe gilt es zu beachten, dass die Hefe möglichst frisch ist und dass Hefe (-wasser) und Salz (-wasser) nicht unmittelbar miteinander in Kontakt kommen dürfen, da die antiseptische Wirkung von Salz die Hefeaktivität beeinträchtigen kann.
Um 0,5 g Hefe abzumessen, formt einfach eine Kugel mit ca. 1 cm Durchmesser.

Natron
Natron ist ein Multitalent in der Küche und findet bei uns nicht nur Einsatz zum Laugen von Brezeln & Co., sondern auch als Backtriebmittel für Waffeln und Kuchen – zusammen mit der Säure aus Balsamico, Zitronen- und Limettensaft erzielt Ihr so besonders luftige Ergebnisse.

Öle & Essige

» In allen Rezepten wird natives Olivenöl verwendet. Dies gilt, soweit nicht anders angegeben, auch zum Anbraten. Nur wenn Zutaten mit besonders viel Hitze gebraten werden, sollte Kakaobutter zum Einsatz kommen. Dies hängt mit dem sogenannten Rauchpunkt von Olivenöl zusammen – bei dessen Überschreitung können sich gesundheitsgefährdende Stoffe bilden.
In einigen Rezepten werden auch Olivenöle mit besonderem Geschmack verwendet. Häufig bekommt man diese als aromatisierte Öle. Besser allerdings sind die Versionen, bei denen die geschmacksgebende Zutat zusammen mit den Oliven gepresst wurde.

» Bei Essig verhält es sich ähnlich: auch hier sollte man sich für Zutaten von guter Qualität entscheiden. In unseren Rezepten kommen Aceto Balsamico di Modena und Balsamico Bianco zum Einsatz.

Pasta (-teig)

Auch ohne große Hilfsmittel lassen sich aus Pastateig alle möglichen Formen herstellen:

» Bereits nur mit einem Nudelholz „bewaffnet", den Teig einfach auf die gewünschte Dicke ausrollen, um Lasagneplatten, Pappardelle, Ravioli oder Tortellini herzustellen.

» Mit einer manuellen Pastamaschine und entsprechenden Aufsätzen lassen sich die „händischen" Ergebnisse verbessern und der Arbeitsprozess deutlich beschleunigen. Mit den richtigen Aufsätzen lassen sich so zudem Spaghetti herstellen oder auch Ravioli direkt füllen.

» Mit einer elektrischen Pastamaschine spart man noch mehr Zeit, da diese sowohl den Teig als auch die Pasta herstellt. Die Qualität lässt sich so aber nicht weiter steigern.

» Schwierig bei der Herstellung von gefüllter Pasta (Ravioli, Tortellini) ist immer die Abschätzung des Verhältnisses von Füllung zu Pastateig. Das passt selten zu 100 % und ist auch stark davon abhängig wie dünn der Teig ausgerollt wird.

Salz & Pfeffer

Bei allen Rezepten setzen wir immer auf frisch gemahlenen schwarzen Pfeffer und gemahlenes Meersalz (wo nicht anders angegeben).

Reismehl

Wir haben immer eine kleine Dose mit gemahlenem Reis im Schrank stehen – für uns eine willkommene Alternative zu Speisestärke und Saucenbinder. Speisestärke muss vorher in kalter Flüssigkeit glatt gerührt werden, damit sie nicht klumpt. Im Gegensatz dazu kann man Reismehl einfach in die kochende Flüssigkeit einrühren – fertig. Auch kommt Reismehl vollkommen ohne weitere Zusätze aus. Saucenbinder enthält oft unnötige Zusatzstoffe, teilweise sogar Weizenmehl – Reismehl hingegen ist glutenfrei. Bei Kartoffelteigen kommt bei uns allerdings immer Speisestärke aus Kartoffelmehl zum Einsatz.

Tomaten

Tomaten aus der Dose? Oh ja! Das Wichtigste ist nur, schöne sonnengereifte Tomaten aus Italien zu verwenden. Dosentomaten stehen dann frischen Tomaten aus Deutschland oder den Niederlanden in Nichts nach, sondern man bekommt ganzjährig sehr geschmackvolle Tomaten von guter Qualität. Da können die Kollegen aus dem Treibhaus nicht mithalten.

Zucker, Ahornsirup & Honig

Wir haben bei allen Rezepten versucht, möglichst auf gewöhnlichen Haushaltszucker zu verzichten. Dafür kommen häufig Mascobadozucker, Kokosblütenzucker, Ahornsirup und Honig zum Einsatz.

» Im Gegensatz zu raffiniertem Zucker ist Mascobadozucker ein unraffinierter Vollrohrzucker (es werden also wichtige Spurenelemente aus dem Zuckerrohr bewahrt).

» Auch Kokosblütenzucker, Ahornsirup und Honig sind eine gute naturbelassene Alternative.

» Bei Honig sollte man nur darauf achten, dass dieser aus der Region kommt. Die meisten Honige werden aus verschiedenen Sorten des (Nicht-)EU-Auslandes zusammengemischt – auch ein Bio-Siegel ändert daran nichts.

Allen gemeinsam: sie verleihen den Gerichten eine feine Note.
Übertreiben sollte man es dennoch nicht – Zucker bleibt Zucker.

„Man sitzt insgesamt viel zu wenig am Meer – aber Gott sei Dank viel häufiger mit seinem kleinen HEIMATHAUFEN am Esstisch."

Kleines Glück

Für jeden bedeutet kleines Glück etwas anderes. Es kann sich dabei um die beste Freundin oder den besten Freund handeln, es kann der Partner oder die Partnerin sein, die kleine eigene Familie oder die WG-Mitbewohner. Eben der engste Kreis Menschen, mit dem man bereit ist, alles zu teilen – auch das Essen. Es gibt doch nichts Schöneres, als mit diesem kleinen Glück um den Esstisch versammelt zu sitzen und gemeinsam zu essen.

Egal, ob ein Gericht, das mal etwas mehr Zeit in Anspruch nimmt, oder die blitzschnelle Feierabendküche – auf den folgenden Seiten haben wir die verschiedensten Rezepte versammelt: mal schnell, mal simpel, mal gut vorzubereiten, aber immer lecker. Und dank unterschiedlicher Varianten von Pasta & Co. wird nie Langeweile aufgetischt.

Caesar Salad & Brotsalat

Meinen ersten Caesar Salad hatte ich in Florida in einem Restaurant direkt mit Blick auf eine Bucht im Golf von Mexiko. In Erinnerung geblieben sind mir zum einen natürlich das besondere Flair und dann das ausgesprochen reichhaltige Dressing, sowie das Blackened Chicken – eine besonders gewürzte und zubereitete Hühnchenvariante. Unser Rezept kommt der Erinnerung sehr nahe!
Der Brotsalat ist eine großartige Abwechslung zum klassischen grünen Salat. – Oliver

Zutaten (2 Portionen)

4 kleine Romanaherzen, in Streifen geschnitten
250 g Kirschtomaten, halbiert
2 Scheiben Weißbrot, gewürfelt
100 g Salatcreme
50 g Parmesan, fein gerieben
3 Knoblauchzehen, gepresst
1 Zitrone, ausgepresst
1 TL Zucker
etwas Wasser
Salz
Pfeffer

Caesar Salad – Zubereitung

» Für das Dressing Salatcreme mit Parmesan, Knoblauch, Zitronensaft und Zucker verrühren. Etwas Wasser zugeben bis die gewünschte Konsistenz erreicht ist. Mit Salz und Pfeffer abschmecken.

» Weißbrotwürfel in einer Pfanne ohne Fett rösten.

» Romanaherzen und Tomaten in eine große Schüssel geben und mit dem Dressing vermischen.

» Salat auf zwei Tellern anrichten, mit den Croûtons bestreuen und ggf. etwas pfeffern.

Tipp

Dazu passt zum Beispiel je ein Stück unseres Cornflakes Parmesan Schnitzels, in fingerdicke Streifen geschnitten.

Zutaten (4 Portionen)

250 g Ciabatta, grob gewürfelt
200 g Kirschtomaten, halbiert
1 Glas Artischockenherzen (in Lake), abgetropft und in Streifen geschnitten (180 g)
100 g Baby-Spinat (ohne Stiele), in Streifen geschnitten
1 rote Zwiebel, in halbe Ringe geschnitten
20 g Kapernäpfel, halbiert
80 g Parmesan, gehobelt
10 EL Olivenöl
4 EL Aceto Balsamico di Modena
Salz
Pfeffer

Brotsalat – Zubereitung

» 8 EL Öl in einer großen Pfanne erhitzen und die Brotwürfel darin unter Rühren goldbraun anbraten.

» 2 EL Öl und Balsamico in einer großen Schüssel miteinander verrühren.

» Kirschtomaten, Artischocken, Baby-Spinat, Zwiebeln, Kapernäpfel und Parmesan zugeben und alles gut miteinander vermischen. Mit Salz und Pfeffer abschmecken.

» Die Brotwürfel erst direkt vor dem Servieren ebenfalls unterrühren.

Tomatensuppe

Es gibt wahrscheinlich kaum eine Suppe, die so unterschätzt wird, wie eine Tomatensuppe. Und dennoch ist nichts schöner, als wenn die cremige Suppe einen langsam von innen wärmt. Eine leichte Schärfe, etwas Süße und ein Hauch von Basilikum. Den Schwiegermutter-Test hat diese Suppe auf jeden Fall bestanden. Und wie groß ihre Augen waren, als sie erfahren hat, dass hier weder etwas passiert, noch die Tomaten vorher gehäutet werden müssen. Einfach und lecker halt. – Boris

Zutaten (4 Portionen)

600 g Strauchtomaten, entstrunkt und geviertelt
400 g Kirschtomaten, halbiert
2 Karotten, geraspelt
2 rote Zwiebeln, fein gewürfelt
2 Knoblauchzehen, gepresst
600 ml Gemüsebrühe
250 ml Rotwein
100 g Frischkäse (Natur)
2 EL Olivenöl (oder Basilikumöl)
2 EL Aceto Balsamico di Modena
40 g frischer Basilikum (inkl. Stiele)
2 EL Paprikapulver (ungarisch)
Salz
Pfeffer

Zubereitung

» Öl in einem großen Topf erhitzen, Karotten, Zwiebeln und Basilikumstiele darin einige Minuten andünsten. Mit Rotwein ablöschen und kurz köcheln lassen.

» Dann Gemüsebrühe, Tomaten, Balsamico, Knoblauch und Paprikapulver zugeben, kurz aufkochen und anschließend alles bei geringer Hitze ca. 40 Minuten einkochen lassen, dabei gelegentlich umrühren.

» Alles mit einem Pürierstab pürieren und Suppe am besten über Nacht bei Zimmertemperatur ziehen lassen.

» Suppe aufkochen, Basilikumblätter grob zupfen und zusammen mit dem Frischkäse unter die Suppe rühren.

» Mit Salz und Pfeffer abschmecken.

Schwarzwurzelsuppe mit Trüffel-Champignons

Mit Schwarzwurzel habe ich zum ersten Mal für die Entwicklung dieses Rezeptes gearbeitet. Es wird mich für alle Zeit an den Dreh eines Youtube-Videos erinnern, in dem wir ein 4-Gang-Menü gekocht haben. Der würzig-nussige Geschmack des sogenannten „Winterspargels" ist wirklich besonders und dazu ist das Gemüse ausgesprochen nahrhaft. Nach dem schälen wird die Schwarzwurzel sehr schnell braun und wie bei roter Bete oder Rotkohl verfärbt sie die Finger. Sagt nicht ich hätte Euch nicht gewarnt ;-) – Oliver

Zutaten (2 Portionen)

450 g Schwarzwurzel
200 g mehligkochende Kartoffeln, geschält und grob gewürfelt
6 braune Champignons, in Scheiben geschnitten
1 weiße Zwiebel, fein gewürfelt
500 ml Gemüsebrühe
250 ml Weißwein
200 g Crème fraîche
2 EL Trüffelöl
1 TL Muskatnuss
10 g frische Kresse
Salz
Pfeffer

Zubereitung

» Schwarzwurzeln schälen, grob würfeln und zügig weiterverarbeiten.

» 1 EL Öl in einem großen Topf erhitzen und Zwiebeln darin andünsten. Schwarzwurzeln und Kartoffeln zugeben und kurz anbraten. Mit Weißwein ablöschen.

» Gemüsebrühe zugeben und alles aufkochen. Ca. 40 Minuten köcheln lassen und anschließend die Suppe mit einem Pürierstab pürieren.

» Crème fraîche unterrühren, mit Muskat würzen und mit Salz und Pfeffer abschmecken.

» 1 EL Öl in einer Pfanne erhitzen und Champignons darin anbraten.

» Suppe auf zwei tiefen Tellern anrichten, Champignons und Kresse darüberstreuen.

Shakshuka

Über Shakshuka sind wir aus Versehen gestolpert, als wir nach Low-Carb-Rezepten gesucht haben. Doch aus der Zufallsbekanntschaft wurde eine inzwischen große Liebe. Die israelische Köstlichkeit weiß nämlich nicht nur durch ihre tomatige Frische mit leichter Schärfe zu betören, die Eier darin machen auch satt und sorgen für den extra Pfiff. Und so kommt Shakshuka bei uns nun regelmäßig auf den Tisch – nicht, weil es heute mal weniger Kohlenhydrate sein sollen, sondern einfach, weil wir Bock drauf haben! – Oliver

Zutaten (2 Portionen)

- 800 g Tomaten aus der Dose (stückig)
- 2 rote Paprika, grob gewürfelt
- 1 große Zwiebel, fein gehackt
- 2 Knoblauchzehen, gepresst
- 4 Eier
- 30 g Tomatenmark
- 1 EL Olivenöl
- 2 EL frische Petersilienblätter, gehackt
- 2 TL Cumin
- 2 TL Paprikapulver (ungarisch)
- 1 TL Chiliflocken
- Salz
- Pfeffer

Zubereitung

» Öl in einer großen Pfanne erhitzen, Paprika und Zwiebeln darin andünsten.

» Tomaten und Tomatenmark dazugeben und ca. 15 Minuten auf mittlerer Flamme einkochen lassen.

» Knoblauch dazugeben, Cumin, Paprikapulver und Chiliflocken unterrühren. Mit Salz und Pfeffer abschmecken.

» Mit einem großen Löffel vier Mulden in die Tomatenmasse drücken und jeweils ein Ei hineingeben. Mit einem Kochlöffelstiel das Eiweiß vorsichtig einige Minuten in Form einer 8 verrühren, damit das Eiweiß fest wird, dass Eigelb aber nicht kaputt geht und somit innen etwas flüssig bleibt.

» Anrichten und mit der Petersilie bestreuen.

Ratatouille à la Olli

Eigentlich bin ich nicht so der Ratatouille Fan: zerkochtes, matschiges Gemüse – ganz viel drin und trotzdem fad und eintönig. Dann kamen wir doch einmal in die Situation, dass noch vereinzeltes Gemüse der Vortage darauf wartete, verbraucht zu werden. Kurzerhand zauberte Oliver ein Ratatouille. Was soll ich sagen? Die Skepsis war mit dem ersten Bissen verflogen – knackig, tomatig, feurig und fein gehackter Rosmarin für den letzten Schliff. Seitdem mag ich Ratatouille ganz gerne leiden. – Boris

Zutaten (2 Portionen)

2 rote Paprika, grob gewürfelt
1 Zucchini, gestiftelt
2 - 4 Karotten, gestiftelt
2 kleine Zwiebeln, fein gewürfelt
1 kleine rote Chilischote, in Ringe geschnitten
2 Knoblauchzehen, fein gehackt
300 ml Wasser
100 g Tomatenmark
1 EL Olivenöl
2 TL Thymian
ein paar Zweige frischer Rosmarin, Nadeln abgezupft und fein gehackt
Salz
Pfefferkörner, grob zerstoßen

Zubereitung

» Öl in einem großen Topf erhitzen und Karotten ca. 5 Minuten andünsten. Zwiebeln zugeben und ebenfalls ein paar Minuten andünsten. Paprika und Zucchini hinzufügen und alles weitere 5 Minuten köcheln lassen. Dann die Chili zugeben und kurz andünsten.

» Gemüsemischung mit Wasser ablöschen und das Tomatenmark unterrühren. Ca. 10 Minuten köcheln lassen, dann Knoblauch, Thymian und Rosmarinnadeln dazugeben und mit Salz und Pfeffer abschmecken.

» Solange auf niedriger Flamme weiterköcheln lassen, bis die Sauce schön eingedickt ist.

» Anrichten und falls gewünscht mit ein paar Rosmarinnadeln garnieren.

Kartoffeln als Spalten, Püree & Gratin

Töften sind herrlich vielseitig. Leider landen viele als Fertigprodukt in Form von industriell gefertigten Pommes oder Kroketten auf dem Teller. Und auch das Püree aus der Tüte ist ein Kassenschlager – obwohl ein einfacher Brei doch schnell gemacht ist. Wo bei anderen der Tiefkühler mit Kartoffelprodukten überquillt, haben wir immer jede Menge Kartoffeln Zuhause und können uns so stets neue Variationen einfallen lassen. Hier sind drei davon! – Boris

Zutaten (2 Portionen)

500 g festkochende Bio-Kartoffeln, in Spalten geschnitten
150 g Kirschtomaten
5 g frische Salbeiblätter, fein gehackt
2 EL Olivenöl
Salz
Pfeffer

Kartoffelspalten – Zubereitung

» Kartoffelspalten, Tomaten, Salbeiblätter und Öl miteinander vermischen, etwas salzen und pfeffern und mehrere Stunden ziehen lassen.

» Alles in eine Auflaufform geben und im auf 180 Grad Umluft vorgeheizten Backofen ca. 30 Minuten backen. Die Kartoffelspalten dabei ab und zu wenden.

» Nach Bedarf für die letzten Minuten die Grillfunktion des Backofens zuschalten.

Zutaten (2 Portionen)

350 g festkochende Kartoffeln, geschält und ggf. halbiert
3 Schalotten, in halbe Ringe geschnitten
60 ml Sahne
15 g Butter
1 TL Salzflocken
½ TL Muskatnuss
Salz
Pfeffer

Kartoffelpüree – Zubereitung

» Kartoffeln in gesalzenem Wasser ca. 20 Minuten garen.

» Butter in einer Pfanne unter ständigem Rühren bei mittlerer Flamme erhitzen, bis die Butter leicht nussig riecht. Schalotten zugeben und einige Minuten unter Rühren in der Butter andünsten.

» Kartoffeln abgießen und noch heiß mit einem Kartoffelstampfer zerkleinern. Sahne zugeben und alles zu einem cremigen Püree zerstampfen. Mit Salzflocken und Muskat würzen, mit Pfeffer abschmecken und zusammen mit den Schalotten anrichten.

Zutaten (2 Portionen)

550 g festkochende Kartoffeln
100 g (Ziegen-) Frischkäse (Natur)
2 Eier
2 TL Salatkräuter
1 TL Kurkumapulver
Salz
Pfeffer

Kartoffelgratin – Zubereitung

» Kartoffeln in einen Topf geben und mit kaltem Wasser übergießen, so dass sie knapp bedeckt sind. Wasser aufkochen und die Kartoffeln zugedeckt ca. 20 Minuten garen. Anschließend abkühlen lassen, pellen, in Scheiben schneiden und in einer Auflaufform (ca. 21 x 16 cm) schuppenförmig schichten.

» Frischkäse, Eier, Salatkräuter und Kurkuma miteinander verquirlen und mit Salz und Pfeffer abschmecken. Mischung gleichmäßig über die Kartoffeln gießen und alles im auf 150 Grad Umluft vorgeheizten Backofen ca. 20 Minuten backen.

Lasagne & Cannelloni

Für uns beide führt kein Weg an Lasagne & Cannelloni vorbei. Die einzelnen Bestandteile kann man auch schon einige Stunden vor dem Abendessen vorbereiten, der „Zusammenbau" ist ein großer Spaß und wenn alles fertig ist, dann braucht es nur noch den Dreh an den Reglern des Backofens und fertig ist der herzhafte Pasta-Genuss. Und das Beste: Es lässt sich super Spinat (und auch andere Gemüse) darin verstecken – und so schmeckt er plötzlich auch allen, die eher mit Gemüse auf Kriegsfuß stehen ;-) – Boris

Zutaten (4 Portionen)

2 Portionen Sauce Bolognese
450 g Blattspinat (tiefgefroren), aufgetaut
450 g Béchamelsauce
250 g Mozzarella (schnittfest oder vorher etwas ausgepresst), gezupft
10 - 12 Lasagneblätter (200 - 240 g)
2 Knoblauchzehen, gepresst
40 ml Milch
1 EL Olivenöl
1 TL Muskatnuss
Salz
Pfeffer

Lasagne – Zubereitung

» Öl in einem Topf erhitzen, Spinat dazugeben und 20 Minuten köcheln bis das Wasser verdampft ist. Nach 5 Minuten mit Knoblauch, Muskat, Salz und Pfeffer würzen und Milch unterrühren.

» Eine Auflaufform mit etwas Béchamel ausstreichen und mit Lasagneblättern auslegen. Nun wie folgt schichten: Béchamel, Sauce Bolognese, Lasagneblätter, Béchamel, Spinat, Lasagneblätter, Béchamel, Sauce Bolognese, Lasagneblätter, Béchamel, Mozzarella.

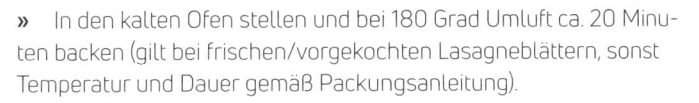

» In den kalten Ofen stellen und bei 180 Grad Umluft ca. 20 Minuten backen (gilt bei frischen/vorgekochten Lasagneblättern, sonst Temperatur und Dauer gemäß Packungsanleitung).

» Abschließend für 3 bis 5 Minuten die Grillfunktion des Backofens zuschalten, damit der Käse eine leichte Bräunung bekommt.

Zutaten (2 Portionen)

10 Cannelloni-Röllchen
300 g Marinara Sauce
300 g frischer Blattspinat, grob gehackt
2 Knoblauchzehen, gepresst
450 g Béchamelsauce
250 g Ricotta
50 g Käse (z.B. Gouda), gerieben
40 ml Sahne
1 EL Olivenöl
1 TL Pfeffer
½ TL Muskatnuss
½ TL Salz

Cannelloni – Zubereitung

» Öl in einem Topf erhitzen, Spinat dazugeben und kurz andünsten, bis er etwas zusammenfällt. Mit Knoblauch, Pfeffer, Muskat und Salz würzen. Dann Ricotta und Sahne unterrühren. Kurz aufkochen und alles auf der ausgeschalteten Herdplatte auskühlen lassen.

» Cannelloni mit Hilfe eines Spritzbeutels mit der Ricotta-Spinat-Masse füllen. Eine Auflaufform mit ¼ der Béchamel ausstreichen und die gefüllten Cannelloni dicht nebeneinander hineinlegen. Die Marinara Sauce darüber verteilen, darüber die restliche Béchamel verstreichen und mit dem Käse bestreuen.

» In den kalten Ofen stellen und bei 180 Grad Umluft ca. 20 Minuten backen (gilt bei frischen/vorgekochten Cannelloni-Röllchen, sonst Temperatur und Dauer gemäß Packungsanleitung).

» Abschließend für 3 bis 5 Minuten die Grillfunktion des Backofens zuschalten, damit der Käse eine leichte Bräunung bekommt.

Darstellung auf der Abbildung (von oben nach unten): Cannelloni, Lasagne

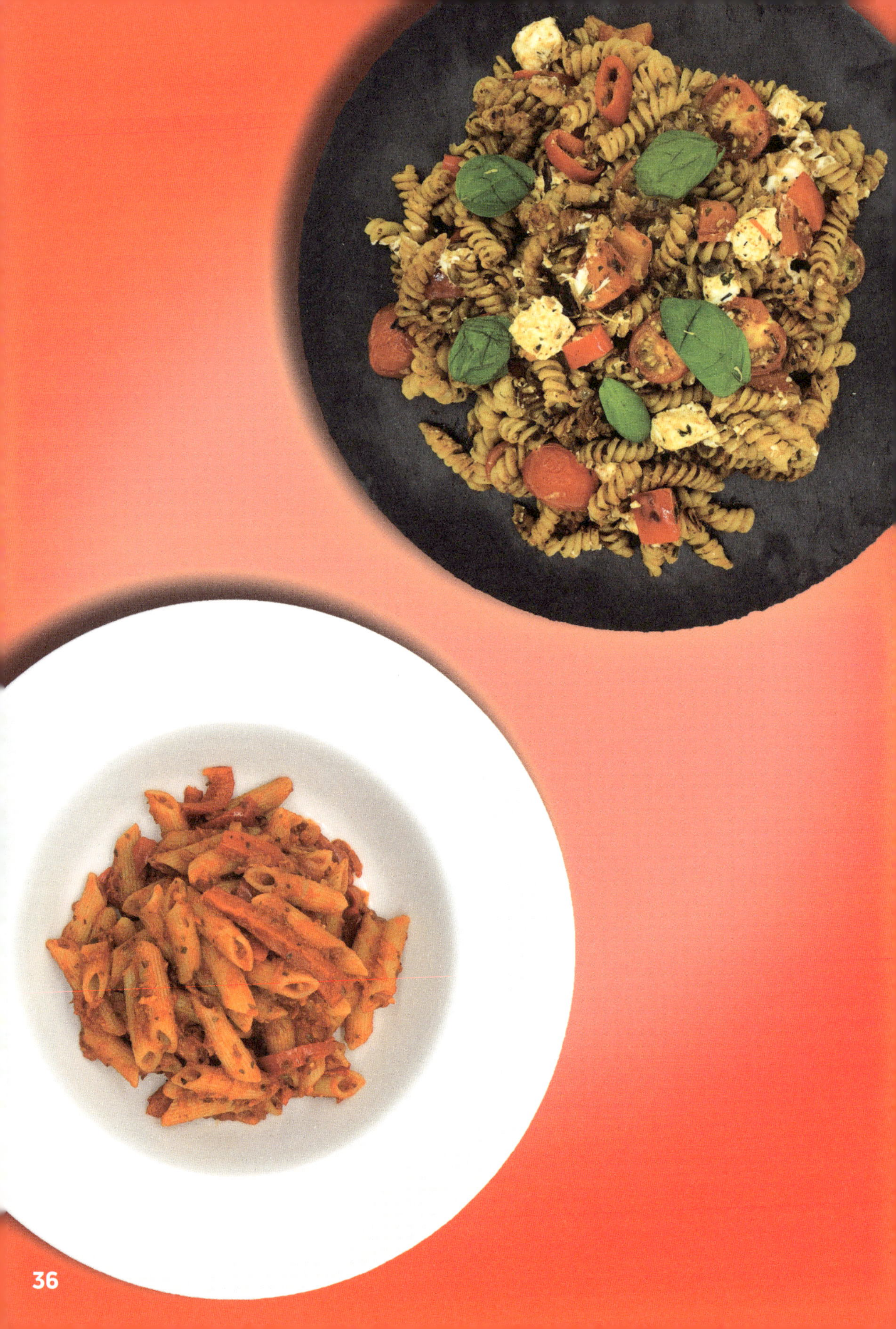

Pasta: mit Chili und Feta & all' arrabbiata

Beide Pasta-Gerichte haben eines gemeinsam: Sie erinnern mich sofort an meine Familie. Meine Mutter isst bis heute leidenschaftlich gern Pasta all' arrabbiata. Daher kam es schon früher regelmäßig auf den Esstisch. Pasta mit Feta haben mein Bruder und ich damals, als wir zusammen in einer WG gewohnt haben, überaus gern zubereitet und gegessen – vor allem weil das nach einem langen Uni- bzw. Arbeitstag recht flott ging. Auch ganz ohne Kindheitserinnerungen einfach tolle Pastavarianten! – Oliver

Zutaten (2 Portionen)

250 g Pasta (z.B. Girandole)
200 g Kirschtomaten, halbiert
1 rote Paprika, grob gewürfelt
1 Zwiebel, fein gewürfelt
2 rote Chilischoten, in Ringe geschnitten
3 Knoblauchzehen, gepresst
180 g Feta, grob gewürfelt
3 EL Olivenöl (oder auch Chiliöl)
2 TL Basilikum
1 TL Oregano
1 TL Paprikapulver (ungarisch)
1 TL Chili Ancho
½ TL Sumach
Salz
Pfeffer
ggf. ein paar frische Basilikumblätter

Pasta mit Chili und Feta – Zubereitung

» Pasta gemäß Packungsanleitung kochen.

» 1 EL Öl in einer großen Pfanne erhitzen und die Zwiebeln darin andünsten. Sobald die Zwiebeln glasig werden, die Paprika zugeben und auf hoher Flamme kurz scharf anbraten.

» Die gekochte Pasta gut abtropfen lassen, in die Pfanne geben und ebenfalls scharf anbraten. Abschließend 2 EL Öl, Chili, Knoblauch, Basilikum, Oregano, Paprikapulver, Chili Ancho und Sumach gut untermischen.

» Feta und Tomaten ebenfalls zugeben, kräftig mit Salz und Pfeffer würzen und noch einige Minuten auf der ausgeschalteten Herdplatte ziehen lassen.

» Anrichten und falls gewünscht mit Basilikumblättern garnieren.

Zutaten (4 Portionen)

500 g Pasta (z.B. Penne)
800 g San-Marzano-Tomaten aus der Dose (ganz und geschält)
2 rote Paprika, in Streifen geschnitten
1 rote Zwiebel, fein gewürfelt
2 Knoblauchzehen, gepresst
50 g Parmesan, gerieben
3 TL Reismehl
1 EL Chiliöl
3 TL Paprikapulver (ungarisch)
1 TL Habanero Chili
1 TL Basilikum
1 TL Oregano
1 TL Rosmarin
1 TL Majoran
Salz
Pfeffer

Pasta all' arrabbiata – Zubereitung

» Öl in einem Topf erhitzen und Zwiebeln darin andünsten. Paprika zugeben und kurz scharf anbraten. Tomaten ebenfalls dazugeben und etwas zerdrücken.

» Alles kurz aufkochen und anschließend auf mittlerer Hitze ca. 15 Minuten köcheln lassen, dabei gelegentlich umrühren.

» Nach den 15 Minuten mit Knoblauch, Paprikapulver, Habanero Chili, Basilikum, Oregano, Rosmarin und Majoran würzen, Reismehl unterrühren und weitere 45 Minuten auf niedriger Hitze köcheln lassen. Immer wieder umrühren, damit die Tomatensauce nicht anbrennt (ggf. Hitze weiter reduzieren).

» Pasta gemäß Packungsanleitung kochen und nicht abschrecken, sondern nur kurz abtropfen lassen und dann direkt unter die Tomatensauce rühren und ggf. mit Salz und Pfeffer abschmecken. Anrichten und mit dem Parmesan bestreuen.

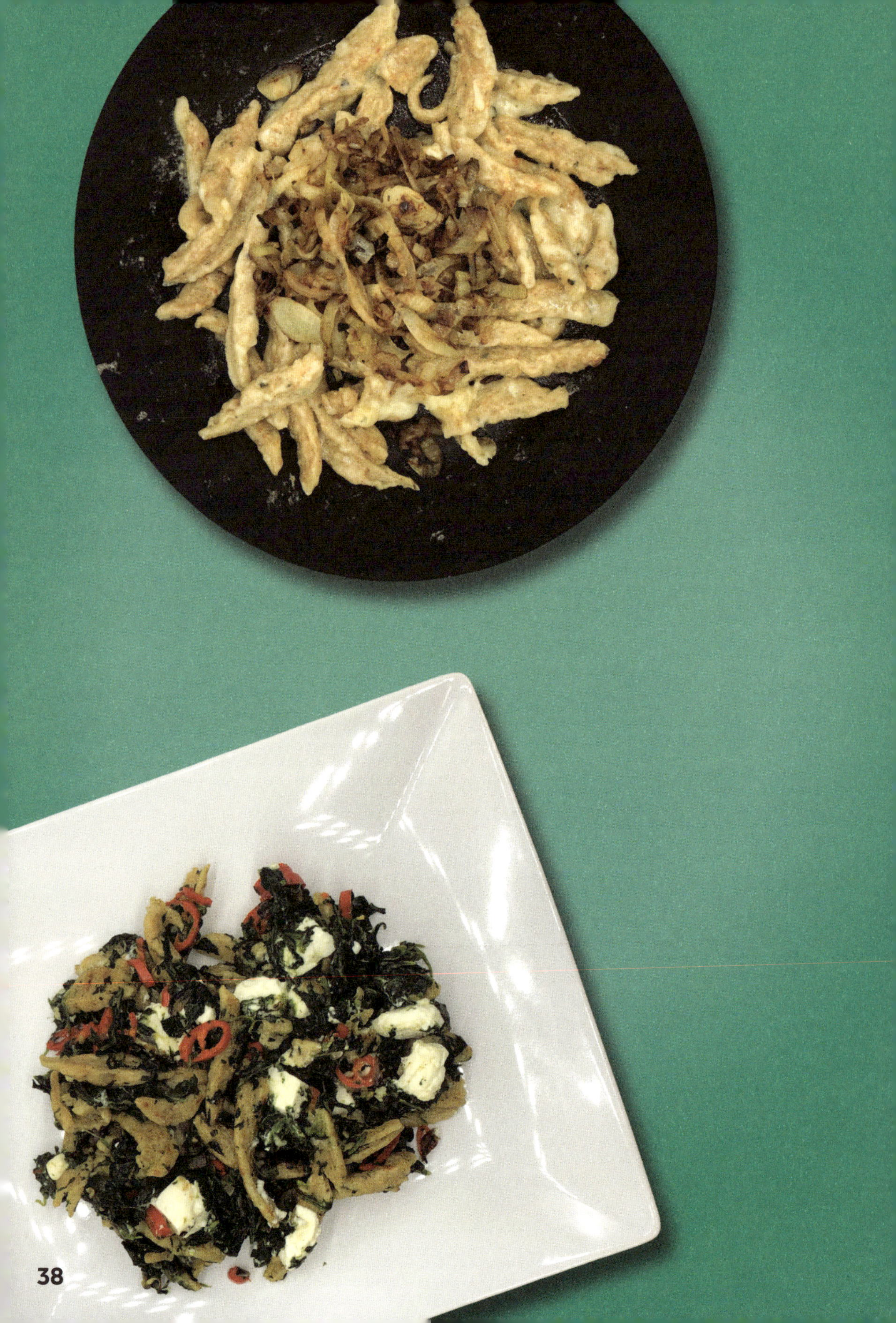

Käsespätzle & Spätzle Piri Piri

In manchen Dingen kann Boris seine süddeutsche Herkunft einfach nicht verbergen – egal ob am Bodensee, in Berlin oder in Hamburg: Spätzle sind und bleiben seine Leibspeise und gehören regelmäßig auf den Tisch. Da wir immer gleich mehrere Portionen herstellen, bleiben viele Möglichkeiten für unterschiedliche Variationen. Seine zwei absoluten Highlights haben wir hier für Euch aufgeschrieben. Einmal herzhaft mit gebratenen Zwiebeln und Käse, einmal feurig mit Chili und Spinat. – Oliver

Zutaten (2 Portionen)

350 g Spätzle, gekocht
4 große weiße Zwiebeln, in dünne halbe Ringe geschnitten
80 g Bergkäse, fein gerieben
40 g Parmesan, fein gerieben
20 g Butter
1 EL Olivenöl

Käsespätzle – Zubereitung

» Butter in einer großen Pfanne erhitzen und die Zwiebeln unter Rühren richtig schön anbraten. Zwiebeln beiseite legen.

» Öl in einer großen Pfanne erhitzen und die Spätzle einige Minuten darin anbraten.

» Pfanne von der Flamme nehmen. Bergkäse und Parmesan zugeben und etwas verrühren, bis der Käse gleichmäßig verteilt und vollständig geschmolzen ist.

» Anrichten und mit den Zwiebeln bestreuen.

Zutaten (2 Portionen)

350 g Spätzle, gekocht
500 g Blattspinat (tiefgefroren)
1 rote Zwiebel, fein gewürfelt
2 rote Chilischoten, in dünne Ringe geschnitten
3 Knoblauchzehen, gepresst
200 g Feta, gewürfelt
1 EL Olivenöl
Salz
Pfeffer

Spätzle Piri Piri – Zubereitung

» Blattspinat gemäß Packungsanleitung zubereiten, abkühlen lassen und die Flüssigkeit etwas ausdrücken.

» Öl in einer großen Pfanne erhitzen und die Zwiebeln darin andünsten. Spätzle zugeben und kurz anbraten.

» Spinat, Chili und Feta unter die Spätzle mischen, Knoblauch unterrühren und alles mit Salz und Pfeffer abschmecken.

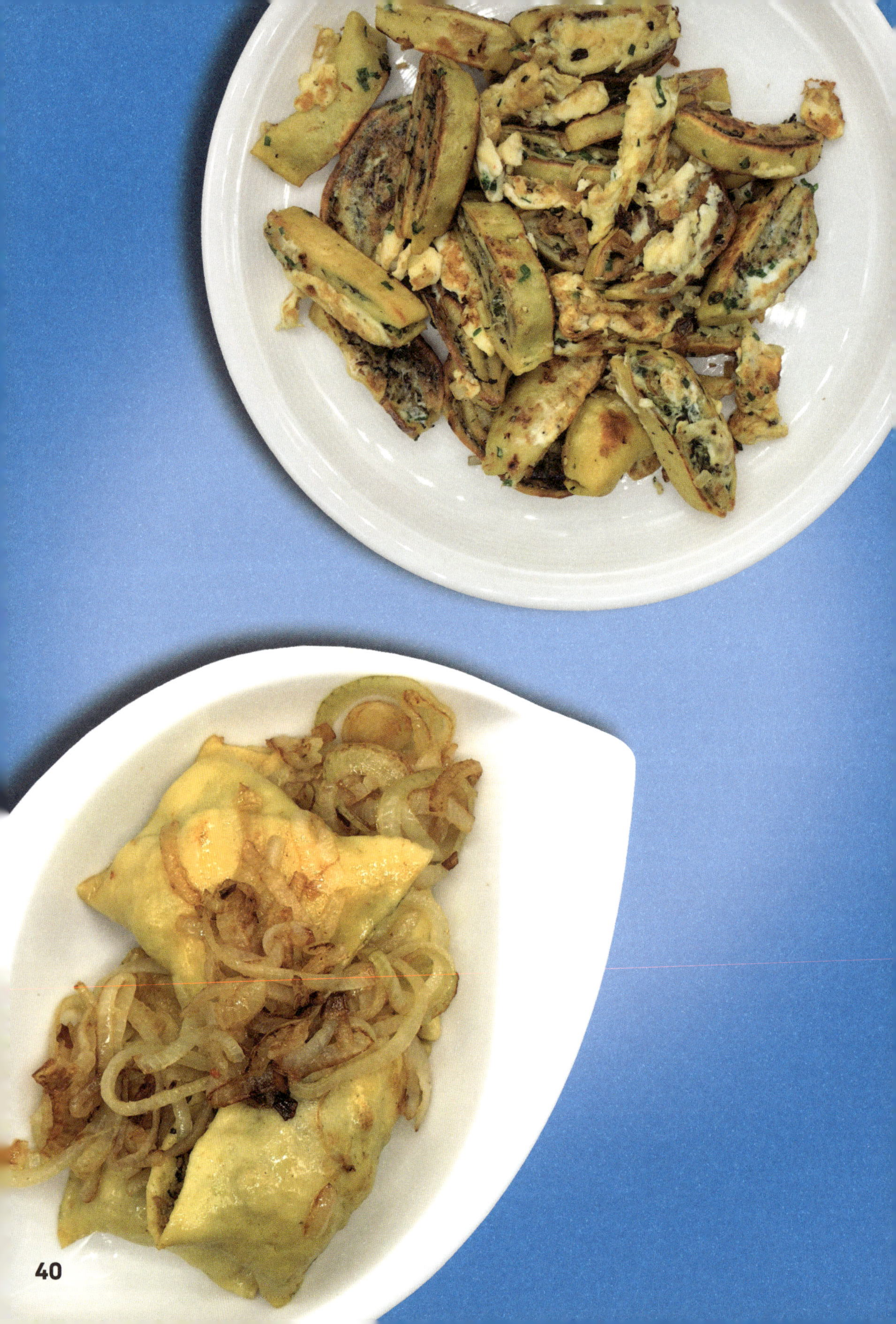

Maultaschen: mit Ei & mit Schmelzzwiebeln

Noch so ein typisch süddeutsches Gericht: Maultaschen. Ich bin vor allem Fan von diesen zwei Rezepten. Warum? Sie gehen schnell, funktionieren auch mit den übrig gebliebenen Maultaschen vom Vortag und wenn sie in Scheiben geschnitten sind, fällt es nicht auf, wenn man vorher schon mal das ein oder andere Stück nascht. Denn Maultaschen gehen bei mir eigentlich immer. So lag in meiner Jugend auch durchaus mal eine kalte Maultasche in meiner Vesperdose... – Boris

Zutaten (2 Portionen)

8 Maultaschen, gekocht, gut ausgekühlt und in fingerdicke Scheiben geschnitten
4 Eier, verquirlt
1 kleine Zwiebel, fein gewürfelt
1 EL Olivenöl
1 EL frischer Schnittlauch, in Röllchen geschnitten
Salz
Pfeffer

Gebratene Maultaschen mit Ei – Zubereitung

» Öl in einer großen Pfanne erhitzen, Maultaschen darin goldbraun anbraten. Zwiebeln zugeben und leicht andünsten.

» Dann die Eier zugeben, Schnittlauch darüber streuen, salzen und pfeffern und auf niedriger Flamme unter gelegentlichem Rühren stocken lassen, bis die Eimasse fest und leicht angebraten ist.

Zutaten (2 Portionen)

8 Maultaschen, gekocht
3 weiße Zwiebeln, in Ringe geschnitten
45 g Butter

Maultaschen mit Schmelzzwiebeln – Zubereitung

» Butter in einer großen Pfanne schmelzen. Zwiebeln zugeben und bei mittlerer Hitze unter Rühren 10 Minuten andünsten.

» Temperatur für ca. 2 bis 3 Minuten erhöhen, damit die Zwiebeln leicht braun werden.

» Maultaschen ebenfalls in die Pfanne geben und durch die Butter schwenken, dabei nur leicht anbraten.

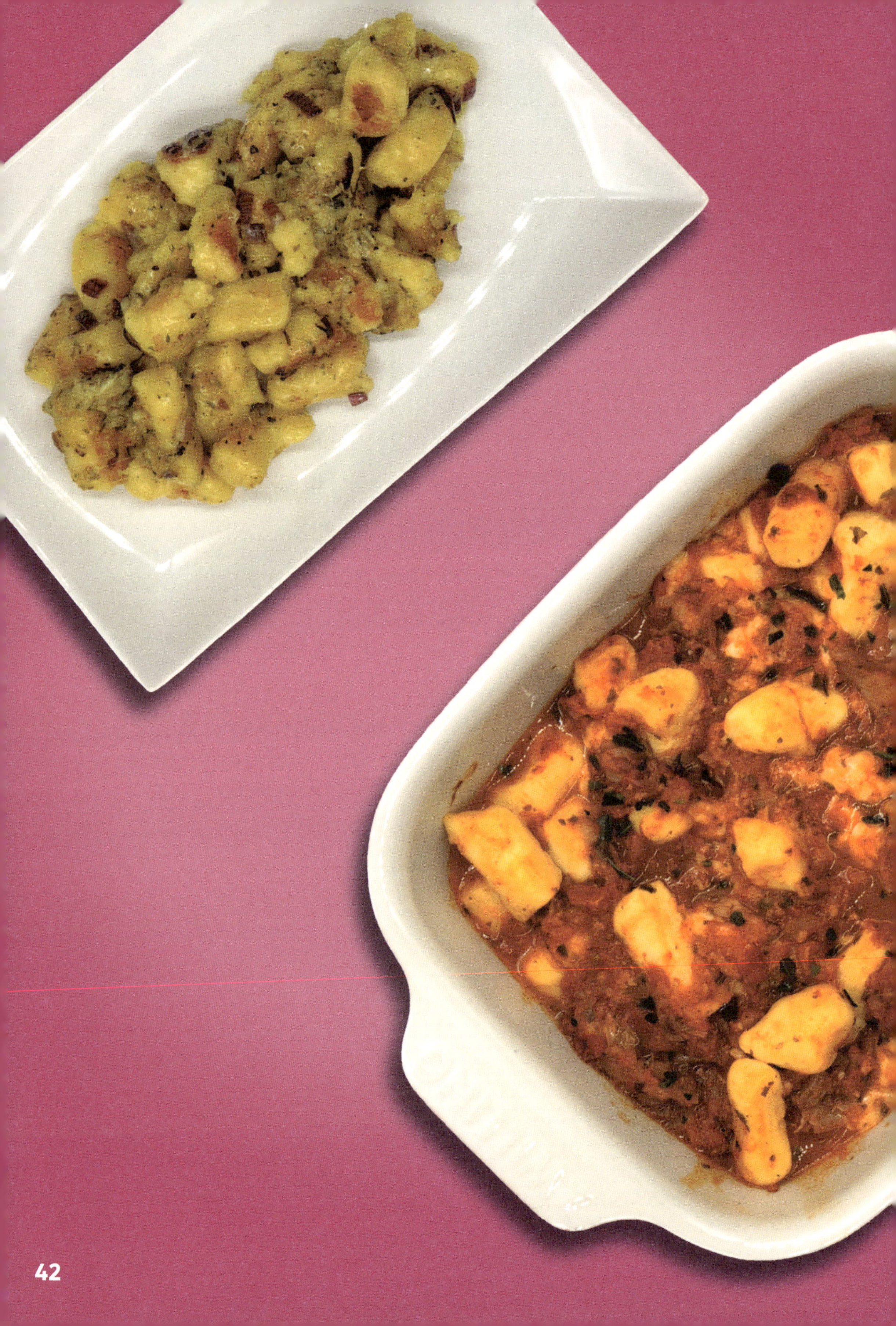

Gnocchi Prosciutto Napoli & mit Appenzeller

Ich hielt Gnocchi früher immer für eine Pastaart – aber weit gefehlt. Es handelt sich vielmehr um einen Teig, der hauptsächlich aus Kartoffeln besteht. Wie lecker und vielseitig sie sich in Gerichten einsetzen lassen, hat mir Boris dann gezeigt, der bekanntlich mit der südländischen Küche sehr vertraut ist. Dort werden Gnocchi, die auch gern als Nocken bezeichnet werden, durchaus auch mal mit Käse überbacken. Wir haben hier zwei großartige Varianten. – Oliver

Zutaten (2 Portionen)

600 g Gnocchi, gekocht
800 g Tomaten aus der Dose (stückig)
1 Zwiebel, fein gewürfelt
2 Knoblauchzehen, gepresst
250 g Mozzarella (schnittfest oder vorher etwas ausgepresst), gezupft
70 g Prosciutto Cotto, in Streifen geschnitten
1 EL Olivenöl
3 TL Basilikum
Salz
Pfeffer

Gnocchi Prosciutto Napoli – Zubereitung

» Öl in einem großen Topf erhitzen und Zwiebeln darin andünsten bis sie glasig sind. Tomaten zugeben und mit Knoblauch, Basilikum, Salz und Pfeffer würzen. Sauce ca. 30 Minuten auf niedriger Flamme einkochen lassen, gelegentlich umrühren.

» Topf vom Herd nehmen und Gnocchi, Mozzarella und Prosciutto unterrühren.

» Mischung auf zwei Auflaufformen verteilen, in den kalten Backofen stellen und bei 200 Grad Umluft ca. 10 Minuten backen bis die Sauce leicht blubbert.

Zutaten (2 Portionen)

600 g Gnocchi, gekocht
1 Zwiebel, fein gewürfelt
160 g Appenzeller Käse, fein gerieben
1 EL Olivenöl
Salz
Pfeffer

Gnocchi mit Appenzeller – Zubereitung

» Öl in einer großen Pfanne erhitzen und die Zwiebeln einige Minuten darin andünsten.

» Gnocchi zugeben und etwas anbraten. Sobald die Zwiebeln leicht braun und die Gnocchi angebraten sind, den Käse zugeben und alles sorgfältig miteinander verrühren.

» Pfanne von der Flamme nehmen und alles mit Salz und Pfeffer abschmecken.

44

Schupfnudeln: mit Sauerkraut, Chili & Mohn

Schupfnudeln gab es zu meiner Kindheit relativ häufig. Meist schön angebraten und mit Sauerkraut. Ich hatte immer große Freude an dem „Fingerfood" und habe meiner Mama regelmäßig die ein oder andere Schupfnudel aus der Pfanne stibitzt. Während früher das Sauerkraut allerdings nur eine Notwendigkeit war, um an die Schupfnudeln zu kommen, so änderte sich das zu meiner Zeit in Berlin – Schupfnudeln MIT Sauerkraut wurden als Erinnerung an die Heimat eine wichtige Leibspeise. – Boris

Zutaten (2 Portionen)

480 g Schupfnudeln, gekocht
650 g Sauerkraut
2 weiße Zwiebeln, fein gewürfelt
1 Knoblauchzehe, gepresst
100 ml Gemüsebrühe
100 ml naturtrüber Apfelsaft
2 EL Olivenöl
10 g frische glatte Petersilienblätter, grob gehackt
2 Lorbeerblätter, ganz
1 TL Piment
1 TL Kümmel, ganz
1 TL Pfeffer

Schupfnudeln mit Sauerkraut – Zubereitung

» 1 EL Öl in einem großen Topf erhitzen und die Zwiebeln darin andünsten. Mit Gemüsebrühe und Apfelsaft ablöschen. Sauerkraut, Knoblauch, Lorbeerblätter, Piment, Kümmel und Pfeffer dazugeben, gut verrühren und alles ca. 15 bis 20 Minuten köcheln lassen, bis die Flüssigkeit fast vollständig verdampft ist.

» 1 EL Öl in einer großen Pfanne erhitzen und die Schupfnudeln darin von allen Seiten goldbraun anbraten.

» Lorbeerblätter entfernen, Sauerkraut zu den Schupfnudeln geben, miteinander vermischen und Petersilie unterrühren.

Zutaten (2 Portionen)

480 g Schupfnudeln, gekocht
6 weiße Zwiebeln, in Ringe geschnitten
10 Knoblauchzehen, gepresst
2 rote Chilischoten, in halbe Ringe geschnitten
6 EL Olivenöl

Schupfnudeln mit Knoblauch-Chili-Öl – Zubereitung

» Öl mit Knoblauch und Chili vermischen und einige Stunden ziehen lassen.

» Knoblauch-Chili-Öl in einer großen Pfanne erhitzen und die Schupfnudeln einige Minuten darin anbraten. Zwiebeln zugeben und ebenfalls anbraten, bis Zwiebeln und Schupfnudeln leicht braun sind.

Zutaten (2 Portionen)

480 g Schupfnudeln, gekocht
40 g Mohn
20 g Puderzucker
20 g Butter

Tipp

Dazu am besten noch eine Kugel Eis und Ihr habt ein perfektes Dessert!

Schupfnudeln mit Mohn – Zubereitung

» Butter in einer großen Pfanne schmelzen.

» Mohn und Puderzucker unterrühren und kurz anbraten.

» Schupfnudeln zugeben, alles gut vermischen und unter Rühren einige Minuten anbraten.

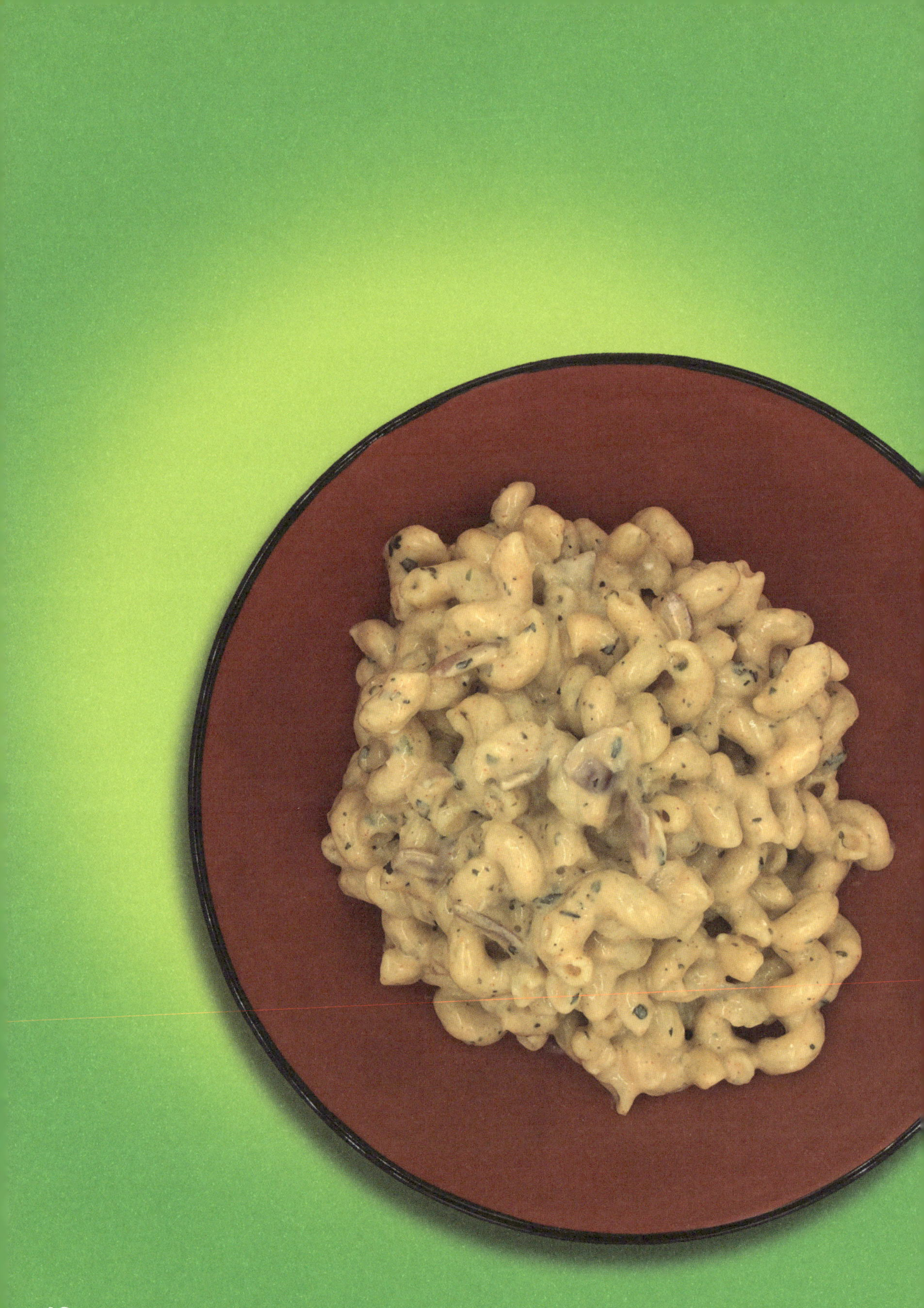

Mac 'n' Cheese

Macaroni and Cheese werden in meinem Kopf auf ewig mit den USA verknüpft bleiben. Gefühlt in jedem Restaurant wird Mac'n'Cheese als „Beilage" angeboten… Da wurde man schon mit Breadsticks vollgestopft, hat sich aus „Kostengründen" für das Menü mit zwei Sides und Dessert entschieden und dann ist eine der Beilagen ein riesiger Pott Pasta, Käse und Sahne. Unser Rezept kommt mit Milch aus, ist dank fünf Käsesorten aber nicht minder lecker – dennoch lieber als Hauptgericht essen. – Boris

Zutaten (4 Portionen)

500 g Pasta (z.B. Cellentani)
2 rote Zwiebeln, grob gewürfelt
2 Knoblauchzehen, gepresst
600 ml Milch
200 g Körniger Frischkäse, püriert
200 g White Cheddar, gerieben
100 g Fontina oder Taleggio Käse, gewürfelt
60 g Gruyère Käse, gerieben
40 g Parmesan, gerieben
20 g Butter
20 g Weizenmehl (Type 550)
1 EL Olivenöl
2 TL Paprikapulver (ungarisch)
2 TL Oregano
1 TL Majoran
1 TL Pfeffer
½ TL Muskatnuss
½ TL Salz
Salz
Pfeffer

Zubereitung

» Öl in einer Pfanne erhitzen und Zwiebeln darin andünsten.

» Pasta gemäß Packungsanleitung kochen, abtropfen lassen und die Zwiebeln untermischen.

» Butter in einem großen Topf bei mittelhoher Hitze vollständig schmelzen und das Mehl mit einem Schneebesen einrühren.

» Sobald die Mischung schäumt und leicht braun wird, die Hitze etwas reduzieren und die Hälfte der Milch einrühren. Achtung: die Milch nicht auf einmal, sondern in großen Schlücken hinzufügen und dabei ständig rühren, damit die Masse nicht klumpt.

» Sobald die Mischung angedickt ist, die restliche Milch zugeben und weiterrühren. Knoblauch, Paprikapulver, Oregano, Majoran, 1 TL Pfeffer, Muskat und ½ TL Salz ebenfalls unter Rühren zugeben. Solange rühren, bis die Mischung eine nur leicht dickflüssigere Konsistenz hat.

» Käse nun der Reihe nach unterrühren bis er jeweils vollständig geschmolzen ist (erst Körniger Frischkäse, dann White Cheddar, dann Fontina/Taleggio, dann Gruyère, zum Schluss Parmesan).

» Abschließend Pasta-Zwiebel-Mischung zugeben, alles gut miteinander vermischen und einige Minuten unter Rühren köcheln lassen. Ggf. mit Salz und Pfeffer abschmecken.

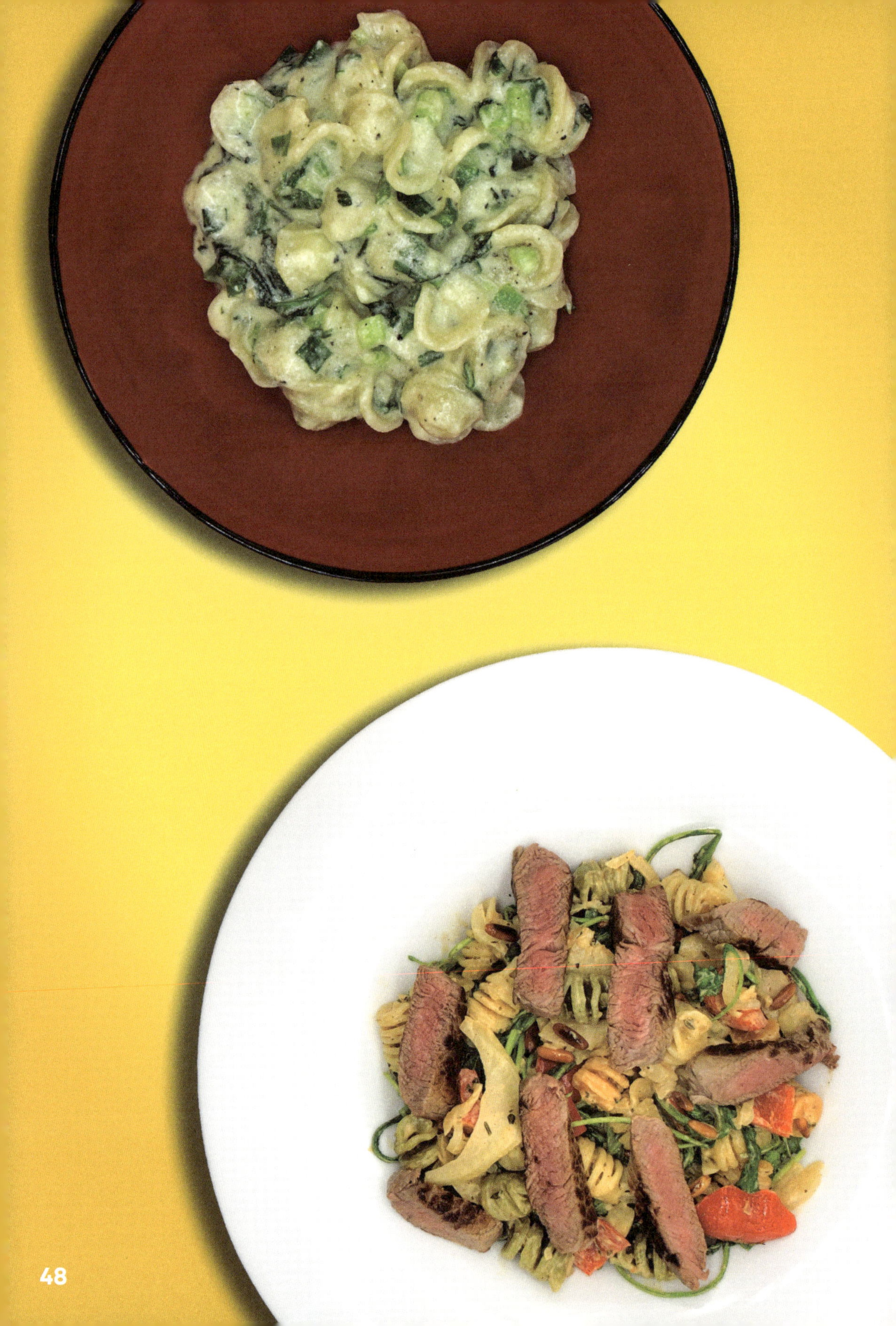

Fenchelpasta & Knoblauch-Weißwein-Pasta

Fenchel ist Nichts für jedermann – dieser Auffassung war ich selbst viele Jahre, bis ich mit langjährigen Freunden zum ersten Mal Fenchelpasta gegessen habe. Fazit: In Verbindung mit Rucola, Pinienkernen und Steak lohnt es sich wirklich, mutig zu sein. Dass in italienischen Speisen gern Knoblauch verwendet wird, ist bekannt. Wir haben daher für dieses Pastagericht direkt den Schwerpunkt auf die leckere Knolle gesetzt. Beide Gerichte sind einfach und schnell gemacht und dennoch mal unerwartet anders. – Oliver

Zutaten (2 Portionen)

250 g Pasta (z.B. Bunte Spiralen)
1 Fenchelknolle (inkl. Stängel)
1 rote Paprika, grob gewürfelt
125 g Rucola
2 Zwiebeln, fein gewürfelt
1 Knoblauchzehe, gepresst
200 g Steak
50 g Pinienkerne, ohne Fett in einer Pfanne geröstet
100 ml Sahne
100 g Frischkäse (Natur)
25 g Ahornsirup
20 g Balsamico Bianco
1 EL Olivenöl
1 EL Kakaobutter
2 TL Thymian
1 TL Chili Ancho
Salz
Pfeffer

Fenchelpasta – Zubereitung

» Stängel von der Fenchelknolle trennen und in feine Scheiben schneiden. Knolle entstrunken, längs halbieren und ebenfalls in feine Scheiben schneiden.

» Die Pasta gemäß Packungsanleitung kochen.

» Öl in einem großen Topf erhitzen, Fenchel, Paprika und Zwiebeln darin anbraten. Ahornsirup dazugeben und etwas karamellisieren lassen. Dann alles mit dem Balsamico ablöschen.

» Sahne dazugeben und alles auf niedriger Flamme einige Minuten köcheln lassen. Frischkäse, Knoblauch, Thymian und Chili Ancho unterrühren und mit Salz und Pfeffer abschmecken. Pasta ebenfalls unterrühren und noch einige Minuten weiter köcheln.

» Kakaobutter in einer Pfanne gut erhitzen und das Steak von jeder Seite ca. 1 ½ bis 2 Minuten anbraten. Anschließend das Steak in Streifen schneiden.

» Rucola und Pinienkerne unter die Pasta mischen, auf zwei Tellern anrichten und die Steakstreifen gleichmäßig darüber verteilen.

Zutaten (2 Portionen)

250 g Pasta (z.B. Orecchiette)
120 g Frühlingszwiebeln, in Ringe geschnitten
4 Knoblauchzehen, gepresst
350 ml Milch
250 ml Gemüsebrühe
200 ml Weißwein
50 g Parmesan, fein gerieben
20 g Butter
15 g frische Basilikumblätter
Salz
Pfeffer

Knoblauch-Weißwein-Pasta – Zubereitung

» Butter in einem großen Topf erhitzen und den Knoblauch kurz darin andünsten. Mit Weißwein ablöschen, Milch und Gemüsebrühe dazugeben und alles unter Rühren aufkochen lassen.

» Pasta ebenfalls dazugeben und unter gelegentlichem Rühren etwas länger als gemäß Packungsanleitung kochen.

» Basilikum grob hacken.

» Sobald die Pasta al dente ist, von der Flamme nehmen, Frühlingszwiebeln, Parmesan und Basilikum unterrühren und mit Salz und Pfeffer abschmecken.

50

Pasta Marinara mit Auberginen-Scamorza-Balls

Dieses Rezept haben wir extra für einen Kochwettbewerb geschrieben. Von Anfang an war für uns klar, dass auf jeden Fall unsere Marinara Sauce darin eine Rolle spielen soll. Um allerdings weiteren typisch italienischen Zutaten eine Bühne zu geben, wollten wir unbedingt etwas mit Auberginen und Scamorza machen – unsere erste Idee, damit Tortellini zu füllen ging leider nicht ganz auf... So kamen wir darauf, doch einfach einen vegetarischen Meatball zu machen. Das Ergebnis: lockere & leckere Bällchen! – Boris

Zutaten (4 Portionen)

- 500 g Pasta (z.B. Tagliatelle)
- 1,2 kg Marinara Sauce
- 1 große Aubergine (500 g), gewürfelt
- 2 Knoblauchzehen, ungeschält und zerdrückt
- 300 g Scamorza Affumicata, gewürfelt
- 2 alte helle Brötchen (je 60 g), gewürfelt
- 60 g Kichererbsenmehl
- 40 g Semmelbrösel
- 30 g Limettensaft
- 4 Eier
- 8 EL Olivenöl
- Salz
- Pfeffer

Tipp

Für die Marinara Sauce lieber nur die Hälfte an Chiliflocken verwenden – die Auberginen-Scamorza-Bällchen kommen in einer milderen Sauce noch besser zur Geltung.

Zubereitung

» Ggf. Marinara Sauce zubereiten.

» 4 EL Öl in einer großen Pfanne erhitzen und Aubergine darin zusammen mit dem Knoblauch gleichmäßig anbraten.

» Auberginenwürfel mit Scamorza, Brötchenwürfeln, Kichererbsenmehl, Semmelbröseln, Limettensaft und Eiern in einer großen Schüssel verrühren und mit Salz und Pfeffer abschmecken.

» Aus der Masse 16 kleine Bällchen formen. 4 EL Öl in einer großen Pfanne erhitzen und die Bällchen darin goldbraun anbraten.

» Pasta gemäß Packungsanleitung kochen.

» Sauce ggf. aufkochen.

» Pasta gut abtropfen lassen und zusammen mit der Marinara Sauce und den Bällchen anrichten.

52

Pesto

Wir geben es ja zu: Früher gab es bei uns viel Pesto aus dem Glas. Wenn es schnell gehen muss – einfach Glas auf und über die gekochte Pasta geben, fertig! Nur leider bedeutet das Versprechen „mit Pinienkernen, Parmesan und Olivenöl" nicht mehr, als dass diese neben wesentlich billigeren Zutaten auch enthalten sind. Dabei braucht es einfach nur eine Handvoll gute Zutaten für ein leckeres Pesto. Insofern kommt bei uns auch heute noch das Pesto aus dem Glas – aber nun das selbstgemachte. – Boris

Basilikum Pinienkern – Zutaten (etwa 500 g)

90 g frischer Basilikum (inkl. Stiele)
4 - 5 Knoblauchzehen
60 g Pinienkerne, ohne Fett in der Pfanne geröstet
150 g Parmesan, grob gewürfelt
200 g Olivenöl
½ TL Salz
Pfeffer

Rote Bete Walnuss – Zutaten (etwa 650 g)

250 g Rote Bete (geschält und gegart), gewürfelt
4 Knoblauchzehen
150 g Walnusskerne, grob gehackt
150 g Parmesan, grob gewürfelt
100 g Olivenöl
1 TL Salz
Pfeffer

Koriander Kürbiskern – Zutaten (etwa 590 g)

140 g frischer Koriander (inkl. Stiele)
1 Stängel Zitronengras (20 g), grob zerkleinert
1 kleine rote Chilischoten, grob gehackt
3 Knoblauchzehen
100 g Kürbiskerne
150 g Parmesan, grob gewürfelt
180 g Olivenöl
½ TL Salz
Pfeffer

Vino Rosso – Zutaten (etwa 550 g)

150 g getrocknete Tomaten (in Öl eingelegt), abgetropft
2 rote Chilischoten, grob gehackt
3 Knoblauchzehen
60 g Pinienkerne, ohne Fett in einer Pfanne geröstet
150 g Rotwein
150 g Parmesan, grob gewürfelt
50 g Olivenöl
½ TL Salz
Pfeffer

Rucola Haselnuss – Zutaten (etwa 480 g)

120 g frischer Rucola (inkl. Stiele)
2 Knoblauchzehen
60 g Haselnüsse, grob gehackt und in einer Pfanne ohne Fett geröstet
25 g Limettensaft
120 g Parmesan, grob gewürfelt
160 g Olivenöl
2 TL Chili Ancho
1 TL Paprikapulver (geräuchert)
1 TL Zimt
½ TL Salz
Pfeffer

Zubereitung

» Alle Zutaten mit dem Pürierstab oder im Universalzerkleinerer pürieren und mit Pfeffer (und ggf. zusätzlichem Salz) abschmecken.

Darstellung auf der Abbildung (von oben nach unten): Koriander Kürbiskern, Rote Bete Walnuss, Basilikum Pinienkern, Vino Rosso, Rucola Haselnuss

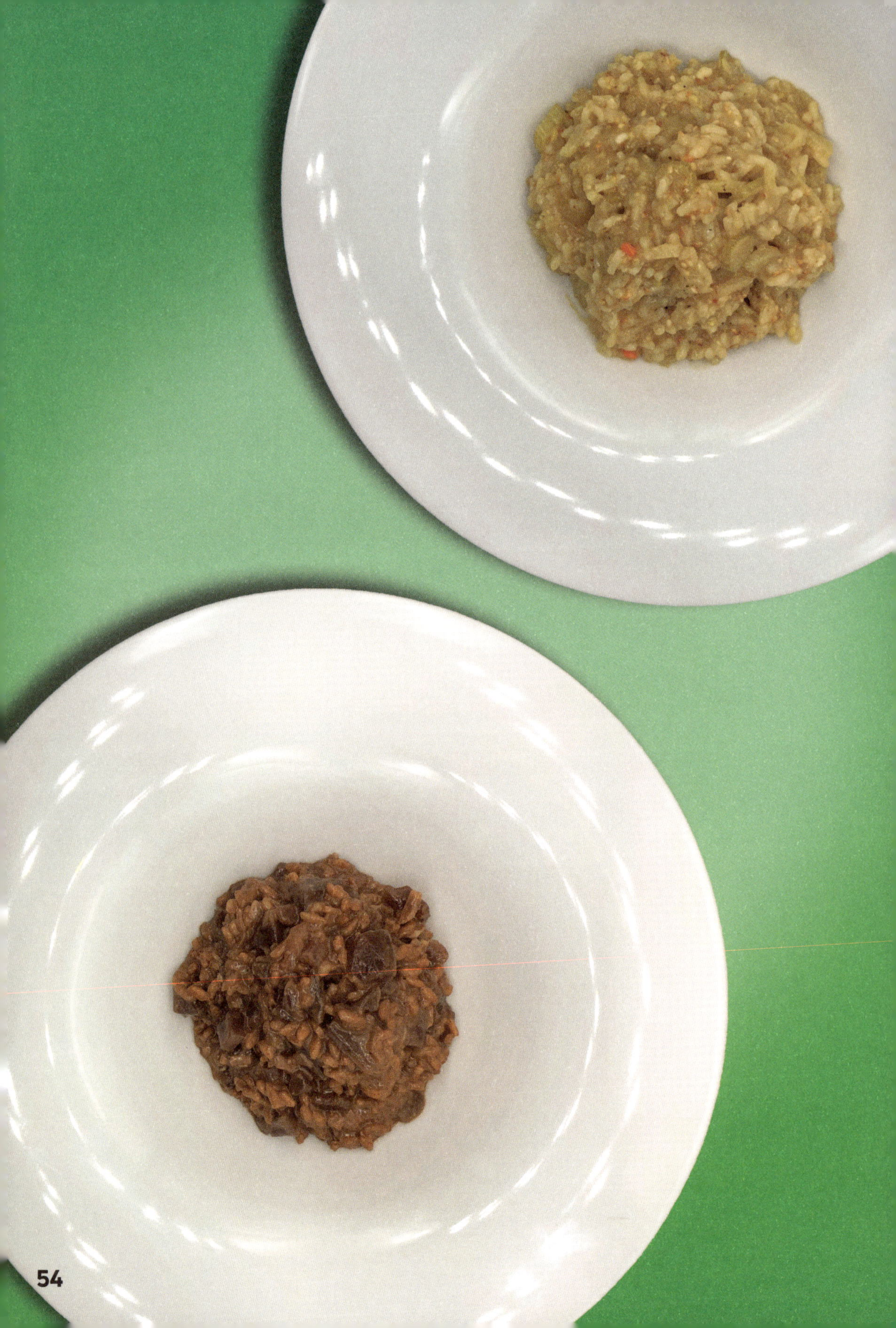

Rote Bete Risotto & Fenchel Zitronen Risotto

Ehrlich gesagt war mir Risotto erst lange nicht bekannt und dann nie so recht meins... Bis wir in großer Runde in einem Dänemarkurlaub ein Rote Bete Risotto gemacht haben, dass meine bisherige Ansicht für immer verändern sollte. Es ist faszinierend, dass man (Risotto-) Reis unter Zugabe von Flüssigkeiten, Gewürzen und weiteren Zutaten durch das langsame Einkochen so verschiedene Geschmacksaromen und vor allem einen so intensiven Geschmack zuführen kann. – Oliver

Zutaten (2 Portionen)

- 125 g Risotto Reis (z.B. Arborio)
- 250 g Rote Bete (geschält und gegart), fein gewürfelt
- 1 rote Zwiebel, fein gewürfelt
- 1 Knoblauchzehe, gepresst
- 500 ml Gemüsebrühe
- 150 ml Rotwein
- 50 g Gruyère Käse, gerieben
- 1 EL Olivenöl
- 2 TL Zimt
- Salz
- Pfeffer

Rote Bete Risotto – Zubereitung

» Öl in einem großen Topf erhitzen, Rote Bete und Zwiebeln darin andünsten. Reis zugeben und unter Rühren ca. 1 Minute glasig anbraten. Reis etwas salzen und pfeffern und mit dem Wein ablöschen. Auf niedriger Stufe (der Reis darf nicht kochen!) weiterrühren bis der Reis fast den gesamten Wein aufgenommen hat.

» Gemüsebrühe kurz aufkochen. Die Hälfte der Gemüsebrühe zum Reis geben und unter ständigem Rühren warten bis der Reis die Flüssigkeit fast vollständig aufgenommen hat. Knoblauch und Zimt hineinrühren. Dann mit der zweiten Hälfte der Gemüsebrühe ebenso verfahren. Der Reis sollte nun schön cremig und die gesamte Flüssigkeit verkocht sein. Risotto von der Flamme nehmen, Gruyère untermischen und mit Salz und Pfeffer abschmecken.

Zutaten (2 Portionen)

- 125 g Risotto Reis (z.B. Arborio)
- 1 Fenchelknolle (inkl. Stängel)
- 1 weiße Zwiebel, fein gewürfelt
- 1 Knoblauchzehe, gepresst
- 1 Bio-Zitrone, ausgepresst und abgerieben
- 20 g Sesam, ohne Fett in einer Pfanne geröstet
- 500 ml Gemüsebrühe
- 150 ml Weißwein
- 1 EL Olivenöl
- Salz
- Pfeffer

Fenchel Zitronen Risotto – Zubereitung

» Stängel von der Fenchelknolle trennen und in feine Scheiben schneiden. Knolle entstrunken, längs halbieren und ebenfalls in feine Scheiben schneiden.

» Öl in einem großen Topf erhitzen, Fenchel und Zwiebeln darin andünsten. Reis zugeben und unter Rühren ca. 1 Minute glasig anbraten. Reis etwas salzen und pfeffern und mit dem Wein ablöschen. Auf niedriger Stufe (der Reis darf nicht kochen!) weiterrühren bis der Reis fast den gesamten Wein aufgenommen hat.

» Gemüsebrühe kurz aufkochen. Die Hälfte der Gemüsebrühe zum Reis geben und unter ständigem Rühren warten bis der Reis die Flüssigkeit fast vollständig aufgenommen hat. Knoblauch und Zitronensaft hineinrühren. Dann mit der zweiten Hälfte der Gemüsebrühe ebenso verfahren. Der Reis sollte nun schön cremig und die gesamte Flüssigkeit verkocht sein. Risotto von der Flamme nehmen, Zitronenschale und Sesam untermischen und mit Salz und Pfeffer abschmecken.

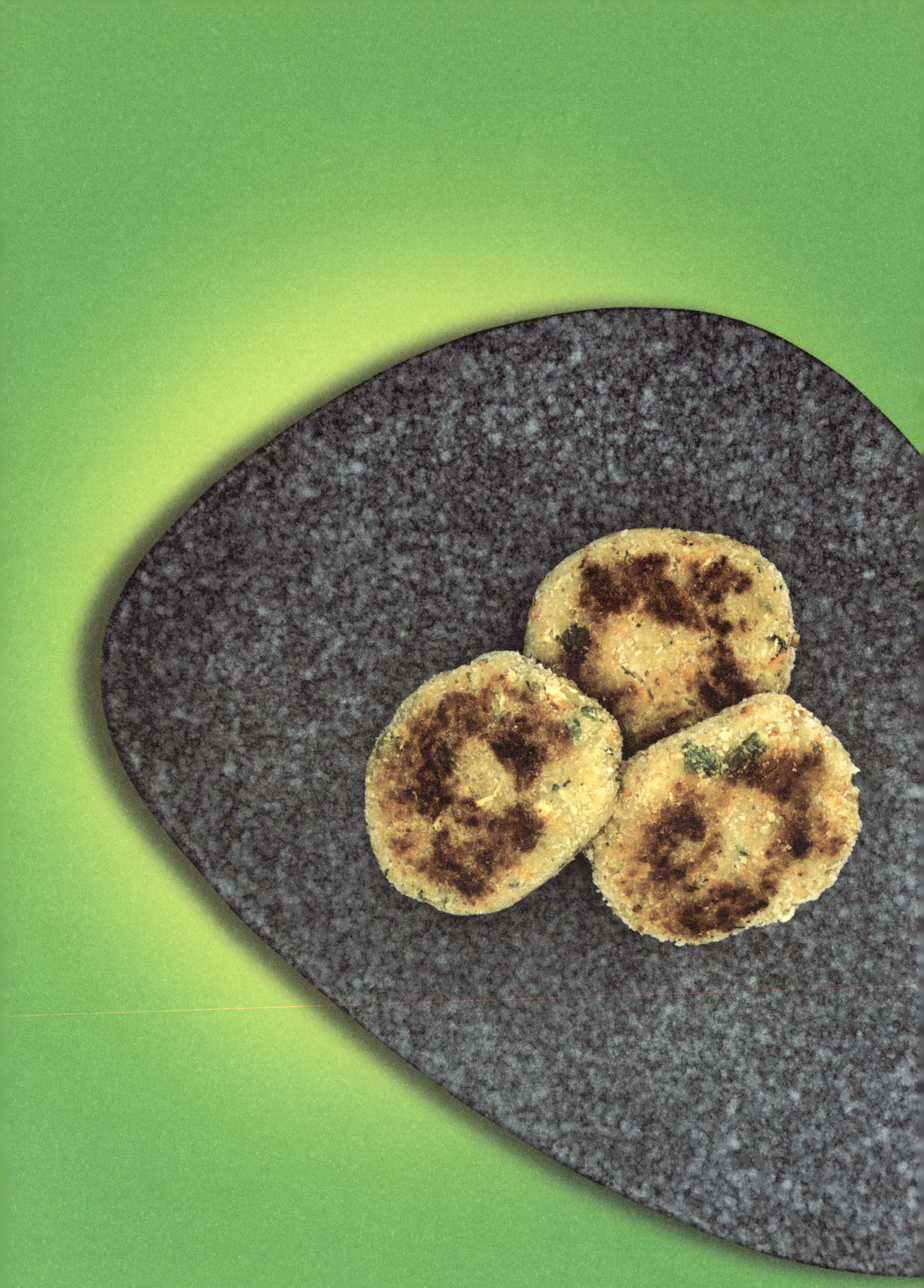

Risottofrikadellen

Die Basis für diese Variante waren Gemüsefrikadellen, die mein Bruder und seine Frau zu einer Familienfeier als vegetarische Option gezaubert hatten. Diese haben uns alle so gut geschmeckt, dass wir geschlossen der Ansicht waren, man könne auch gut und gern mal bewusst auf Fleisch verzichten und die Gemüsefrikadellen essen. Wir haben uns eine Variante einer vegetarischen Frikadelle einfallen lassen, bei der es sich genauso lohnt! – Oliver

Zutaten (etwa 20 Stück)

250 g Risotto Reis (z.B. Arborio)
3 rote Zwiebeln, fein gewürfelt
1 Zucchini (280 g), geraspelt
2 Karotten (140 g), geraspelt
3 Knoblauchzehen, gepresst
400 g Semmelbrösel
140 g Panko Paniermehl
1 Liter Gemüsebrühe
2 Eier
180 g Appenzeller oder Schweizer Tilsiter Käse („Swizzrocker"), gewürfelt
100 g Fontina oder Taleggio Käse, gewürfelt
15 g frische glatte Petersilienblätter, grob gehackt
10 EL Kakaobutter
2 EL Olivenöl
Salz
Pfeffer

Tipp

Eignen sich auch super zum Einfrieren. Hierzu jede Seite auf mittlerer Hitze nur ca. 2 bis 3 Minuten anbraten, abkühlen lassen und einfrieren. Vor der Verwendung einige Stunden auftauen lassen und mit etwas Kakaobutter goldbraun zu Ende braten.

Zubereitung

» Öl in einem großen Topf erhitzen und Zwiebeln darin andünsten. Reis zugeben und unter Rühren ca. 1 bis 2 Minuten glasig anbraten.

» Gemüsebrühe kurz aufkochen. Reis etwas salzen und pfeffern, die Hälfte der Gemüsebrühe zum Reis geben und unter ständigem Rühren warten bis der Reis die Flüssigkeit fast vollständig aufgenommen hat. Knoblauch hineinrühren. Dann mit der zweiten Hälfte der Gemüsebrühe ebenso verfahren. Der Reis sollte nun schön cremig und die gesamte Flüssigkeit verkocht sein.

» Reis von der Flamme nehmen, Käse untermischen und mit Salz und Pfeffer abschmecken.

» Reis etwas abkühlen lassen.

» In einer großen Schüssel den Reis mit den Zucchini, Karotten, Semmelbröseln, Eiern und Petersilie vermischen, ggf. noch etwas salzen und pfeffern und für ca. 1 Stunde vollständig abkühlen lassen.

» Aus je 2 bis 3 EL der Reismasse mit feuchten, kalten Händen eine flache Frikadelle formen und im Panko Paniermehl wenden, bis dieser rundum bedeckt ist. Mit der restlichen Masse ebenso verfahren.

» Für je 4 Frikadellen 1 EL Kakaobutter in einer großen Pfanne erhitzen und auf mittlerer Hitze eine Seite goldbraun anbraten, einen weiteren 1 EL Kakaobutter zugeben, Frikadellen wenden und die andere Seite ebenfalls goldbraun anbraten.

» Mit den restlichen Frikadellen ebenso verfahren.

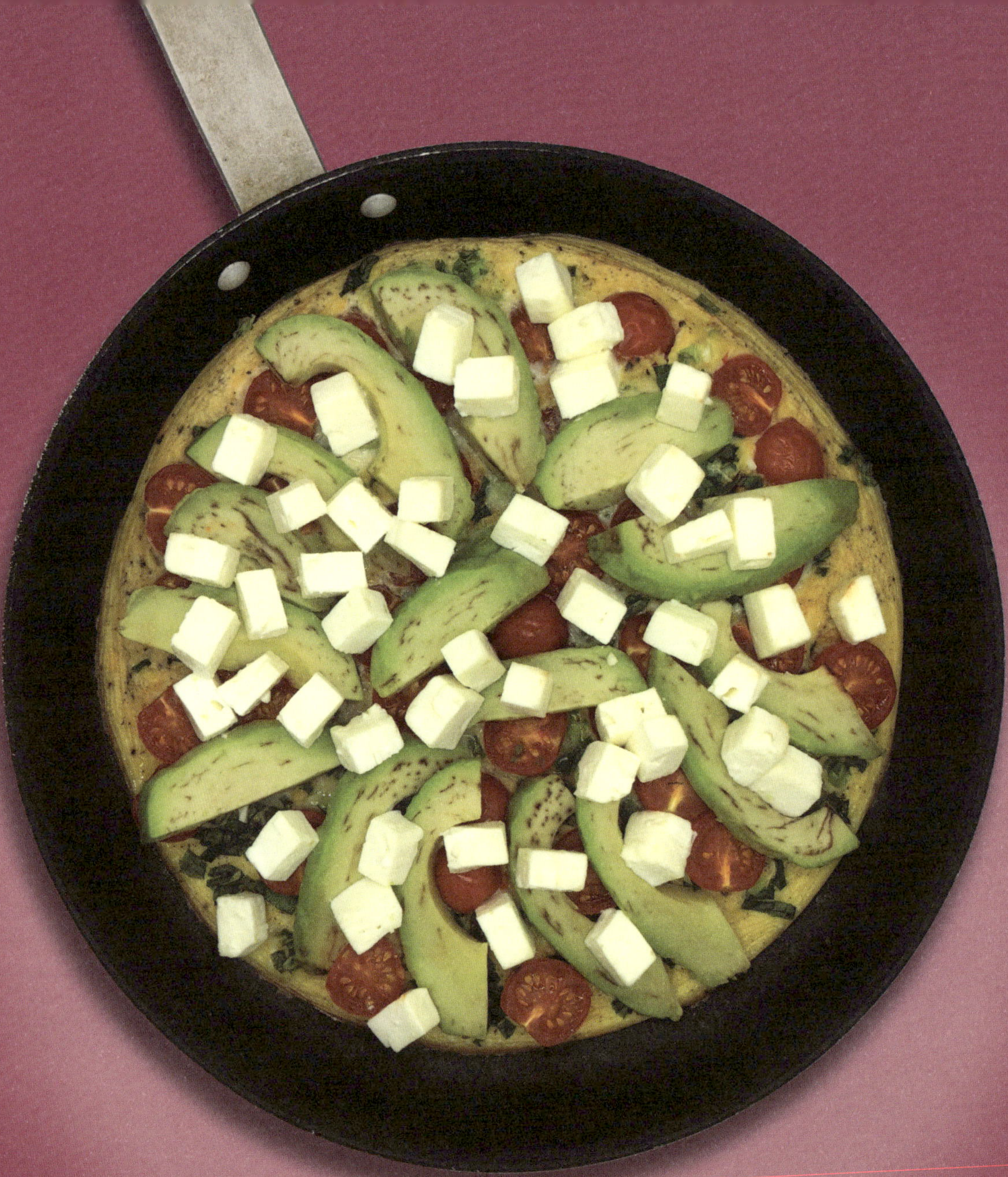

Frittata mit Kirschtomaten, Avocado und Feta

Wenn es bei uns mehrere Tage hintereinander vor allem deftige Speisen gegeben hat, brauchen auch wir unbedingt mal etwas Leichtes. Allerdings sollten wir danach trotzdem für mehrere Stunden satt sein und nicht nach kurzer Zeit bereits wieder Appetit haben. Hier hat die Frittata ihren Auftritt: frische Zutaten, viele Variationsmöglichkeiten, gesundes Fett, sättigendes Eiweiß, absolut low-carb und der Feta macht einfach nur glücklich... Wenn es dann auch noch ruckzuck geht, ist der Feierabend perfekt. – Boris

Zutaten (2 Portionen)

200 g Kirschtomaten, halbiert
3 Frühlingszwiebeln, in Ringe geschnitten
1 reife Avocado
150 g Feta, gewürfelt
4 EL Milch
6 Eier
Salz
Pfeffer

Zubereitung

» Eier mit der Milch verquirlen und mit Salz und Pfeffer würzen.

» Mischung in eine große ofenfeste Pfanne (oder eine Auflaufform) geben und im auf 180 Grad Umluft vorgeheizten Backofen ca. 5 Minuten stocken lassen.

» Frühlingszwiebeln und Tomaten gleichmäßig auf der Frittata verteilen und ca. 5 weitere Minuten backen.

» Avocado halbieren und Kern, sowie Schale entfernen. In Scheiben schneiden und zusammen mit dem Feta ebenfalls auf der Frittata verteilen. Noch ca. 10 Minuten zu Ende backen.

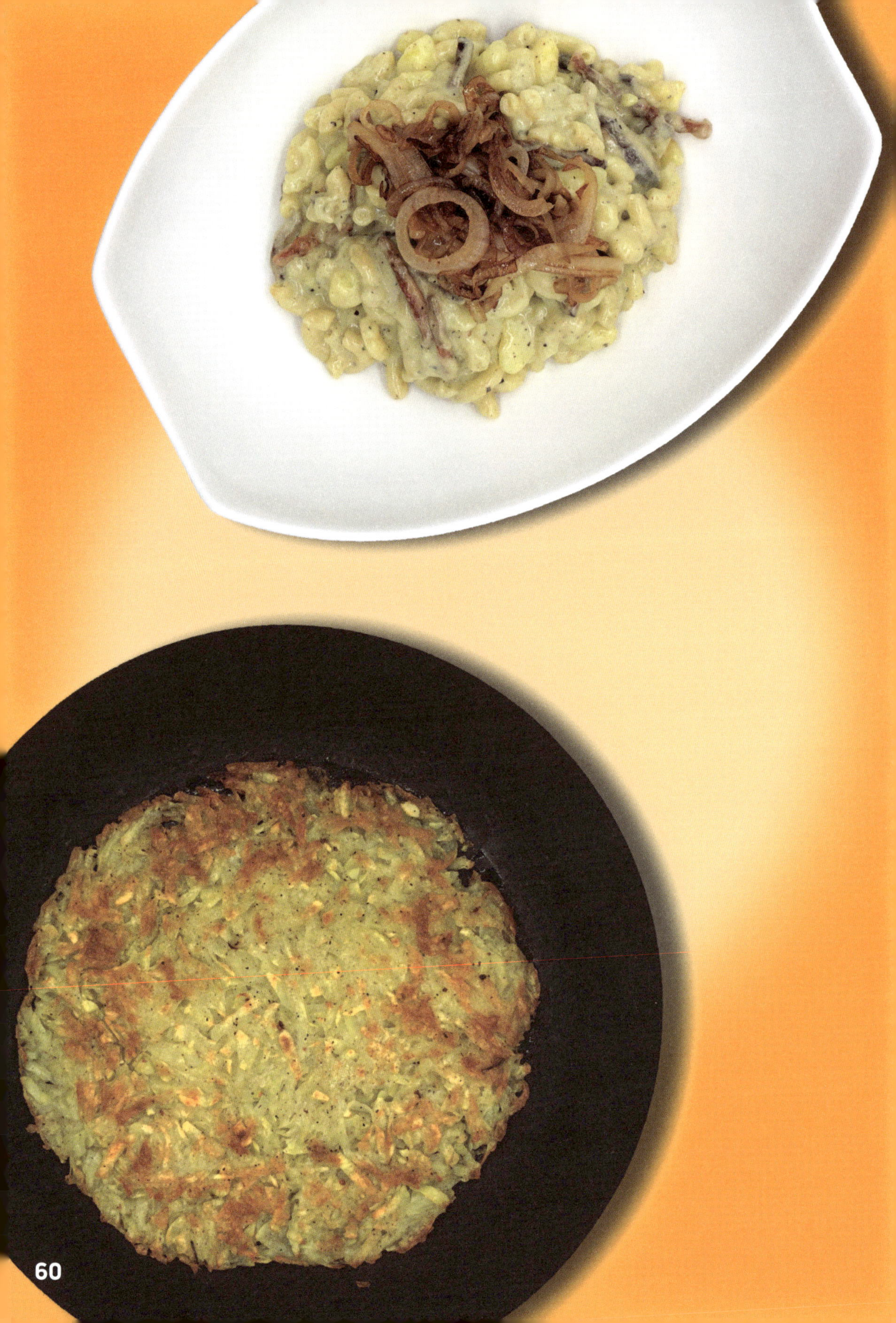

Älplermagronen & Rösti

Wenn ich früher mit meinen Eltern in den Schweizer Bergen wandern war, dann gab es nach dem mühevollen Aufstieg endlich das lang ersehnte Highlight: Älplermagronen oder Rösti. In beiden spielen Kartoffeln die Hauptrolle – einmal cremig, einmal kross. Zwei Gerichte die unterschiedlicher nicht sein könnten, aber eines gemeinsam haben: Sie schmecken nach einem langen Marsch besonders gut – oder auch nach einem harten Arbeitstag. – Boris

Zutaten (2 Portionen)

150 g Pasta (z.B. Hörnchen)
300 g festkochende Kartoffeln, geschält und grob gewürfelt
2 weiße Zwiebeln, in Ringe geschnitten
150 g Schweizer Tilsiter Käse („Swizzrocker"), gerieben
50 g Pecorino Romano, gerieben
125 ml Sahne
120 g durchwachsener Speck
2 TL Schabzigerklee
2 TL Pfeffer
½ TL Muskatnuss
½ TL Salz

Älplermagronen – Zubereitung

» Schwarte (und ggf. Knochen) entfernen, Speck in Streifen schneiden und in einer Pfanne ohne Fett kurz scharf anbraten. Anschließend bei niedriger Hitze weiter auslassen.

» Ausreichend Salzwasser in einem großen Topf zum Kochen bringen. Pasta und Kartoffeln darin zusammen garen. Achtung: dabei die individuellen Garzeiten (Kartoffeln ca. 10 Minuten, Pasta gemäß Packungsanleitung) beachten.

» Sobald das Fett weitestgehend flüssig ist, den Speck aus der Pfanne nehmen und die Zwiebeln im ausgelassenen Fett anbraten.

» Das Salzwasser abgießen und die Sahne zu Pasta und Kartoffeln geben. Käsesorten miteinander vermischen und zusammen mit dem Speck unterrühren. Mit Schabzigerklee, Pfeffer, Muskat und Salz würzen.

» Älplermagronen zusammen mit den Zwiebeln anrichten.

Zutaten (2 Stück)

400 g rohe festkochende Kartoffeln, geschält und grob geraspelt
4 EL Kakaobutter
½ TL Muskatnuss
½ TL Salz
½ TL Pfeffer

Tipp

Die Rösti einfach „Natur" genießen oder nach Wunsch mit Speck und Käse oder mit Gemüse und Käse belegen und im auf 180 Grad Umluft vorgeheizten Backofen ca. 10 bis 12 Minuten backen, bis der Käse vollständig zerlaufen ist.

Rösti – Zubereitung

» Kartoffeln in einer Schüssel mit Muskat, Salz und Pfeffer vermischen.

» Je 1 EL Kakaobutter in zwei kleinen Pfannen erhitzen. In jede Pfanne die Hälfte der Kartoffeln geben und mit einem Pfannenwender auf ca. 16 cm Durchmesser platt und fest andrücken. Pfannen mit einem Deckel abdecken und Rösti bei sehr niedriger Hitze ca. 10 bis 12 Minuten ausbacken.

» Jede Rösti aus der Pfanne auf einen Teller stürzen (hierzu am besten die Pfanne mit dem Teller abdecken und alles zusammen umdrehen), restliches Kakaobutter auf beide Pfannen verteilen und gut erhitzen. Rösti vom Teller in die Pfanne zurückgleiten lassen und bei mittlerer Hitze von der anderen Seite ca. 4 bis 6 Minuten fertig ausbacken.

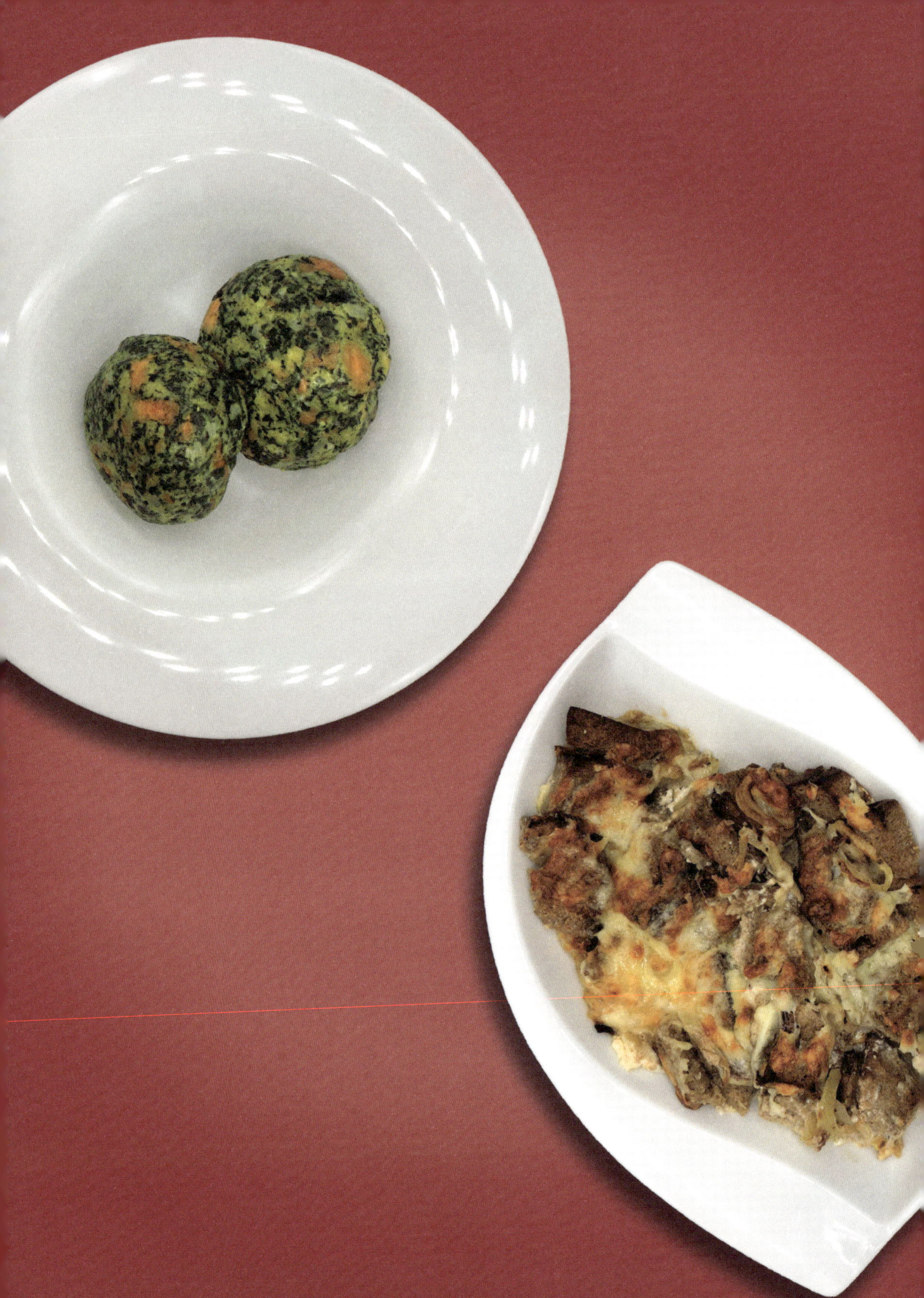

Tiroler Spinatknödel & Chäsgetschädder

Das Beste an altem Brot und Brötchen? Die Resteverwertung! Immer wenn wir Zuhause noch ein Rest Brot hatten, das so langsam etwas trocken wurde, lag die Lösung nah: es gibt Chäsgetschädder. Mein Papa kam irgendwann einmal mit diesem Rezept an und seitdem ist es bei uns nicht mehr wegzudenken – schließlich hat man Brot, Zwiebeln, Milch und Käse ja doch immer irgendwie da und wenn der Weißwein schon mal auf ist... Wer hätte gedacht, dass Reste so lecker schmecken können. – Boris

Zutaten (4 Stück)

400 g fein gehackter Blattspinat (tiefgefroren)
2 weiße Zwiebeln, fein gewürfelt
1 Knoblauchzehe, gepresst
4 alte helle Brötchen (je 60 g), gewürfelt
80 ml Milch, lauwarm
2 Eier
80 g Bergkäse, gerieben
2 EL Olivenöl
½ TL Muskatnuss
Salz
Pfeffer

Tiroler Spinatknödel – Zubereitung

» Öl in einem Topf erhitzen. Zwiebeln darin langsam glasig andünsten und leicht karamellisieren lassen. Spinat und Knoblauch zugeben. Mit Muskat, Salz und Pfeffer würzen und kurz aufkochen. Spinat noch einige Minuten auf niedriger Flamme köcheln, dann vom Herd nehmen und etwas abkühlen lassen.

» Brötchenwürfel in eine große Schüssel geben, mit der Milch übergießen ca. 10 Minuten einweichen lassen. Spinat, Eier und Bergkäse ebenfalls in die Schüssel geben, alles gut durchmischen und ca. 30 Minuten ruhen lassen.

» Ein Stück Frischhaltefolie auf ein gleich großes Stück Alufolie (ca. 30 x 30 cm) legen. Teig in vier Portionen aufteilen. Aus je einer Portion mit kalten, feuchten Händen einen Knödel formen, mittig auf die Frischhaltefolie geben, fest darin einwickeln (hierzu, ähnlich einem Geschenk in Folie, die Frischhaltefolie von allen Seiten hin zum Knödel nehmen und dort fest verdrehen) und mit der Alufolie noch fester umschließen. Mit den restlichen Portionen ebenso verfahren.

» Eingewickelte Knödel in siedendem Wasser ca. 15 Minuten garen, dabei ab und zu wenden. Knödel aus dem Wasser nehmen, kurz kalt abschrecken und vorsichtig auspacken.

Zutaten (2 Portionen)

300 g alte Brotscheiben (Ruch-, Roggen- oder Weißbrot), gewürfelt
5 weiße Zwiebeln, in Ringe geschnitten
300 ml Milch
100 ml Weißwein
120 g Appenzeller Käse, gerieben
3 EL Olivenöl
½ TL Muskatnuss
1 TL Pfeffer

Chäsgetschädder – Zubereitung

» 2 EL Öl in einer großen Pfanne erhitzen und die Brotwürfel zusammen mit den Zwiebeln darin rösten.

» Auflaufform mit 1 EL Öl auspinseln, Brot-Zwiebel-Mischung darin verteilen, mit Muskat und Pfeffer würzen und gut durchmischen. Käse darüber streuen. Alles mit Weißwein beträufeln und die Milch gleichmäßig über die Masse gießen.

» Im auf 200 Grad Umluft vorgeheizten Ofen ca. 10 bis 15 Minuten backen.

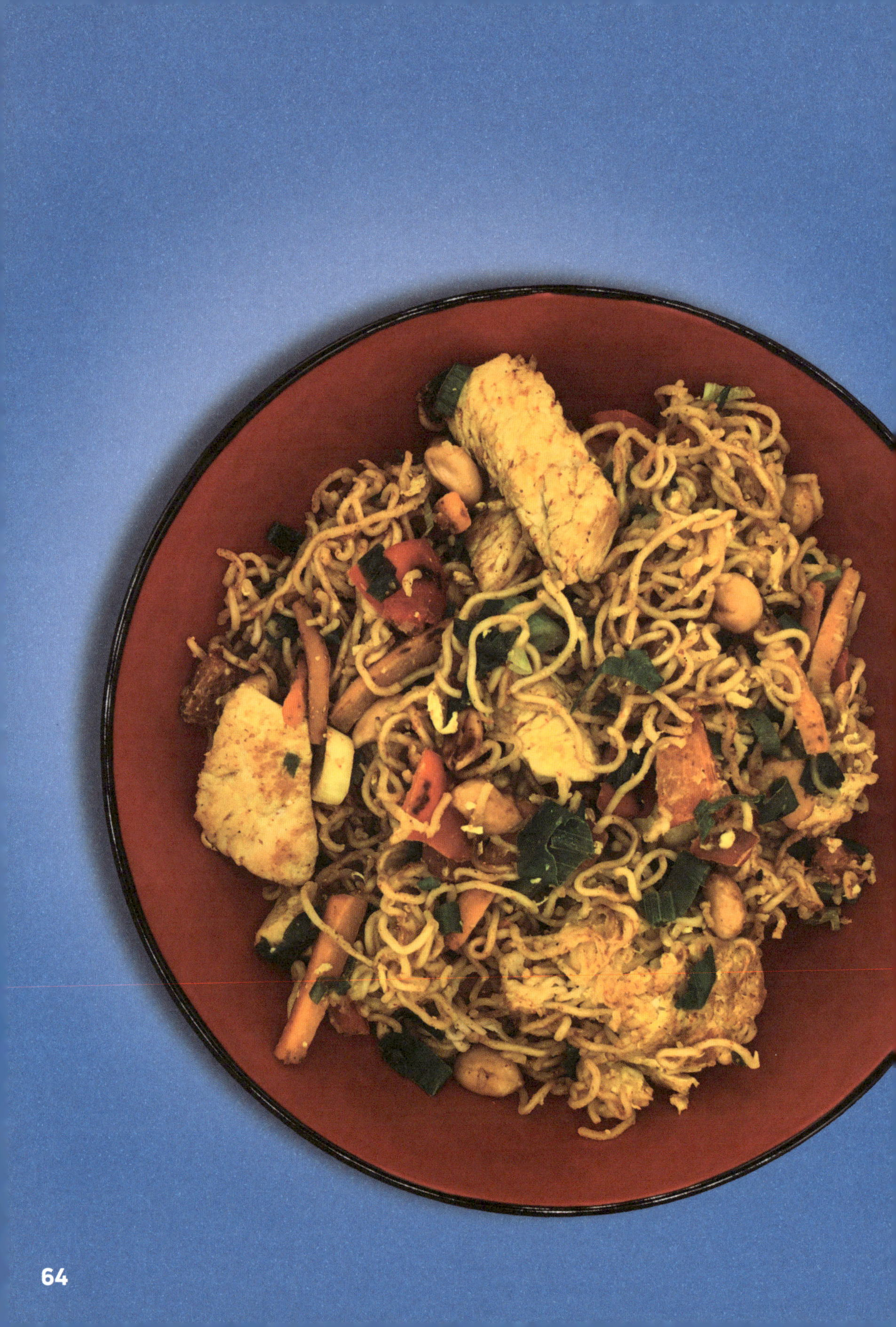

Gebratene Mie-Nudeln mit Ei und Pute

Ein leicht nachzukochendes asiatisches Gericht, dass ich früher eher bestellt oder beim asiatischen Imbiss rausgeholt habe. Die asiatischen Mie-Nudeln, Erdnüsse und Sojasauce prägen das Gericht und sorgen für den fernöstlichen Geschmack. Die Zubereitung erfolgt idealerweise authentisch in einem Wok. Da ich gebratene Mie-Nudeln auch heute noch sehr gern ab und zu esse, war eine eigene Variante für das Kochbuch selbstverständlich. Seitdem spare ich mir den Weg zum Imbiss. – Oliver

Zutaten (4 Portionen)

- 600 g Putenschnitzel, grob gewürfelt
- 250 g Mie-Nudeln
- 1 rote Paprika, fein gewürfelt
- 1 Karotte, gestiftelt
- 1 Bund Frühlingszwiebeln, in Ringe geschnitten
- 2 Knoblauchzehen, gepresst
- 4 Eier
- 40 g gesalzene Erdnüsse
- 4 EL Sojasauce
- 3 EL Ahornsirup
- 4 EL Erdnussöl
- 2 TL Curry Madras
- 1 TL Paprikapulver (ungarisch)
- Pfeffer
- Salz

Zubereitung

» Mie-Nudeln gemäß Packungsanleitung kochen und gut abtropfen lassen.

» Öl in einem Wok erhitzen. Paprika und Karotte darin andünsten. Mie-Nudeln zugeben und auf hoher Hitze anbraten. Putenschnitzel ebenfalls zugeben und anbraten. Eier unterrühren und unter gelegentlichem Rühren stocken lassen, damit das Ei sich gleichmäßig verteilt, aber nicht zu kleinteilig wird.

» Frühlingszwiebeln, Knoblauch, Erdnüsse, Sojasauce, Ahornsirup, Curry Madras und Paprikapulver zugeben und alles gut miteinander vermischen. Mit Pfeffer und ggf. Salz abschmecken.

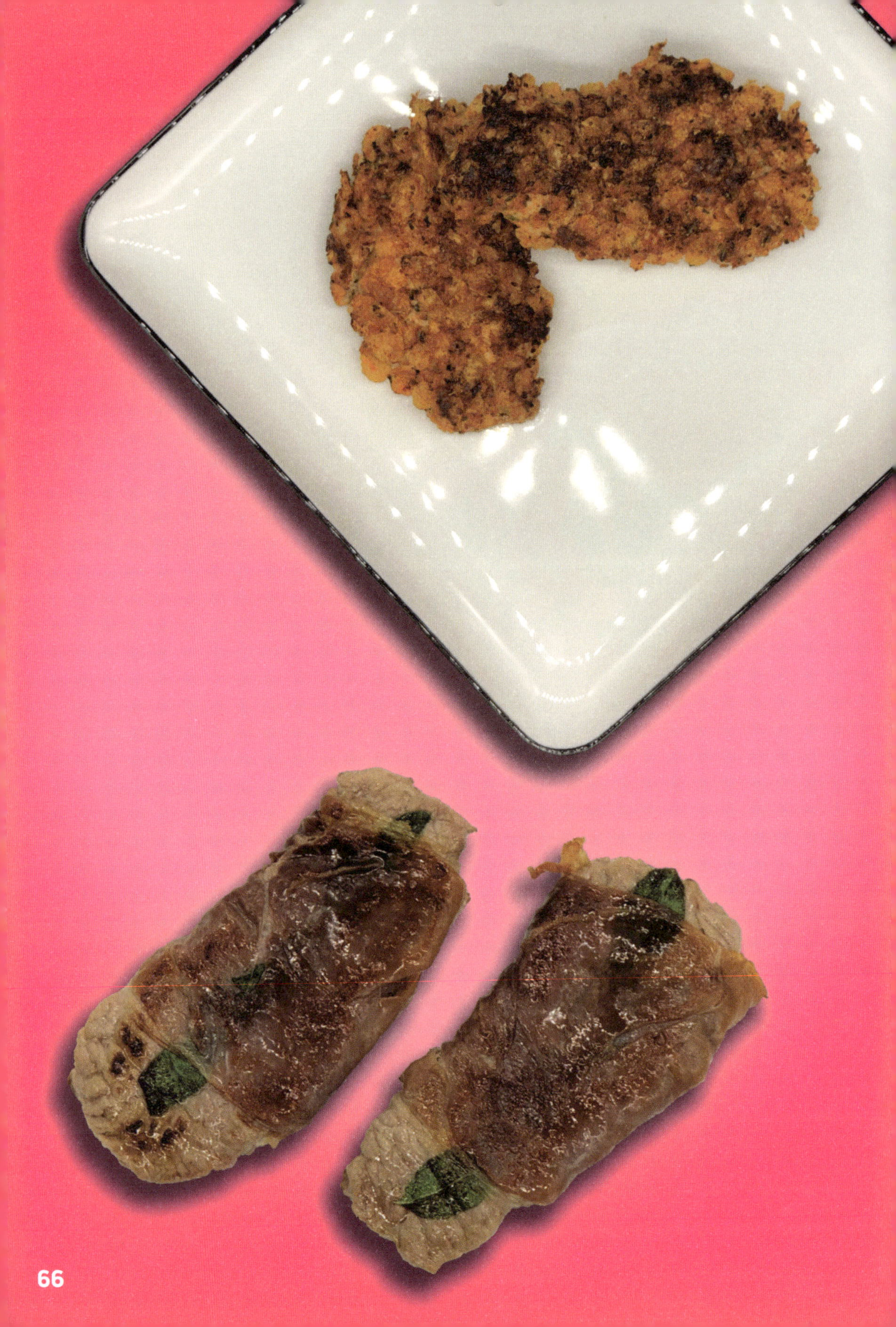

Saltimbocca & Cornflakes Parmesan Schnitzel

Hier haben wir zwei „Schnitzelvarianten", die so gar nicht 08/15 sind. Wem das naturbelassen Stück Qualitäts-Schnitzel nicht genug ist, der kann es natürlich aufpeppen. Aber bitte nur, wenn es dann auch richtig knallt. Es ist außerordentlich lecker, wenn der Geschmack der Gewürze ins Fleisch übergehen, wie es hier mit dem Salbei und dem Kalbsfleisch bei unserer italienischen Schnitzelvariante der Fall ist. Unser Schweineschnitzel dagegen erhält durch die leckere und knusprige Panade eine kräftige Schärfe. – Oliver

Zutaten (4 Stück)

4 Scheiben Kalbslende (je 75 g)
4 Scheiben Parmaschinken
16 frische Salbeiblätter
2 EL Kakaobutter
Salz
Pfeffer

Saltimbocca – Zubereitung

» Kalbsstücke jeweils einzeln mit der Schnittfläche auf ein Brett legen, ein Messer flach darüber legen und mit der Hand das Fleischstück gleichmäßig platt klopfen, bis es ca. 5 mm dünn ist (alternativ kann auch ein Fleischklopfer verwendet werden).

» Anschließend jeweils auf eine Seite 4 Salbeiblätter legen und die Kalbsscheiben mit je einer Scheibe Parmaschinken umwickeln.

» Kakaobutter in einer Pfanne erhitzen und die Saltimbocca darin bei viel Hitze von beiden Seiten kurz scharf anbraten, anschließend nach Bedarf noch etwas salzen und pfeffern.

Zutaten (4 Stück)

4 Schweineschnitzel (je 70 g)
40 g Cornflakes (ungesüßt), etwas zerbröselt
1 Ei
50 ml Milch
20 g Parmesan, fein gerieben
2 EL Kakaobutter
1 TL Thymian
1 TL Paprikapulver (ungarisch)
1 TL Cayennepfeffer
1 TL Pfeffer
½ TL Salz

Cornflakes Parmesan Schnitzel – Zubereitung

» Ei mit der Milch verquirlen.

» Cornflakes, Parmesan, Thymian, Paprikapulver, Cayennepfeffer, Pfeffer und Salz gut miteinander vermischen.

» Schnitzel zuerst in der Ei-Milch-Mischung wenden, dann in der Cornflakes-Panade wenden, die Panade dabei andrücken.

» Kakaobutter in einer großen Pfanne gut erhitzen und die Schnitzel von jeder Seite ca. 1 ½ Minuten goldbraun anbraten.

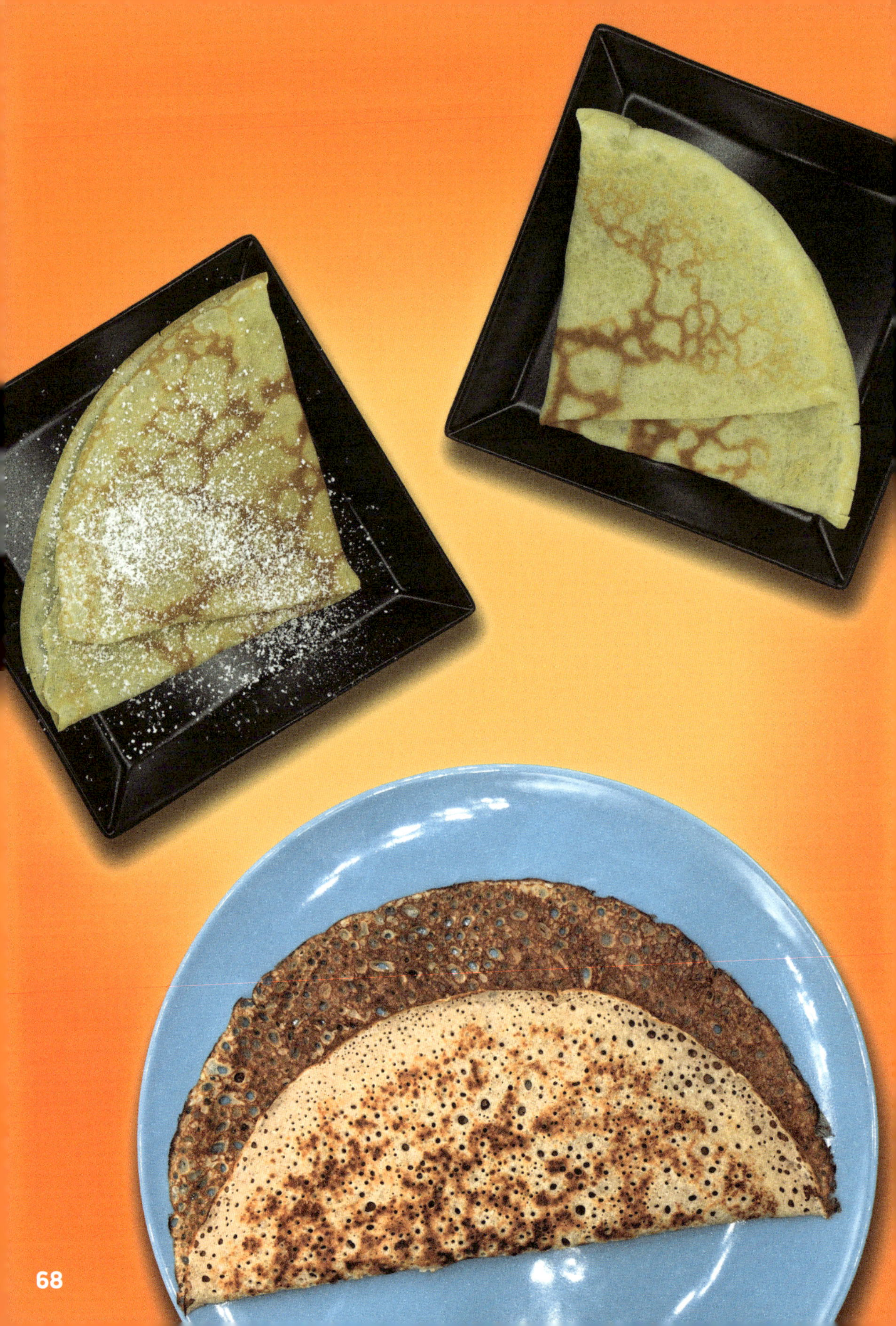

Crêpes & Buchweizenpfannkuchen

Pfannkuchen eignen sich sowohl als süße Nascherei für den Frühstückstisch als auch als herzhafte Kleinigkeit am Abend. Was viele allerdings nicht wissen: der Crêpe wird nicht durch eine deftige Füllung herzhaft, sondern es fängt bereits beim Teig an. So wird durchaus zwischen einem klassischen Crêpe aus Weizenmehl und Zucker und einem Crêpe aus Buchweizenmehl (Galettes Bretonnes) unterschieden. Beiden gemein: sie schmecken, jeder auf seine Art, einfach nur köstlich... – Boris

Zutaten (etwa 6 Stück)

200 g Weizenmehl (Type 550)
40 g Zucker
400 g Milch
4 Eier
40 g Butter, geschmolzen
2 Vanilleschoten
4 g Salz

Tipp

Crêpes pur genießen oder je nach Vorliebe füllen, mit Marmelade oder Schokoladencreme bestreichen oder mit Puderzucker bestreuen.

Crêpes – Zubereitung

» Vanilleschote auskratzen und zusammen mit dem Vanillemark kurz in der Milch aufkochen und Vanilleschote anschließend wieder entfernen. Weizenmehl, Zucker, Milch, Eier und Salz mit einem Schneebesen zu einer homogenen Flüssigkeit verquirlen.

» Teig abgedeckt ca. 2 Stunden im Kühlschrank ruhen lassen. Ca. 30 Minuten vor der Weiterverarbeitung aus dem Kühlschrank nehmen, damit der Teig Zimmertemperatur annimmt. Anschließend Butter unter den Teig schlagen.

» Eine große Pfanne ohne Fett auf höchster Stufe gut vorheizen, ⅙ des Teiges hineingeben, gleichmäßig dünn verteilen und solange backen, bis sich die Ränder des Teiges von der Pfanne lösen. Wenden und andere Seite backen. Mit dem restlichen Teig ebenso verfahren.

Zutaten (etwa 4 Stück)

100 g Buchweizenmehl
140 g Milch
140 g Wasser
1 Ei
20 g Butter, geschmolzen
½ TL Salz

Tipp

Je nach Wunsch entweder jeden Pfannkuchen mit einer Scheibe Schinken, einer Scheibe Käse und zwei Tomatenscheiben füllen, oder alternativ mit einem Spiegelei. Klassisch werden dann die Ränder des Pfannkuchens quadratisch zur Mitte hingeklappt.

Buchweizenpfannkuchen – Zubereitung

» Buchweizenmehl, Milch, Ei und Salz mit einem Schneebesen zu einer homogenen Flüssigkeit verquirlen und anschließend das Wasser unterschlagen.

» Teig abgedeckt ca. 2 Stunden im Kühlschrank ruhen lassen. Ca. 30 Minuten vor der Weiterverarbeitung aus dem Kühlschrank nehmen, damit der Teig Zimmertemperatur annimmt. Anschließend Butter unter den Teig schlagen.

» Eine große Pfanne ohne Fett auf höchster Stufe gut vorheizen, ein Viertel des Teiges hineingeben, gleichmäßig verteilen und solange backen, bis sich die Ränder des Teiges von der Pfanne lösen. Wenden und andere Seite backen. Mit dem restlichen Teig ebenso verfahren.

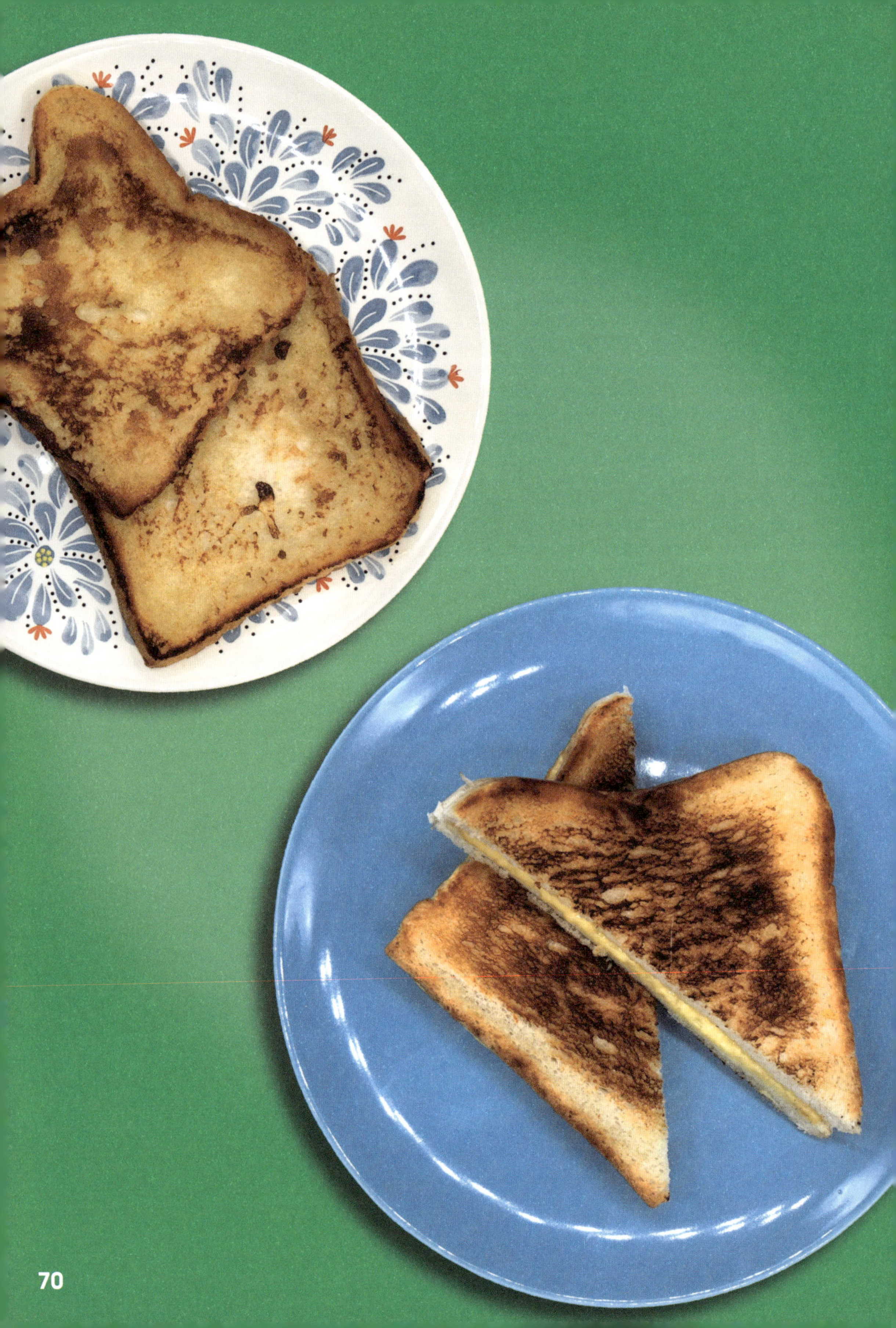

Arme Ritter & Grilled Cheese Sandwich

In meinem High School Year habe ich in meiner Gastfamilie das verhältnismäßig einfache Gericht „Grilled Cheese" kennen und lieben gelernt. Es ist so einfach in der Zubereitung, dennoch aber sehr lecker. Genauso verhält es sich mit dem Rezept für „Arme Ritter", dass bei uns lange in Vergessenheit geraten war. Um genau solche Gerichte geht es uns in diesem Buch auch. Diese können einfach, ehrlich und praktikabel sein und geschmacklich Kindheitserinnerungen hervorrufen. – Oliver

Zutaten (4 Stück)

4 Scheiben Toastbrot
120 ml Milch
20 g Zucker
1 Ei
10 g Butter

Arme Ritter – Zubereitung

» Butter in einer großen Pfanne erhitzen.

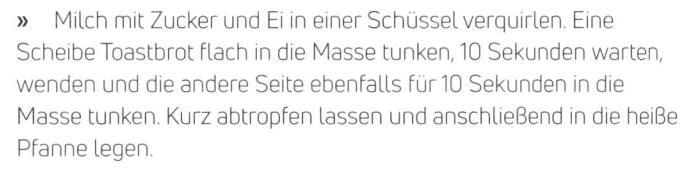

» Milch mit Zucker und Ei in einer Schüssel verquirlen. Eine Scheibe Toastbrot flach in die Masse tunken, 10 Sekunden warten, wenden und die andere Seite ebenfalls für 10 Sekunden in die Masse tunken. Kurz abtropfen lassen und anschließend in die heiße Pfanne legen.

» Mit allen anderen Scheiben ebenso verfahren.

» Arme Ritter von beiden Seiten goldbraun anbraten.

Zutaten (1 Stück)

2 Scheiben Toastbrot
1 Scheibe (Cheddar-) Käse (25 g)
10 g Butter

Grilled Cheese Sandwich – Zubereitung

» Toastbrotscheiben auf je einer Seite mit Butter bestreichen.

» Käsescheibe zwischen die beiden Toastbrotscheiben legen, die Seiten mit der Butter nach außen.

» Sandwich in eine vorgeheizte Pfanne legen und von beiden Seiten goldbraun anbraten (vorsichtig wenden, damit die Scheiben sich nicht gegeneinander verschieben).

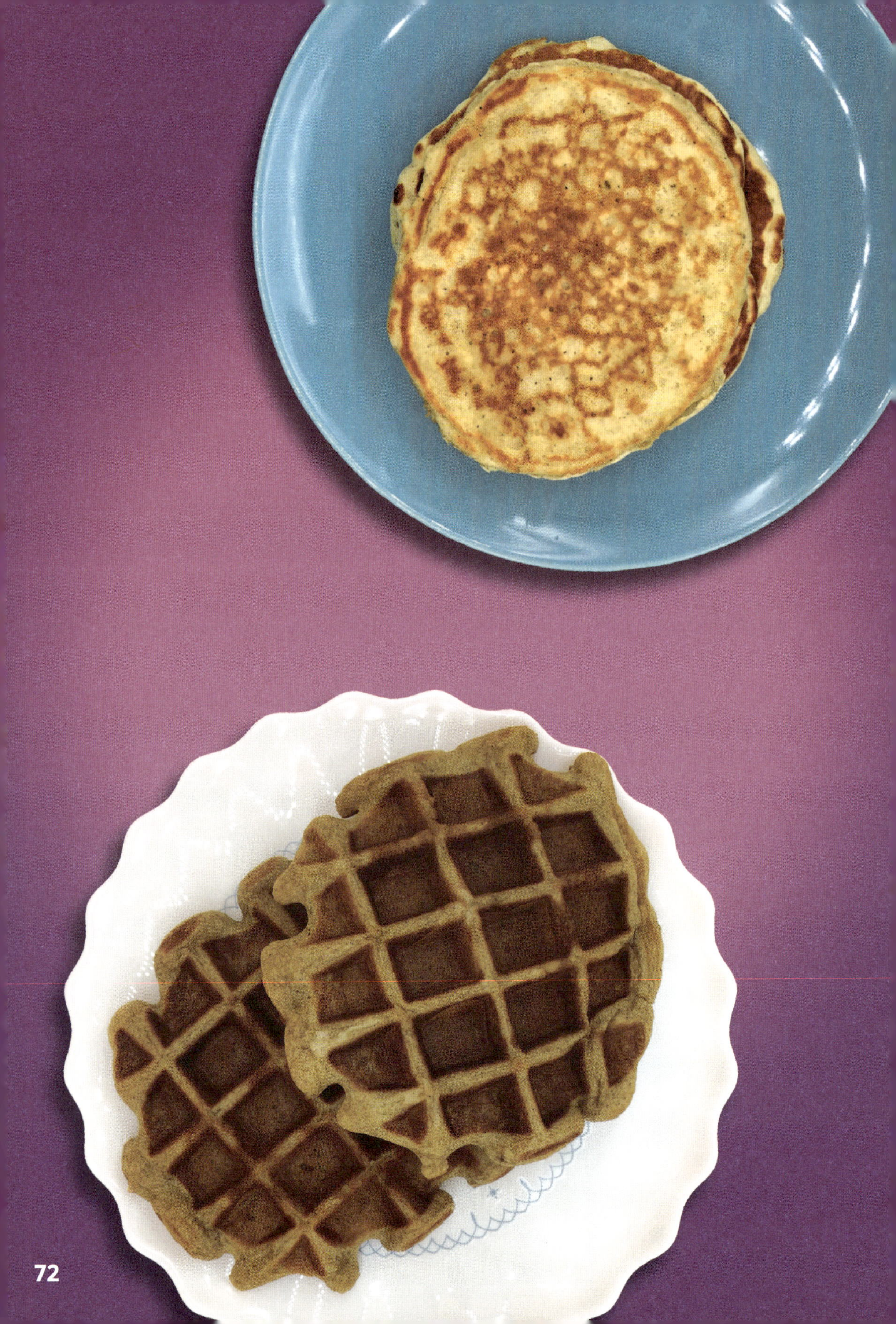

Pancakes & Waffeln

Mit beiden Gerichten verbinde ich wundervolle Erinnerungen. Es war immer ein besonderer Tag, wenn es Zuhause frische Waffeln gab. Ich stand dann ganz fasziniert vor dem Waffeleisen und wartete gespannt darauf, dass die erste Waffel endlich fertig war. Und an meinen ersten Aufenthalt in Los Angeles, als ich mich in einem Pancakes-Restaurant an den unterschiedlichen Varianten gar nicht satt sehen (und essen) konnte. Letztendlich ist der Klassiker mit Ahornsirup aber mein Favorit geblieben. – Boris

Zutaten (2 Portionen à 3 bis 4 Stück)

100 g Weizenmehl (Type 550)
8 g Vanille Zucker
6 g Backpulver
4 g Natron
140 g Milch (3,8 % Fett)
10 g Zitronensaft
1 Ei
15 g Butter, geschmolzen
1 TL Kakaobutter
Prise Salz

Tipp

Am besten mit Ahornsirup, Schokosauce, Früchten oder Marmelade servieren.

Pancakes – Zubereitung

» Milch, Zitronensaft, Ei und Butter in einer Schüssel gut miteinander verquirlen.

» In einer anderen Schüssel Weizenmehl, Vanille Zucker, Backpulver, Natron und Salz miteinander vermischen.

» Die Mehl-Mischung unter die Ei-Milch-Mischung schlagen, dabei aber nicht vollständig verquirlen, sondern nur soweit verrühren, dass kein trockenes Mehl mehr zu sehen ist. Teig ca. 10 Minuten quellen lassen.

» Eine große Pfanne mit der Kakaobutter gut vorheizen. Für jeden Pancake 2 EL Teig in die Pfanne geben (da der Teig recht dickflüssig ist, läuft er nur geringfügig auseinander und erreicht so perfekte Pancakegröße). Pancakes von beiden Seiten goldbraun backen.

Zutaten (8 Stück)

100 g Weizenmehl (Type 550)
40 g Dinkelvollkornmehl
80 g Mascobadozucker
10 g Backpulver
6 g Natron
150 g Speisequark (40 % Fett i. Tr.)
100 g Milch (3,8 % Fett)
50 g Zitronensaft
2 Eier
40 g Butter, geschmolzen
1 Vanilleschote
Prise Salz

Tipp

Die Waffeln schmecken am besten noch schön warm. Nach Wunsch pur, mit Puderzucker, Kompott, Marmelade oder Schokocreme genießen.

Waffeln – Zubereitung

» Vanilleschote auskratzen und zusammen mit dem Vanillemark unter Rühren kurz in der Milch aufkochen. Vanilleschote anschließend wieder entfernen und Milch kurz abkühlen lassen.

» Eier trennen. Eigelb, Quark und Butter in einer Schüssel gut miteinander verquirlen. Milch und Zitronensaft ebenfalls unterrühren. In einer anderen Schüssel Mehle, Zucker, Backpulver, Natron und Salz miteinander vermischen.

» Die Mehl-Mischung unter die Ei-Milch-Mischung schlagen, dabei aber nicht vollständig verquirlen, sondern nur soweit verrühren, dass kein trockenes Mehl mehr zu sehen ist. Teig ca. 20 Minuten quellen lassen.

» Eiweiß steif schlagen und vorsichtig unter den Teig heben.

» Waffeleisen erhitzen und je Waffel 2 bis 3 EL des Teiges auf die Fläche geben. Waffel ca. 3 Minuten backen.

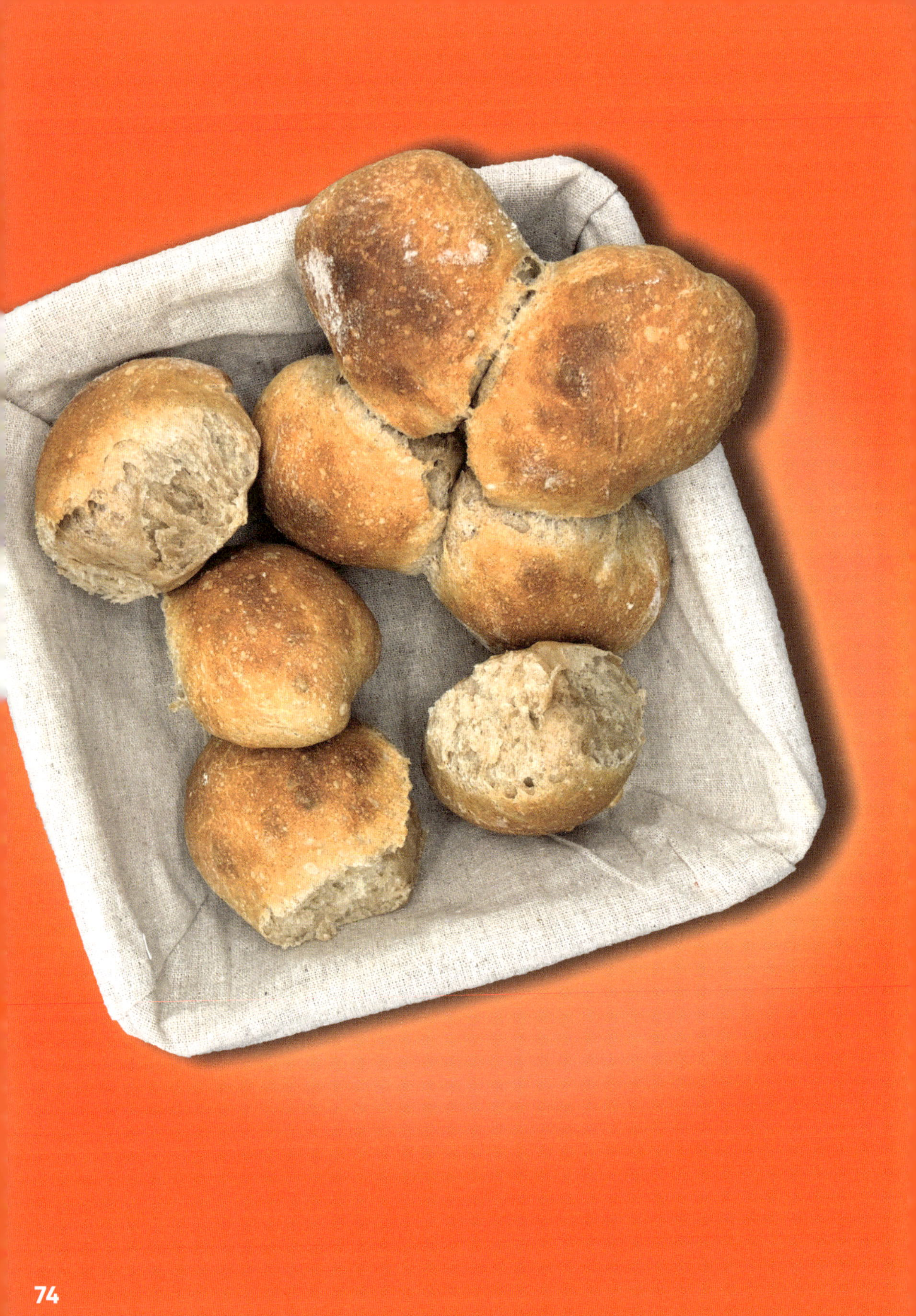

Schweizer Bürli

Ruchmehl?! Während ich quasi mit Ruchbrot & Co. groß geworden bin, konnte Oliver damit erst nicht so recht etwas anfangen. Auch wenn ich Ruchbrot und -brötchen immer gerne gegessen habe, so gerieten diese Köstlichkeiten dann doch irgendwann in Vergessenheit. Bis wir im Sommer 2018 durch die Schweiz gefahren sind und ich das Mehl in einem Supermarkt wiederentdeckte. Natürlich wurden ein paar Kilo mitgenommen und so haben Bürli jetzt auch im hohen Norden ihren Platz gefunden. – Boris

Zutaten (8 Stück)

475 g Ruchmehl
0,5 g Frischhefe
330 g Wasser
10 g Olivenöl
10 g Salz
etwas Mehl zum Arbeiten

Tipp

Kein Mehl ist direkt mit Ruchmehl vergleichbar. Dieses Rezept funktioniert jedoch zum Beispiel mit einer Mischung aus 425 g Weizenmehl (Type 550), 25 g Dinkelvollkornmehl und 25 g Roggenvollkornmehl auch sehr gut.

Zubereitung

» Hefe in 40 g Wasser auflösen, restliches Wasser in eine große Schüssel geben und das Salz darin auflösen. Mehl zum Salzwasser geben und Öl darüber verteilen. Hefewasser dazu schütten und alles verkneten, bis ein glatter, geschmeidiger Teig entsteht.

» Schüssel mit Frischhaltefolie und Geschirrtuch abgedeckt ca. 24 Stunden bei Zimmertemperatur (ca. 20 bis 22 Grad) reifen lassen.

» Nach ca. 8 Stunden den Teig das erste Mal falten, nach ca. 8 weiteren Stunden ein zweites Mal falten.

» Zwei Backbleche im Ofen auf 250 Grad Ober-/Unterhitze aufheizen.

» Teig vorsichtig aus der Schüssel auf eine leicht bemehlte Arbeitsfläche geben, in 8 Portionen aufteilen und vorsichtig rund einschlagen.

» Teiglinge in Vierer-Gruppen auf ein Backpapier setzen und auf eines der heißen Backbleche ziehen. Mit dem zweiten umgedrehten heißen Backblech abdecken und alles in den Ofen (2. Schiene von unten) schieben.

» Temperatur auf 230 Grad zurückdrehen und 17 Minuten backen.

» Nach 5 Minuten das zweite Backblech entfernen.

» Am Ende des Backvorgangs den Ofen einige Sekunden öffnen (damit der Dampf entweichen kann), auf Umluft umstellen und noch zusätzliche 3 Minuten weiterbacken.

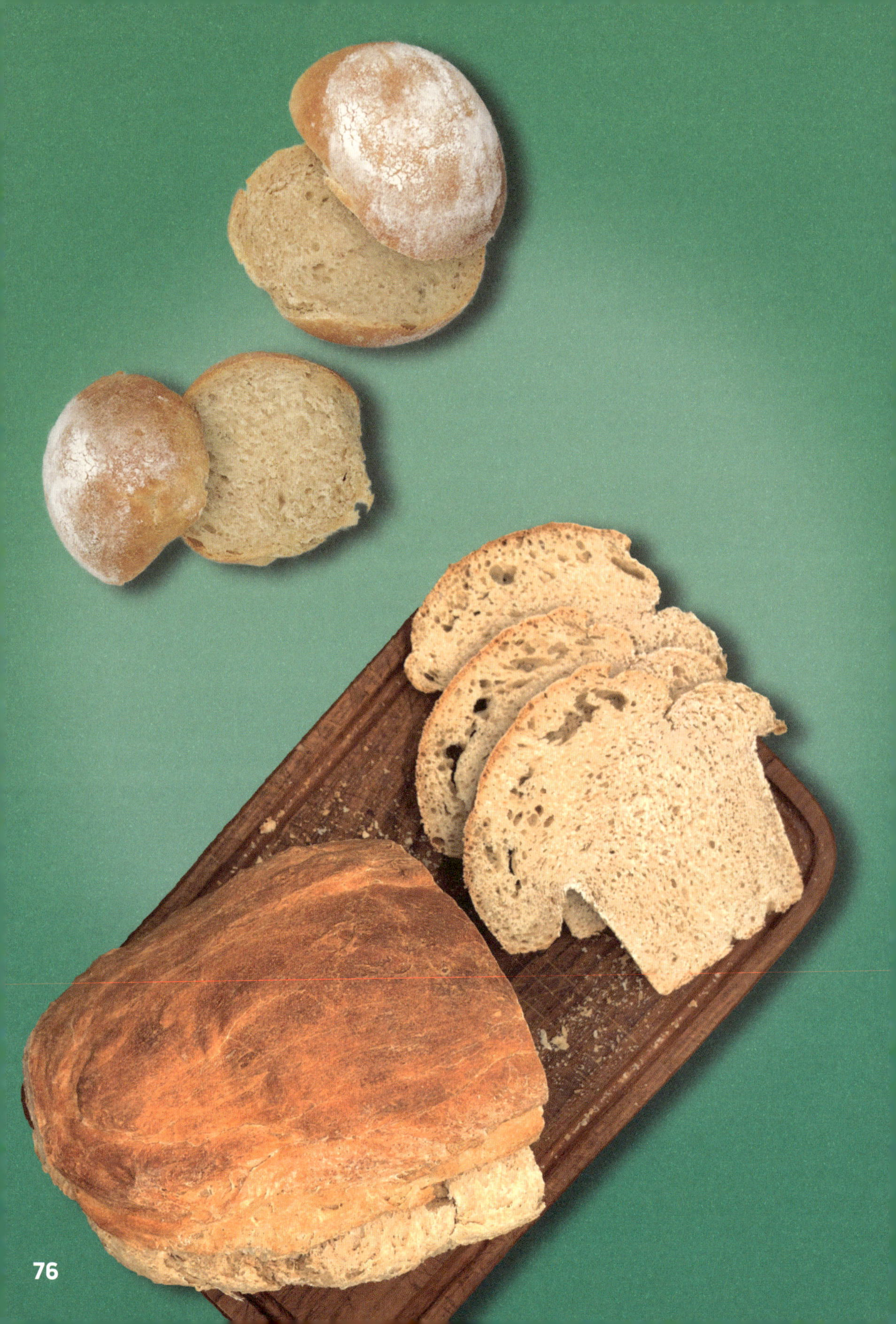

Burger Buns & Toastbrot

Richtig gute Burger-Brötchen oder Toastbrot sucht man im Supermarkt vergeblich. Ein Grund mehr sich diese eben schnell selbst zu zaubern. Natürlich erfordert das Backen von Broten und Brötchen immer etwas Planung, damit die Hefe die Zeit bekommt, die sie benötigt, um dem Teig die richtige Struktur, Luftigkeit und Aromen zu verpassen. Das Erfolgserlebnis und der Geschmack gleichen den Aufwand und die Planung aber mit Leichtigkeit aus – es lohnt sich, versprochen! – Oliver

Zutaten (16 Buns oder 1 Toastbrot)

750 g Weizenmehl (Type 550)
250 g Dinkelvollkornmehl
40 g Zucker
1 g Frischhefe
400 g Wasser
160 g Milch
80 g Butter, geschmolzen
20 g Salz
ggf. etwas Mehl zum Arbeiten
ggf. etwas Butter zum Einfetten

Zubereitung

» Hefe in 40 g Wasser auflösen, restliches Wasser in eine große Schüssel geben und Zucker und Salz darin auflösen. Milch und Butter einrühren. Mehle miteinander vermischen und zum Zucker-Salz-Wasser geben. Hefewasser dazu schütten und alles verkneten, bis ein glatter, geschmeidiger Teig entsteht.

» Schüssel mit Frischhaltefolie und Geschirrtuch abgedeckt ca. 24 Stunden bei Zimmertemperatur (ca. 20 bis 22 Grad) reifen lassen.

» Nach ca. 8 Stunden den Teig das erste Mal falten, nach ca. 8 weiteren Stunden ein zweites Mal falten.

Burger Buns – Weiterverarbeitung

» Teig vorsichtig aus der Schüssel auf eine leicht bemehlte Arbeitsfläche geben und in 16 Portionen aufteilen. Diese vorsichtig rund einschlagen, leicht platt drücken, mit der Oberseite nach unten auf ein bemehltes Geschirrtuch legen und abgedeckt ca. 1 Stunde ruhen lassen.

» Zwei Backbleche im Ofen auf 250 Grad Ober-/Unterhitze aufheizen.

» Je 8 Teiglinge auf ein Backpapier setzen und auf eines der heißen Backbleche ziehen. Mit dem zweiten umgedrehten Backblech abdecken und alles in den Ofen (2. Schiene von unten) schieben.

» Temperatur auf 220 Grad zurückdrehen und 15 Minuten backen.

» Nach 5 Min. das zweite Backblech entfernen.

» Am Ende des Backvorgangs den Ofen einige Sekunden öffnen (damit der Dampf entweichen kann), auf Umluft umstellen und noch zusätzliche 3 Minuten weiterbacken.

Toastbrot – Weiterverarbeitung

» Teig vorsichtig aus der Schüssel nehmen und in eine große mit etwas Butter eingefettete Brotbackform geben. Mit einem leicht bemehlten Geschirrtuch abdecken und ca. 1 Stunde ruhen lassen.

» Brotbackform auf einem Gitterrost ca. 40 Minuten im auf 180 Grad Ober-/Unterhitze vorgeheizten Backofen backen.

» Toastbrot vollständig auskühlen lassen, aus der Form nehmen und am besten in Frischhaltefolie eingewickelt im Kühlschrank lagern.

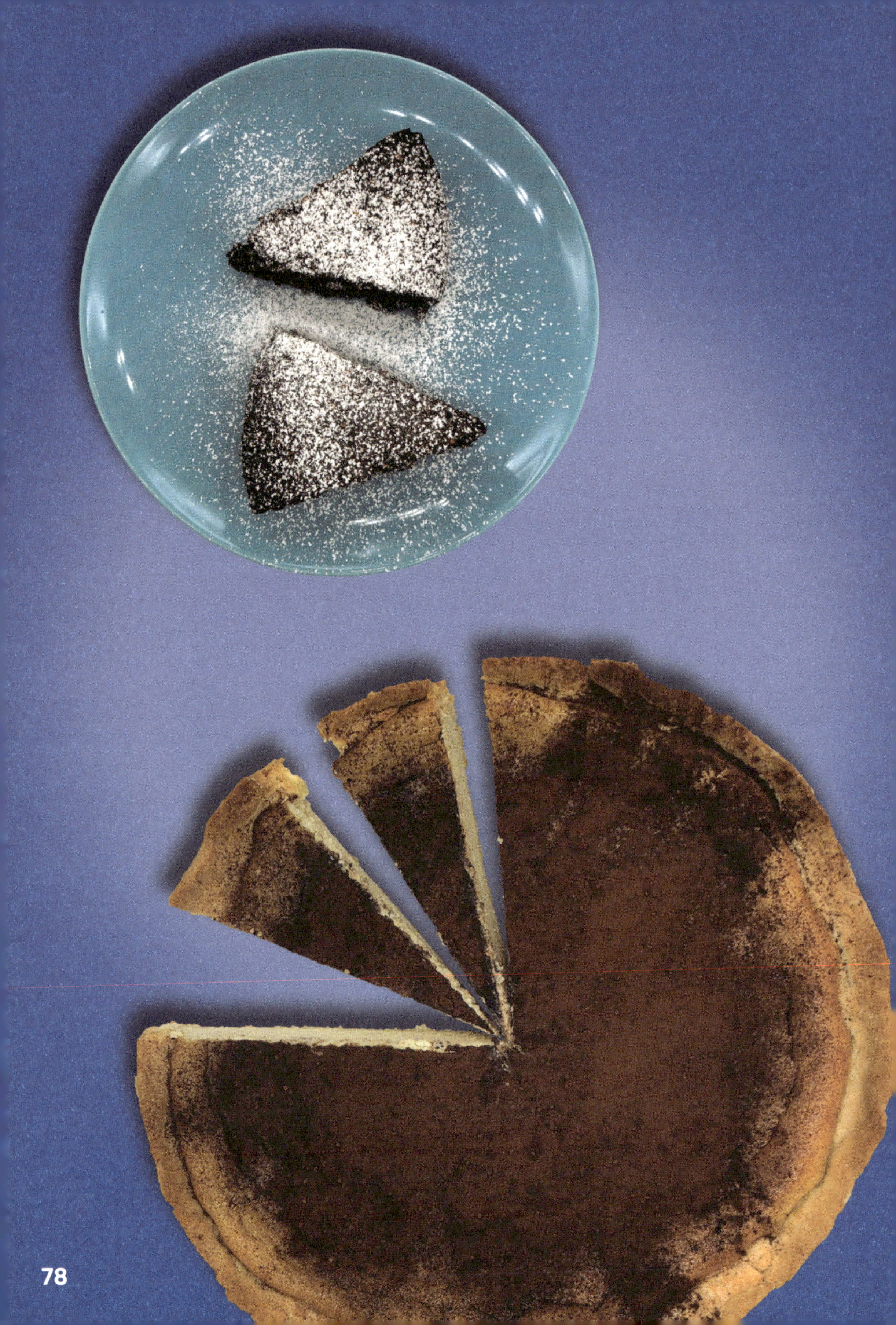

Torta Caprese & Kaffee-Käsekuchen

Zwei Kuchen, die es schon Zuhause gab. Mein Papa liebt Kuchen, die nicht zu süß sind, viele Nüsse drin haben und am besten mit Zartbitter-Schokolade daherkommen – klingt ganz nach Torta Caprese. FKK fand ich schon immer super. So habe ich mir auch von Klein an immer gewünscht, dass meine Oma FKK macht, wenn ich zu Besuch bin. Noch heute gehört FKK auf jeden Fall zu meinem Geburtstag mit dazu. Doch auch nur so zwischendurch mal, ist ein Frischer KäseKuchen einfach lecker. – Boris

Zutaten (16 Stücke)

250 g blanchierte, gehackte Mandeln, ohne Fett in einer Pfanne geröstet
200 g Zartbitter Schokolade (min. 85 % Kakao)
100 g Mascobadozucker
50 g Kokosblütenzucker
3 EL Puderzucker
6 Eier
200 g Butter, zimmerwarm und in Stücke geschnitten
10 g Bourbon-Vanille Aroma
1 Bio-Zitrone, abgerieben
Prise Salz
etwas Butter zum Einfetten

Torta Caprese – Zubereitung

» Schokolade in Stücke brechen, in einem Wasserbad schmelzen und anschließend etwas abkühlen lassen.

» Mascobado-/Kokosblütenzucker und Butter mit den Turbobesen des Handrührgerätes cremig schlagen. Eier trennen und Eigelb nach und nach der Masse zugeben und vollständig unterrühren. Mandeln, Schokolade, Vanille Aroma und Salz unterrühren. Eiweiß steif schlagen und zusammen mit dem Zitronenabrieb vorsichtig unter die Masse heben.

» Eine Springform (Ø ca. 26/28 cm) mit etwas Butter einfetten, die Masse in die Form füllen und glatt streichen.

» Im auf 180 Grad Umluft vorgeheizten Backofen (2. Schiene von unten) ca. 45 Minuten backen. Ofen während der Backzeit möglichst nicht öffnen.

» Torta aus dem Ofen nehmen und etwas abkühlen lassen. Dann vorsichtig aus der Form lösen und mit Puderzucker bestäuben.

Zutaten (16 Stücke)

475 g Mürbeteig (süß)
750 g Ricotta
150 g Puderzucker
16 g Vanille-Zucker
150 g Butter, geschmolzen
6 Eier
6 EL Espresso
1 TL Kakaopulver
etwas Mehl zum Ausrollen
etwas Butter zum Einfetten

Kaffee-Käsekuchen – Zubereitung

» Eine Springform (Ø ca. 26/28 cm) mit etwas Butter einfetten. Mürbeteig auf einer bemehlten Fläche ausrollen und die Springform damit auslegen (der Rand sollte ca. 4 cm hochstehen). Boden mit einer Gabel einstechen und kalt stellen.

» Ricotta, Puderzucker, Vanille-Zucker, Eier und Espresso mit den Turbobesen des Handrührgerätes verrühren. Geschmolzene Butter einrühren. Masse in die Form füllen und glatt streichen.

» Im auf 150 Grad Umluft vorgeheizten Backofen (2. Schiene von unten) ca. 1 Stunde backen. Anschließend die Temperatur ausschalten und den Kuchen weitere 20 Minuten backen.

» Kuchen aus dem Ofen nehmen und etwas abkühlen lassen. Dann vorsichtig aus der Form lösen und mit Kakao bestäuben.

„Kein Abend gleicht dem anderen. Kein Moment lässt sich ewig festhalten. Und doch ist's mit dem eigenen bunten HEIMATHAUFEN stets eines: wundervoll."

Bunte Runde

Für uns sind bunte Runden die Tage und Abende, an denen wir mit einer nicht zu großen Gruppe aus Familie und Freunden zusammenkommen, um ein plauschiges Miteinander zu verbringen.
Wir treffen uns daheim bei einem von uns und quatschen, spielen, lachen, weinen, sind uns eins oder auch mal uneins, verbringen Zeit miteinander, schmieden Pläne, organisieren gemeinsame Unternehmungen oder Urlaube und kochen, essen und trinken gemeinsam. Manchmal gibt es auch ein Gläschen Wein dazu.

Dabei ist es immer herrlich, wenn man Rezepte hat, bei denen man gemeinsam schnippeln, sich gegenseitig zuarbeiten oder einfach an Neuem versuchen kann.
Solche Runden stellen einen vor ganz andere Herausforderungen, als ein gewöhnlicher Spieleabend, wirken aber gleichermaßen wie ein Teambuilding oder erinnern auch an das letzte gemeinsame Escape Game.
In diesem Sinne: Challenge Accepted!

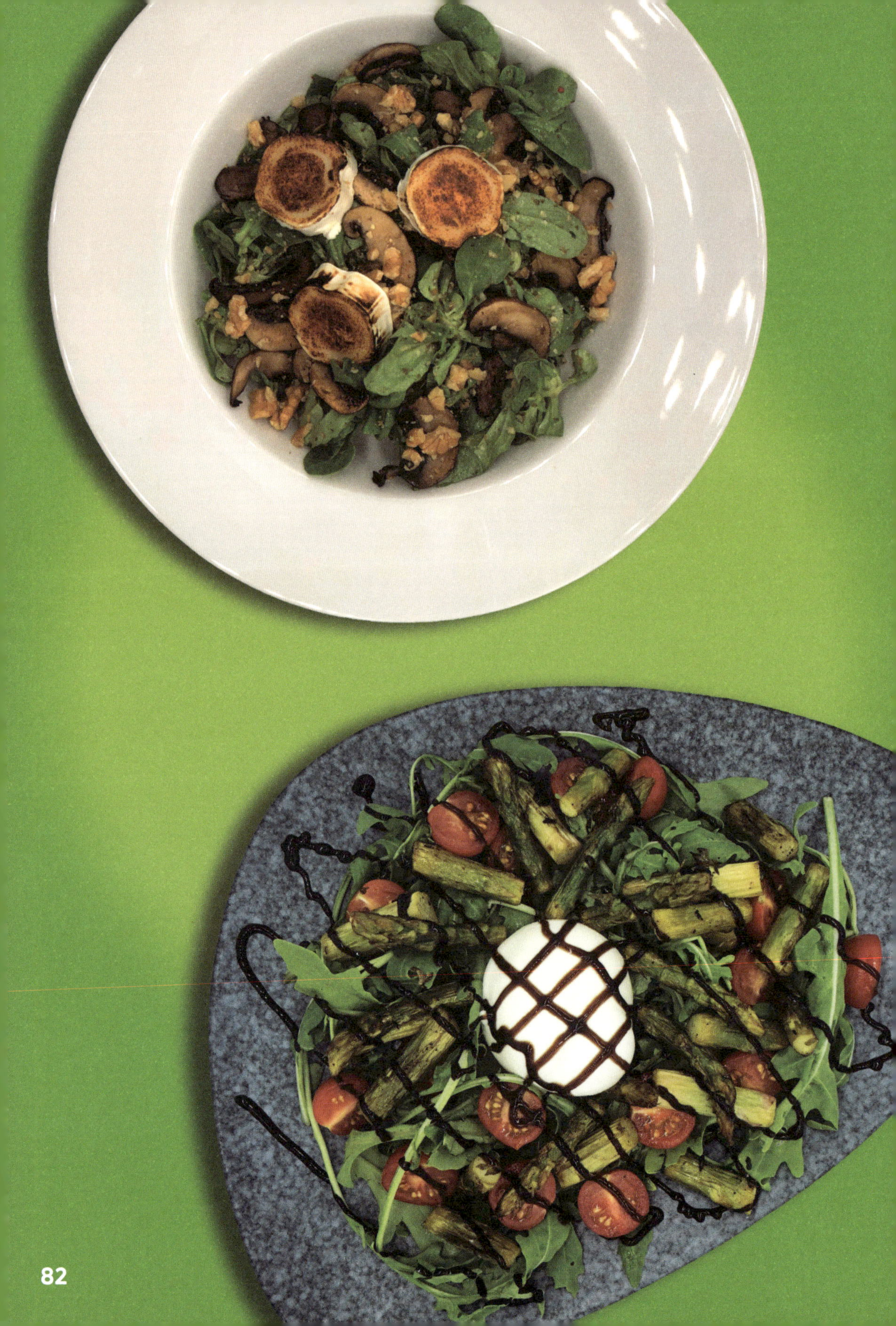

Nüsslisalat & Rucolasalat

Was haben Ziegenkäse, Nüsse, getrüffelte Champignons und Burratina gemeinsam? Sie eignen sich allesamt ganz wunderbar als Zutaten für einen leckeren Salat. Ich war früher kein großer Salatesser, geschweige denn ein Fan. Zu gesund, zu viel grün, schmeckt nicht – fragt die Muddi. In der Hinsicht habe ich eine 180-Grad-Wendung vollzogen. Regelmäßig einen leckeren Salat zu essen, gehört für mich zur ausgewogenen Küche genauso dazu, wie unregelmäßig auch mal fünf gerade sein zu lassen. – Oliver

Zutaten (2 Portionen)

120 g frischer Feldsalat
6 braune Champignons, in Scheiben geschnitten
40 g Walnusskerne, grob gehackt
1 Zitrone, ausgepresst
2 EL Wasser
150 g Ziegenweichkäserolle, in dicke Scheiben geschnitten
3 EL Trüffelöl
1 EL Salatkräuter
Salz
Pfeffer

Nüsslisalat, Trüffel-Champignons und Ziegenkäse – Zubereitung

» Für das Dressing Zitronensaft mit Wasser, 2 EL Öl und Salatkräuter verrühren. Mit Salz und Pfeffer abschmecken.

» 1 EL Öl in einer Pfanne erhitzen und Champignons darin anbraten.

» Käsescheiben mit einem Küchenbrenner gleichmäßig flämmen bis die Oberseite schön braun ist.

» Feldsalat gut mit dem Dressing vermischen und auf Tellern anrichten. Champignons, Walnusskerne und Käsescheiben gleichmäßig darauf verteilen.

Zutaten (2 Portionen)

120 g frischer Rucola
450 g grüner Spargel
200 g Kirschtomaten, halbiert
1 Bio-Zitrone, ausgepresst und abgerieben
2 Burratina (je 120 g)
2 EL Olivenöl
Crema di Balsamico
1 Bund frischer Thymian
Salz
Pfeffer

Rucolasalat mit Spargel und Burratina – Zubereitung

» Die harten Enden des Spargels abschneiden und die verbleibenden Stangen in Stücke von ca. 3 bis 5 cm teilen.

» Die Thymianblätter vom Zweig abzupfen und in einer Schüssel mit dem Zitronensaft, Zitronenabrieb und dem Öl verrühren.

» Mit Salz und Pfeffer abschmecken, den Spargel zugeben und alles gut miteinander vermengen, damit der Spargel gleichmäßig mit der Marinade bedeckt ist. Einige Stunden im Kühlschrank ziehen lassen.

» Spargel in einer Auflaufform im Backofen grillen und dabei mehrfach umrühren, damit der Spargel gleichmäßig leicht gegrillt wird.

» Rucola und Kirschtomaten auf einem Teller kreisförmig anrichten. Spargel darauf verteilen. Jeweils einen Burratina in die Mitte setzen und alles nach Wunsch salzen, pfeffern und die Balsamicocreme drauf verteilen.

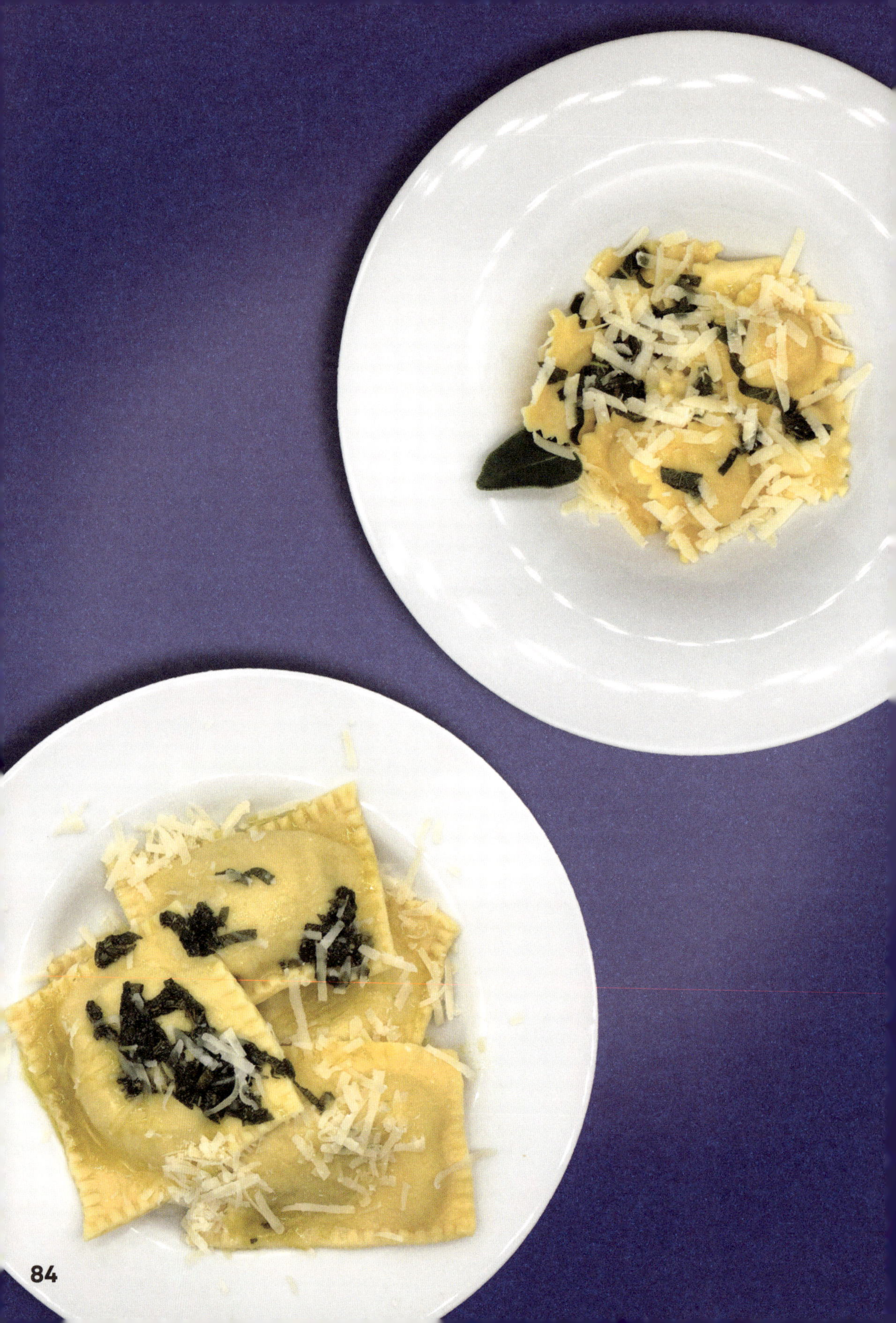

Ravioli mit Ziegenfrischkäse an Salbeibutter

Als ich Oliver das erste Mal mit Ziegenkäse konfrontierte, war er nicht sonderlich begeistert. Dabei muss vor allem Ziegenfrischkäse nicht zwangsweise nach Stall oder Heu schmecken. Nach ein bisschen Überzeugungsarbeit kommt Ziegenfrischkäse nun also häufiger bei uns auf den Teller. Zum Beispiel in diesen Ravioli hier – zusammen mit Salbeibutter ein echter „Klassiker", den wir auch Gästen sehr gerne servieren. Bisher war fast jeder begeistert – Ziege hin oder her. – Boris

Zutaten (6 Portionen)

900 g Pastateig
120 g getrocknete Tomaten (in Öl eingelegt), abgetropft und grob gehackt
2 Knoblauchzehen, gepresst
60 g Pinienkerne, ohne Fett in einer Pfanne geröstet und fein gehackt
600 g Ziegenfrischkäse (Natur)
60 g Parmesan, gehobelt
180 g Butter
45 g frische Salbeiblätter, in Streifen geschnitten
2 TL Chili Ancho
2 TL Basilikum
1 TL Majoran
1 TL Oregano
Salz
Pfeffer
etwas Hartweizengrieß zum Arbeiten

Tipp

Ziegenfrischkäse schmeckt zwar nicht jedem – dennoch das Rezept unbedingt einmal damit ausprobieren! Ihr könnt Euch dafür so gar nicht begeistern? Verwendet stattdessen einfach normalen Frischkäse.

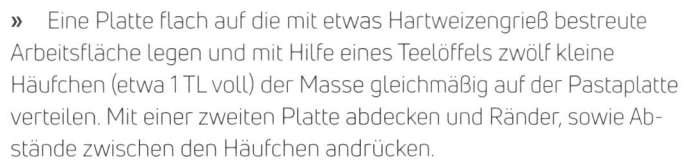

Zubereitung

» Ziegenfrischkäse mit den Tomaten und den Pinienkernen verrühren. Knoblauch, Chili Ancho, Basilikum, Majoran und Oregano unterrühren und die Masse leicht salzen und pfeffern.

» Pastateig zubereiten und zu dünnen Platten (ca. 10 x 30 cm) weiterverarbeiten.

» Eine Platte flach auf die mit etwas Hartweizengrieß bestreute Arbeitsfläche legen und mit Hilfe eines Teelöffels zwölf kleine Häufchen (etwa 1 TL voll) der Masse gleichmäßig auf der Pastaplatte verteilen. Mit einer zweiten Platte abdecken und Ränder, sowie Abstände zwischen den Häufchen andrücken.

» Mit einem Teigrad in zwölf gleich große Taschen schneiden. Mit dem restlichen Teig ebenso verfahren.

» Butter in einem kleinen Topf schmelzen, Salbei zugeben und ca. 15 Minuten auf niedrigster Flamme ziehen lassen.

» Wasser in einem großen Topf zum Kochen bringen, etwas Salz zugeben und Pasta ca. 3 bis 4 Minuten darin garen. Gut abtropfen lassen, auf tiefen Tellern anrichten, mit der Salbeibutter beträufeln und Parmesan darüberstreuen.

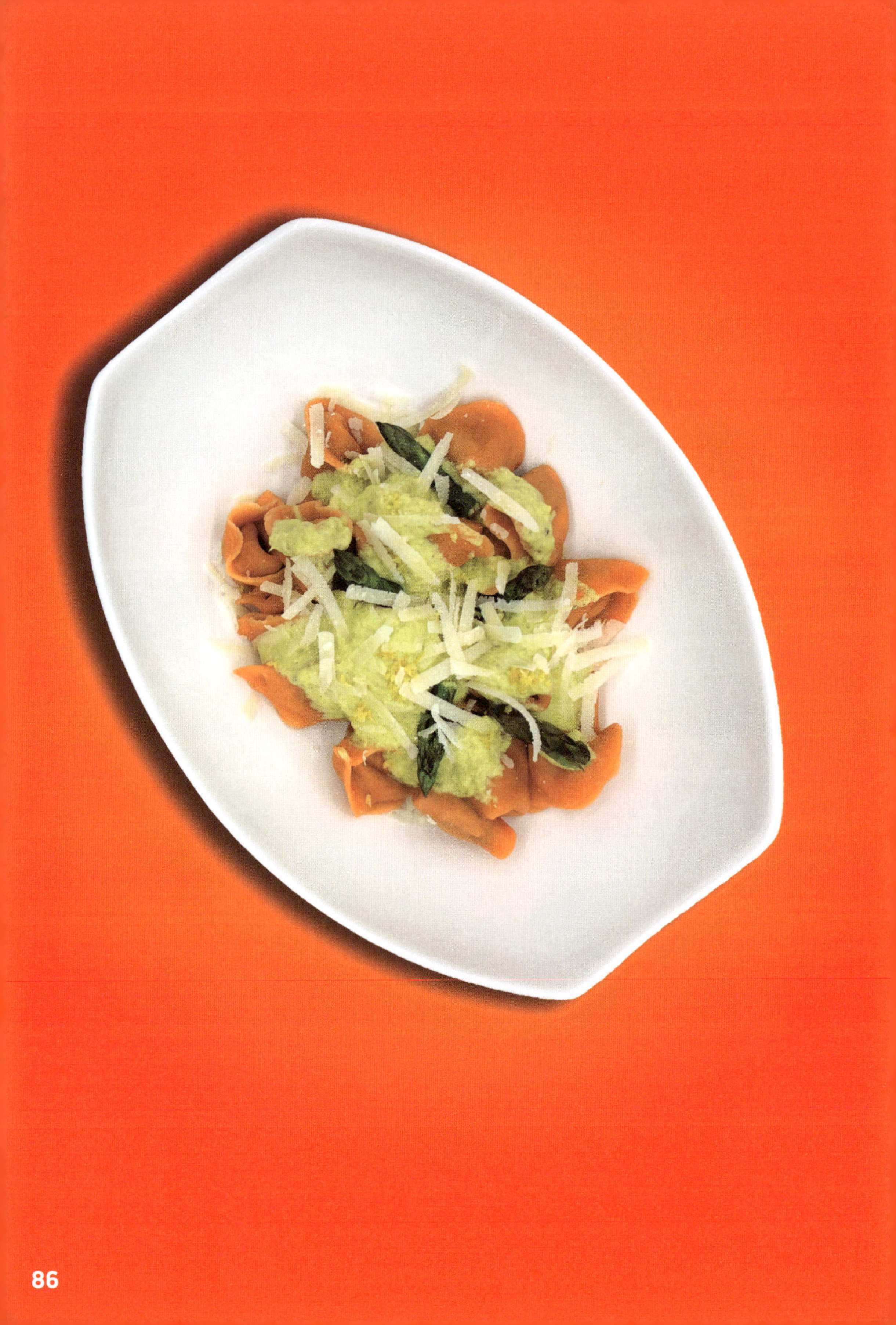

Grillgemüse-Tortellini mit Spargelcreme

Sowohl Grillgemüse als auch Pasta sind für sich schon wundervolle Gerichte. Wir dachten, warum zwischen den beiden wählen müssen, und haben kurzerhand Tortellini mit dem Grillgemüse gefüllt. Ein Hauch von Grillen gegossen in Pasta und wem das noch nicht mediterran genug ist: Es gibt darüber eine Creme aus grünem Spargel und als i-Tüpfelchen die blanchierten Spargelspitzen obendrauf. Wer mag kann dieses Gericht auch in einer winterlichen Variante kochen. Unbedingt ausprobieren. – Oliver

Zutaten (4 Portionen)

- 600 g Pastateig
- 400 g grüner Spargel
- 1 kleine Aubergine, grob gewürfelt
- 2 rote Paprika, grob gewürfelt
- 2 rote Zwiebeln, in Ringe geschnitten
- 4 Knoblauchzehen
- 180 ml Sahne
- 150 g Ricotta
- 50 g Parmesan, fein gerieben
- 20 g Parmesan, grob gerieben
- 100 ml Weißwein
- 2 Eigelb
- ½ Bio-Zitrone, abgerieben
- 1 EL Olivenöl
- 2 Zweige frischer Rosmarin, Nadeln abgezupft (15 g)
- 1 TL Paprikapulver (geräuchert)
- 1 TL Chiliflocken
- 1 TL Majoran
- Salz
- Pfeffer
- etwas Hartweizengrieß zum Arbeiten

Tipp

Für eine herbstliche Variante den Spargel durch 200 g Maronen (geschält und gekocht) ersetzen, zusätzlich 180 ml Sahne und anstatt Weißwein Rotwein verwenden. Die Zitronenschale kann einfach weggelassen oder durch 1 TL Zimt ersetzt werden.

Zubereitung

» Aubergine, Paprika, Zwiebeln und Knoblauch in eine Auflaufform geben, mit dem Öl beträufeln und gut verrühren. Im Backofen grillen und regelmäßig durchmischen, damit das Gemüse gleichmäßig gegrillt, aber nicht schwarz wird. Zum Abschluss die Rosmarinnadeln dazugeben, Temperatur und Grill ausschalten und einige Minuten im geschlossenen Backofen ziehen lassen.

» Gemüsemischung pürieren und mit Ricotta, dem fein geriebenen Parmesan und Eigelb verrühren. Paprikapulver, Chiliflocken und Majoran zugeben und die Masse salzen und pfeffern.

» Pastateig zubereiten und zu dünnen Platten weiterverarbeiten.

» Eine Platte flach auf die mit etwas Hartweizengrieß bestreute Arbeitsfläche legen, mit einem Glas ca. 5 cm große Kreise ausstechen und jeweils ½ TL der Masse mittig auf die Kreise geben, falten und Ränder mit den Fingern andrücken. Enden der so entstandenen Halbmonde zusammendrücken, um die typische Tortelliniform zu erhalten.

» Sahne und Weißwein in einem großen Topf erhitzen.

» Die Enden des Spargels entfernen, Spargelspitzen ebenfalls abschneiden und beiseite legen. Restlichen Spargel in Stücke schneiden und in die Sahne-Wein-Mischung geben. Kurz aufkochen und dann bei niedriger Hitze ca. 10 Minuten köcheln lassen. Zitronenschale zugeben, alles mit einem Pürierstab fein pürieren und mit Salz und Pfeffer abschmecken.

» Wasser in einem großen Topf zum Kochen bringen, etwas Salz zugeben und Pasta ca. 3 bis 4 Minuten darin garen. Pasta aus dem Wasser nehmen und die Spargelspitzen im noch heißen Wasser ca. 4 Minuten garen.

» Pasta gut abtropfen lassen, auf tiefen Tellern anrichten, Spargelcreme gleichmäßig über der Pasta verteilen, Spargelspitzen darüber geben und mit dem grob geriebenen Parmesan bestreuen.

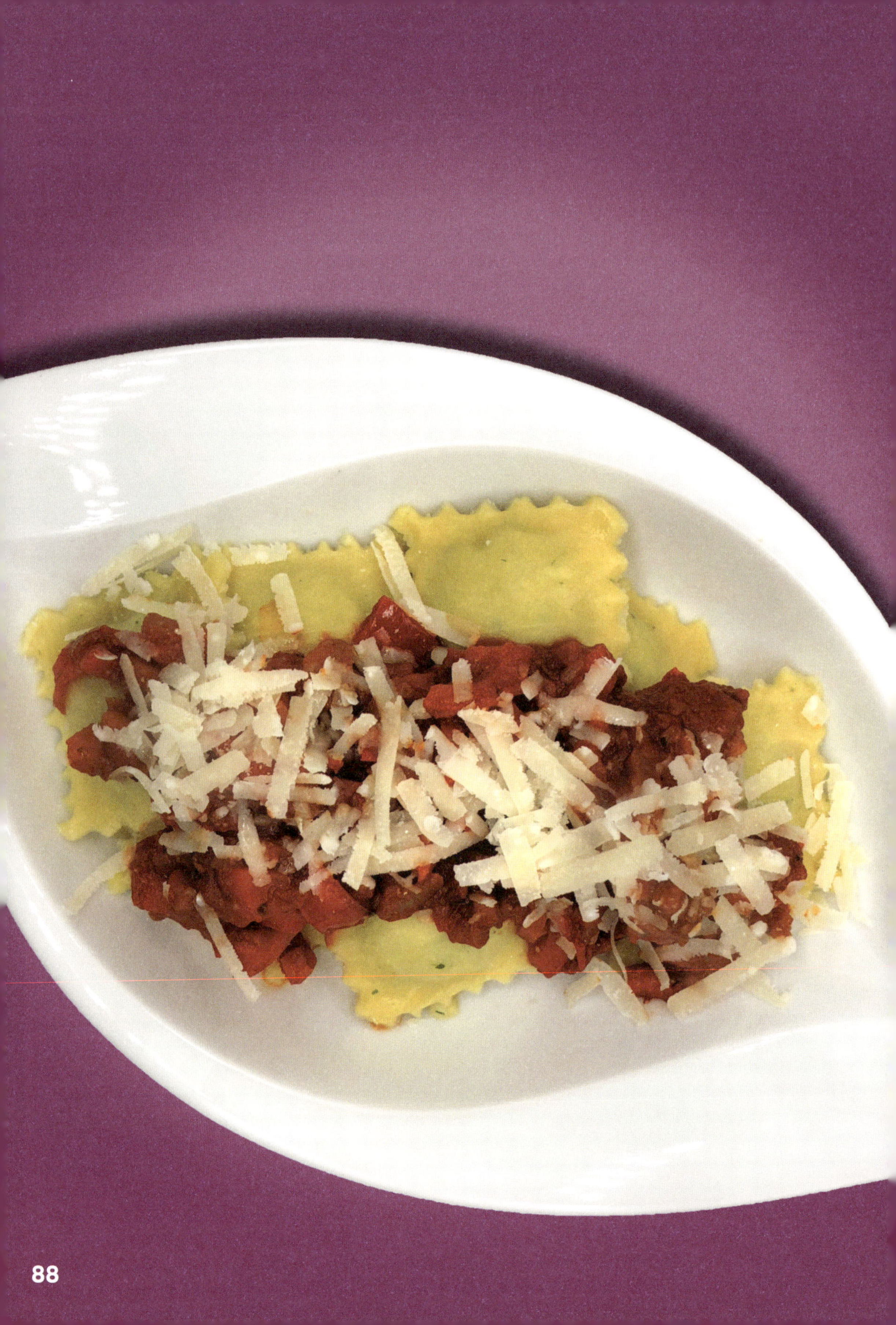

Bärlauch-Ravioli an Paprika-Tomaten-Sugo

Noch hatten wir mit unserem Kräuterbeet nicht viel Erfolg. Das Einzige, das jedes Jahr immer aufs Neue auftaucht, ist Bärlauch. Dieser verbreitet sich wie Unkraut und im Nu kann man ihn überall im Garten finden. Gut, dass er auch in der Küche eine tolle Figur macht. Wir haben hier ein leckeres Rezept selbstgemachter Pasta gefüllt mit dem Vitamin C-reichen Kraut, Parmesan, Ricotta und Pinienkernen. Auch wenn Bärlauch bereits nach Knoblauch schmeckt, kommt bei uns noch richtiger hinein. – Oliver

Zutaten (4 Portionen)

600 g Pastateig
800 g San-Marzano-Tomaten aus der Dose (ganz und geschält)
2 rote Paprika, geviertelt
2 rote Zwiebeln, fein gewürfelt
1 Karotte, fein gewürfelt
4 Knoblauchzehen, gepresst
50 g Pinienkerne, ohne Fett in einer Pfanne geröstet und fein gehackt
250 g Ricotta
50 g Parmesan, fein gerieben
40 g Parmesan, grob gerieben
2 Eigelb
3 EL Olivenöl
2 EL Aceto Balsamico di Modena
1 EL Mascobadozucker
100 g frischer Bärlauch, fein gehackt
2 Lorbeerblätter, ganz
2 TL Paprikapulver (ungarisch)
2 TL Basilikum
1 TL Oregano
1 Messerspitze Paprikapulver (geräuchert)
Salz
Pfeffer
etwas Hartweizengrieß zum Arbeiten

Zubereitung

» Ricotta mit einer Knoblauchzehe, den Pinienkernen, dem fein geriebenen Parmesan, Eigelb und Bärlauch verrühren und leicht salzen und pfeffern.

» Pastateig zubereiten und zu dünnen Platten (ca. 10 x 30 cm) weiterverarbeiten.

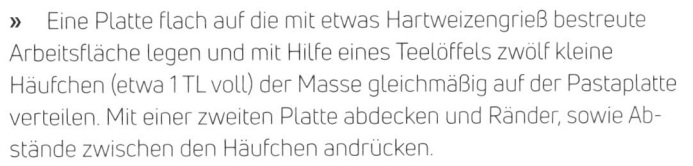

» Eine Platte flach auf die mit etwas Hartweizengrieß bestreute Arbeitsfläche legen und mit Hilfe eines Teelöffels zwölf kleine Häufchen (etwa 1 TL voll) der Masse gleichmäßig auf der Pastaplatte verteilen. Mit einer zweiten Platte abdecken und Ränder, sowie Abstände zwischen den Häufchen andrücken.

» Mit einem Teigrad in zwölf gleich große Taschen schneiden. Mit dem restlichen Teig ebenso verfahren.

» Paprika mit der Haut nach oben auf ein Backblech legen mit 1 EL Öl bestreichen. Im Ofen bei eingeschalteter Grillfunktion auf der obersten Schiene grillen, bis die Haut leicht geröstet ist. Kurz abkühlen lassen und anschließend grob würfeln.

» 2 EL Öl in einem großen Topf erhitzen und die Zwiebeln und Karotte darin andünsten. Tomaten zugeben, etwas andünsten und mit einer Gabel zerdrücken. 3 Knoblauchzehen, Balsamico und Zucker, sowie Lorbeerblätter, beide Paprikapulver, Basilikum und Oregano zugeben und gut unterrühren.

» Ca. 25 Minuten auf niedriger Stufe einkochen lassen, dann Paprika zugeben und weitere 25 Minuten einkochen lassen. Abschließend mit Salz und Pfeffer abschmecken und Lorbeerblätter entfernen.

» Wasser in einem großen Topf zum Kochen bringen, etwas Salz zugeben und Pasta ca. 3 bis 4 Minuten darin garen. Gut abtropfen lassen, auf tiefen Tellern anrichten, Sugo darüber geben und mit dem grob geriebenen Parmesan bestreuen.

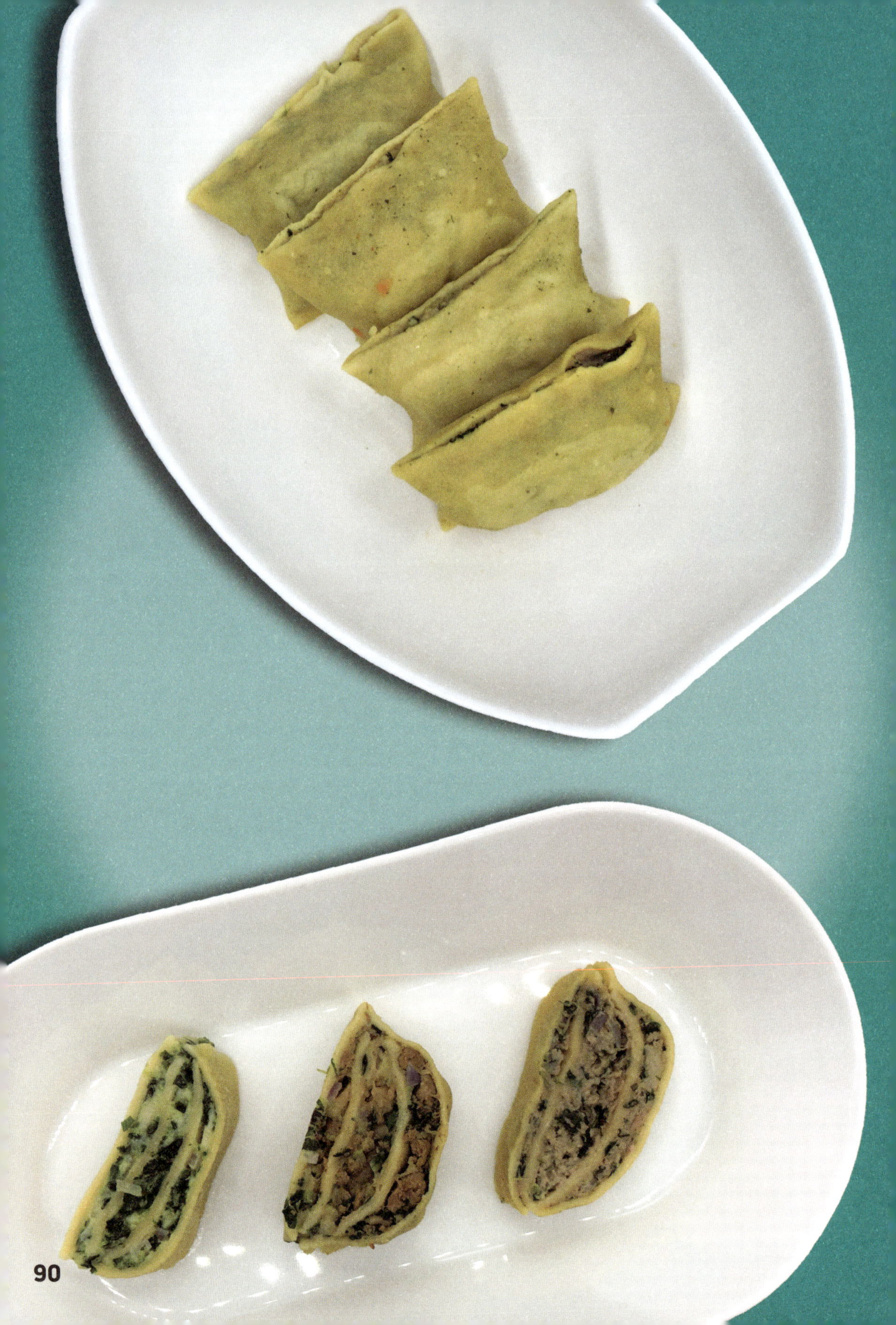

Maultaschen

Maultaschen selbst machen? Oh ja, so kann man nämlich nach eigener Vorliebe entscheiden, was man in den „Herrgottsbscheißerle" verstecken möchte – Hackfleisch, Käse oder Spinat. Also: Am besten ein paar gute Freunde einladen und gemeinsam Maultaschen rollen. Direkt mit der Brühe servieren, in würziger Tomatensauce oder zu einem schwäbischen Kartoffelsalat. Und gleich mehr machen und im Kühlschrank aufbewahren oder einfrieren – so hat man auch Tage und Wochen später noch was davon. – Boris

Zutaten (4 Portionen à 4 Stück)

600 g Pastateig
200 g fein gehackter Blattspinat (tiefgefroren)
1 rote Zwiebel, fein gewürfelt
1 altes helles Brötchen (60 g)
360 g Hackfleisch (halb und halb Rinder- und Schweinehackfleisch)
3 - 4 Liter Fleischbrühe
2 Eier
2 EL frische Petersilienblätter, gehackt
1 TL Majoran
½ TL Muskatnuss
Salz
Pfeffer
etwas Hartweizengrieß zum Arbeiten

Tipps

Das Rezept funktioniert selbstverständlich auch mit vegetarischem Hack. Je nach dessen Gröbe eventuell vorher mit einem Pürierstab etwas pürieren. Alternativ können die Maultaschen natürlich auch einfach nur mit Spinat und Käse gefüllt werden. Dann 360 g Spinat (also 160 g mehr) und 200 g Bergkäse (anstatt Hackfleisch) verwenden. Maultaschen in Gemüsebrühe garen.

Und wenn Ihr schon dabei seid: macht am besten gleich ein paar Portionen mehr. Die gekochten Maultaschen halten sich nämlich einige Tage im Kühlschrank und im Tiefkühler sogar mehrere Monate.

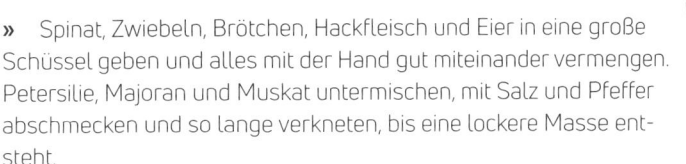

Zubereitung

» Brötchen einige Minuten in Wasser einweichen. Kurz abtropfen lassen, ausdrücken und würfeln.

» Spinat in einem Topf bei mittlerer Hitze zum Köcheln bringen und noch einige Minuten auf niedriger Flamme köcheln lassen. Dann vom Herd nehmen und etwas abkühlen lassen.

» Spinat, Zwiebeln, Brötchen, Hackfleisch und Eier in eine große Schüssel geben und alles mit der Hand gut miteinander vermengen. Petersilie, Majoran und Muskat untermischen, mit Salz und Pfeffer abschmecken und so lange verkneten, bis eine lockere Masse entsteht.

» Pastateig zubereiten und zu zwei dünnen Platten (ca. 20 x 40 cm) weiterverarbeiten.

» Eine Platte flach auf die mit etwas Hartweizengrieß bestreute Arbeitsfläche legen und die Hälfte der Füllung darauf gleichmäßig dünn verstreichen. Dabei rundum ca. 2 cm Rand lassen.

» Die lange Seite der Platte mehrfach einschlagen, so dass eine straffe lange Rolle entsteht. Die Teignaht dabei mit etwas Wasser anfeuchten und mit den Fingern leicht andrücken.

» Nun die Enden der Rolle ebenfalls zu einer Naht zusammendrücken. Anschließend mit Hilfe eines dünnen Holzlöffelstiels die Rolle in acht Teile aufteilen. Hierzu den Teig an den entsprechenden Stellen vorsichtig eindrücken. Dadurch wird die Füllung verdrängt und es bildet sich eine kleine Naht zwischen den einzelnen Maultaschen. An dieser Stelle die Maultaschen mit einem Messer oder einer Teigkarte von einander trennen.

» Mit der zweiten Platte ebenso verfahren.

» Fleischbrühe in einem großen Topf zum Sieden bringen und jeweils acht Maultaschen ca. 10 Minuten darin garen. Abtropfen lassen und nach Belieben weiterverarbeiten.

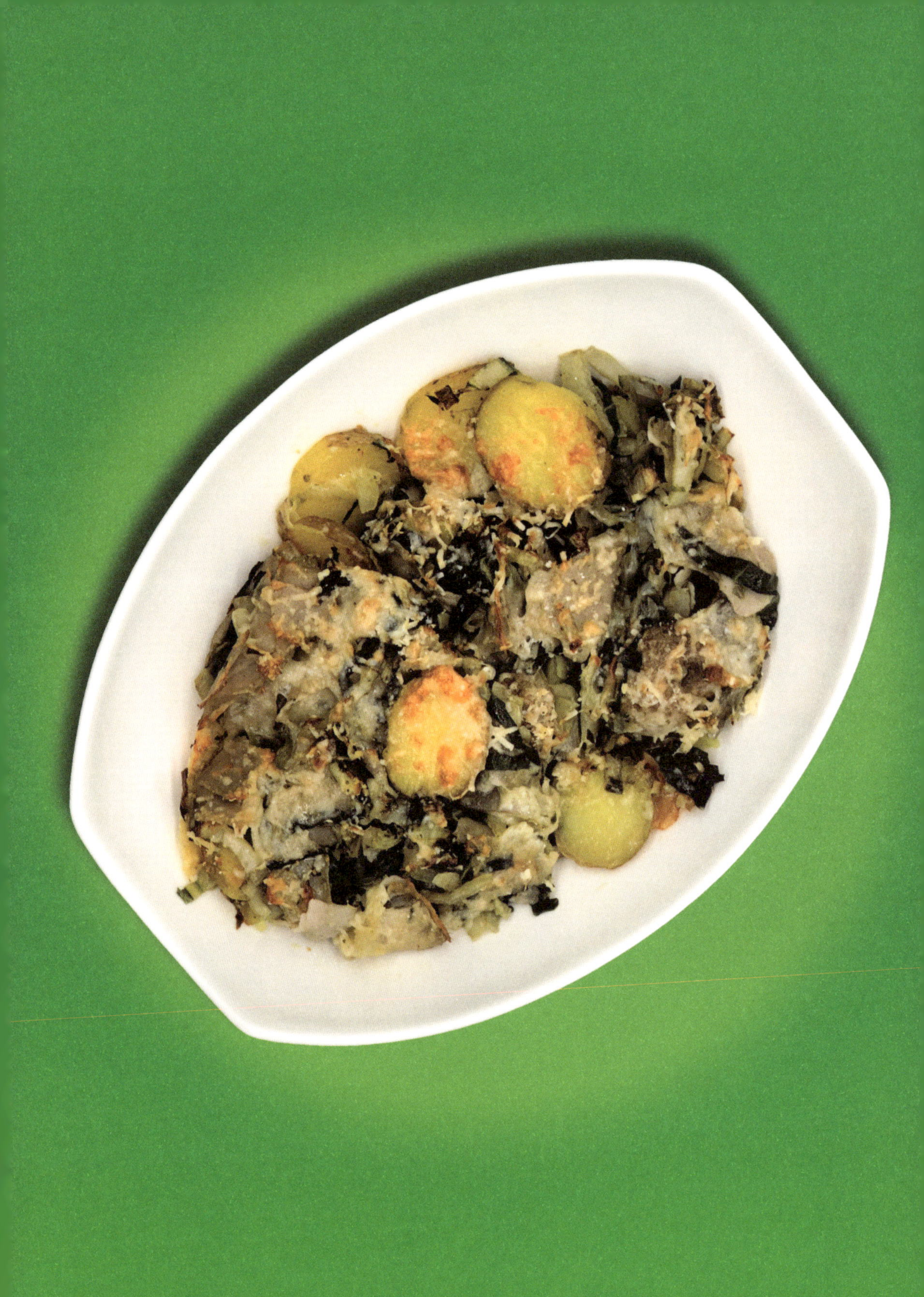

Pizzoccheri della Valtellina

Mit diesem Gericht verbinde ich so wundervolle Erinnerungen – immer, wenn ich mit meinen Eltern in Pontresina war und wir einen Ausflug zum Morteratschgletscher machten, gab es dort Pizzoccheri. Ich weiß noch ganz genau, wie dann immer die gußeiserne Pfanne dampfend vor mir stand und ich voller Vorfreude darauf wartete, den ersten Bissen zu nehmen. Leider ist in Deutschland Buchweizenpasta noch immer recht schwer zu bekommen – dafür kann man sie aber leicht selbst machen. – Boris

Zutaten (2 Portionen)

250 g Buchweizenpasta
400 g festkochende Bio-Kartoffeln, in dicke Scheiben geschnitten
300 g Mangold, Stiele und Blätter getrennt in Streifen geschnitten
1 Zwiebel, fein gewürfelt
3 Knoblauchzehen, in dünne Scheiben geschnitten
80 g Appenzeller, Fontina oder Taleggio Käse, gewürfelt
50 g Parmesan, fein gerieben
1 EL Olivenöl
1 TL Schabzigerklee
1 TL Oregano
1 TL Paprikapulver (ungarisch)
Salz
Pfeffer

Tipps

Buchweizenpasta könnt Ihr auch ganz einfach selbst machen: dafür einen Pastateig aus Buchweizenmehl zubereiten und daraus breite, kurze Pasta machen. Kochzeit ca. 4 bis 6 Minuten.

Außerdem könnt Ihr anstatt Mangold auch Wirsing oder Pak Choi verwenden – probiert es doch mal aus!

Zubereitung

» Kartoffeln in Salzwasser ca. 15 Minuten garen.

» Öl in einer großen Pfanne erhitzen und die Zwiebeln darin andünsten. Mangold (zuerst die Stiele, dann die Blätter) und Knoblauch zugeben und einige Minuten andünsten.

» Buchweizenpasta gemäß Packungsanleitung kochen.

» Buchweizenpasta und Kartoffeln unterheben, mit Schabzigerklee, Oregano und Paprikapulver würzen und alles mit Salz und Pfeffer abschmecken. Gewürfelten Käse ebenfalls untermischen.

» Mischung in eine Auflaufform geben und mit dem geriebenen Parmesan bestreuen.

» Form in den kalten Backofen stellen und bei 200 Grad Umluft ca. 20 Minuten backen.

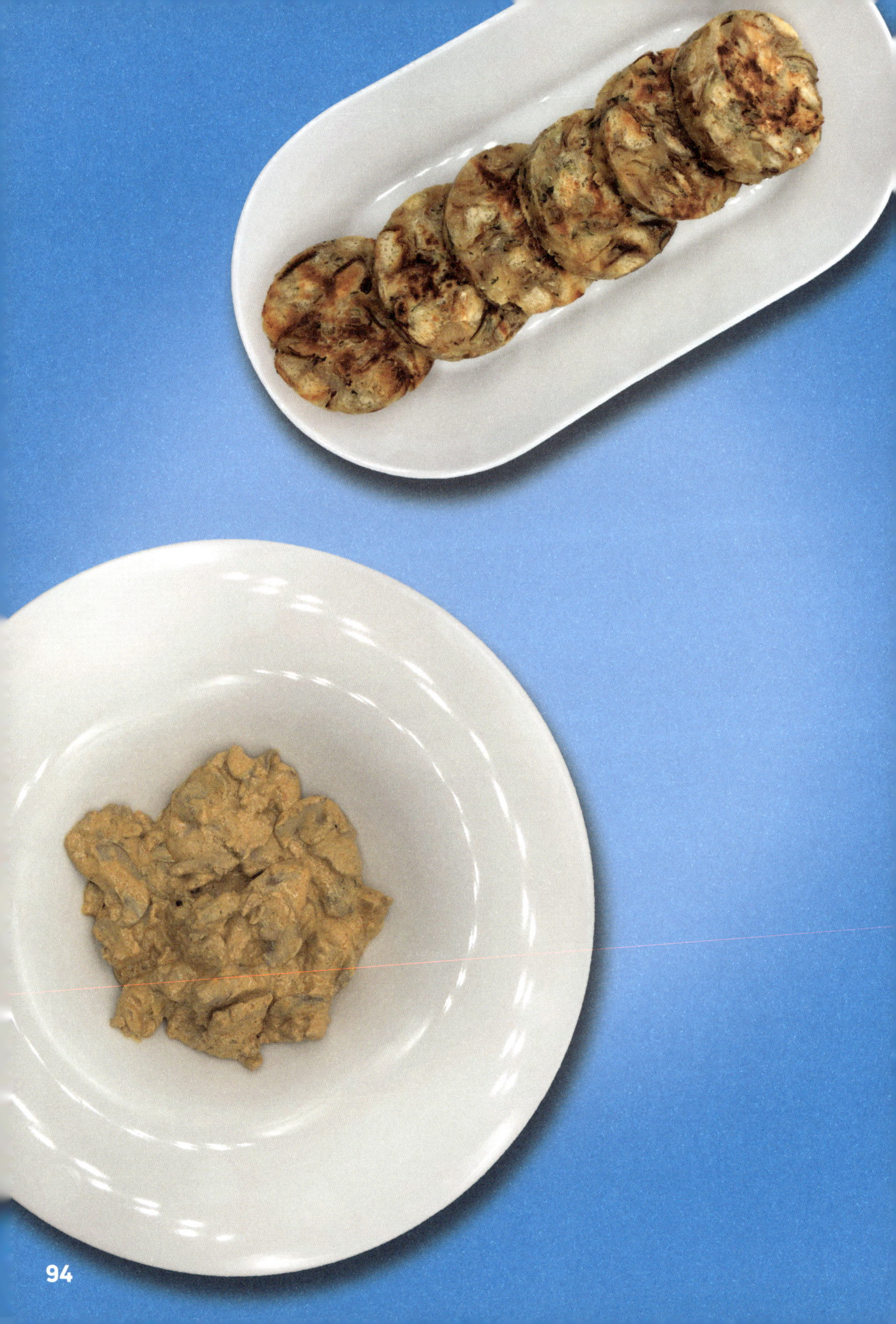

Kalbsgeschnetzeltes & Brezelknödel

Zwei Gerichte, wie für einander geschaffen – deftige Knödel und saftiges Kalbfleisch in einer leichten Rahmsauce. Das Kalbsgeschnetzelte macht meine Mutter immer, die Knödel stammen von meinem Papa. Auch, wenn ich schon lange kein Fleisch mehr esse – diese Knödel und die Pilzrahmsauce liebe ich nach wie vor. Und so bleibt eben mehr Kalb für Oliver und mehr Knödel für mich. Kein Wunder also, dass meine Eltern irgendwann mit dem Rezept rausrücken mussten. – Boris

Zutaten (2 Portionen)

400 g Kalbsfilet, geschnetzelt (quer zur Faser in ca. 0,5 cm dünne Streifen geschnitten und evtl. halbiert)
6 braune Champignons, in Scheiben geschnitten
1 Zwiebel, fein gewürfelt
150 g Frischkäse (Natur)
100 ml Weißwein
50 ml Sahne
2 EL Olivenöl
2 Lorbeerblätter, ganz
1 TL Schabzigerklee
1 TL Paprikapulver (ungarisch)
½ TL Muskatnuss
Salz
Pfeffer

Kalbsgeschnetzeltes – Zubereitung

» 1 EL Öl in einem großen Topf erhitzen und die Kalbsstreifen darin von allen Seiten kurz anbraten. Kalbstreifen aus dem Topf entfernen.

» 1 EL Öl in den Topf geben und Champignons anbraten, nach ein paar Minuten die Zwiebeln zugeben und etwas andünsten. Mit Weißwein ablöschen und so lange köcheln lassen bis fast die gesamte Flüssigkeit verdampft ist.

» Fleisch und Lorbeerblätter zugeben, Frischkäse und Sahne unterrühren und unter Rühren vollständig schmelzen lassen. Mit Schabzigerklee, Paprikapulver und Muskat würzen und alles bei ausgeschalteter Flamme zugedeckt einige Minuten ziehen lassen.

» Lorbeerblätter entfernen und ggf. mit Salz und Pfeffer abschmecken.

Zutaten (4 Portionen)

3 trockene Brezeln (je 85 g), gewürfelt
250 g Weizenmehl (Type 550)
300 g Milch
2 Zwiebeln, gewürfelt
1 Ei
2 EL Olivenöl
1 - 2 EL frische Petersilienblätter, fein gehackt
½ TL Muskatnuss
Salz
Pfeffer

Tipp

Als super Resteverwertung kann man Knödel auch mit trockenen Laugenstangen, Brötchen oder Weißbrot machen.

Brezelknödel – Zubereitung

» 1 EL Öl in einer Pfanne erhitzen und Zwiebeln darin etwas andünsten. Brezelwürfel im Backofen leicht rösten.

» Brezelwürfel mit Mehl, Milch, Zwiebeln, Ei und 1 EL Öl vermischen. Petersilie, Muskat, etwas Salz und etwas Pfeffer zugeben und ordentlich verrühren. Teig ca. 1 Stunde ruhen lassen.

» Ein Stück Frischhaltefolie auf ein gleich großes Stück Alufolie legen (ca. 30 x 25 cm). Teig in zwei Portionen aufteilen. Eine Portion auf die Frischhaltefolie geben und mit kalten, feuchten Händen einen langen Knödel formen. Fest in die Frischhaltefolie einwickeln und mit der Alufolie noch fester umschließen. Ebenso mit dem restlichen Teig verfahren.

» Eingewickelte Knödel 30 Minuten in siedendem Wasser garen und zwischendurch wenden. Fertige Knödel abschrecken, auspacken, in fingerdicke Scheiben schneiden und wie gewünscht weiterverarbeiten (z.B. mit etwas Öl in einer Pfanne anbraten).

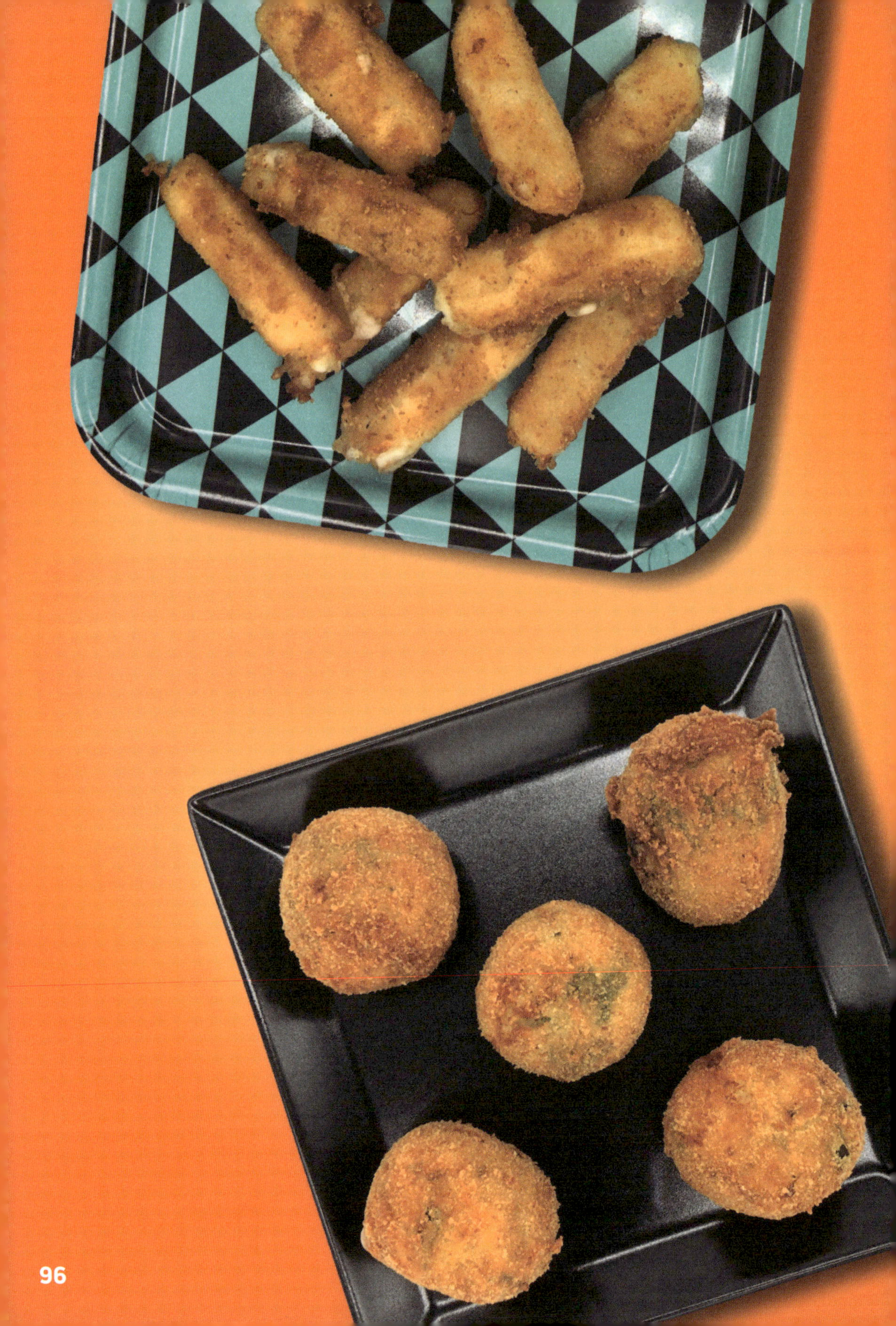

Mozzarella Sticks & Potato Cheese Bites

Wer liebt sie nicht? Diese kleinen, häufig aus dem amerikanischen Raum stammenden Schweinereien, die zwar den Hüften meist nicht so gut tun, dafür aber für ein Lächeln im Gesicht, der Seele und den Geschmacksnerven sorgen? Ab und an muss und darf das mal sein! Am besten dann natürlich nicht industriell verarbeitet, sondern selbstgemacht. Wir haben hier zwei Rezepte, die nicht allzu aufwändig sind und die vor allem auch gut daheim funktionieren. – Oliver

Zutaten (etwa 16 Stück)

240 g schnittfester Mozzarella ohne Lake (Block), fingerdick gestiftelt
40 g Semmelbrösel
20 g Weizenmehl (Type 550)
1 Ei, verquirlt
Fett zum Frittieren

Mozzarella Sticks – Zubereitung

» Mozzarella-Stifte nacheinander erst in Mehl, dann in Ei und abschließend in den Semmelbröseln wenden, damit diese gleichmäßig mit Semmelbröseln bedeckt sind.

» Sticks für mindestens 1 Stunde ins Gefrierfach stellen.

» Ausreichend Fett in einer Fritteuse auf 175 Grad erhitzen und Sticks darin leicht goldbraun frittieren (nicht zu lange, damit der Mozzarella nicht ausläuft).

» Sticks auf einen mit Küchenpapier belegten Teller legen, damit das Fett etwas abtropfen kann.

Zutaten (10 Stück)

500 g festkochende Kartoffeln, geschält
60 g Frühlingszwiebeln, in Ringe geschnitten
60 g Semmelbrösel
40 g Weizenmehl (Type 550)
60 g Käse, gewürfelt (10 Würfel)
2 Eier, verquirlt
1 TL Cayennepfeffer
Salz
Pfeffer
Fett zum Frittieren

Potato Cheese Bites – Zubereitung

» Kartoffeln in Salzwasser ca. 20 Minuten garen.

» Kartoffeln abgießen, abkühlen lassen und mit einem Kartoffelstampfer zerstampfen. Frühlingszwiebeln und Cayennepfeffer unterrühren, mit Salz und Pfeffer würzen.

» Teig in 10 Stücke aufteilen. Aus jedem Stück einen Ball rollen, dabei einen Würfel Käse in die Mitte der Kugel drücken und gleichmäßig mit der Kartoffelmasse umschließen.

» Die Bällchen nacheinander erst in Mehl, dann in Ei und abschließend in den Semmelbröseln wenden, damit diese gleichmäßig mit Semmelbröseln bedeckt sind.

» Bällchen für mindestens 1 Stunde ins Gefrierfach stellen.

» Ausreichend Fett in einer Fritteuse auf 175 Grad erhitzen und Bällchen darin goldbraun frittieren.

» Bällchen auf einen mit Küchenpapier belegten Teller legen, damit das Fett etwas abtropfen kann.

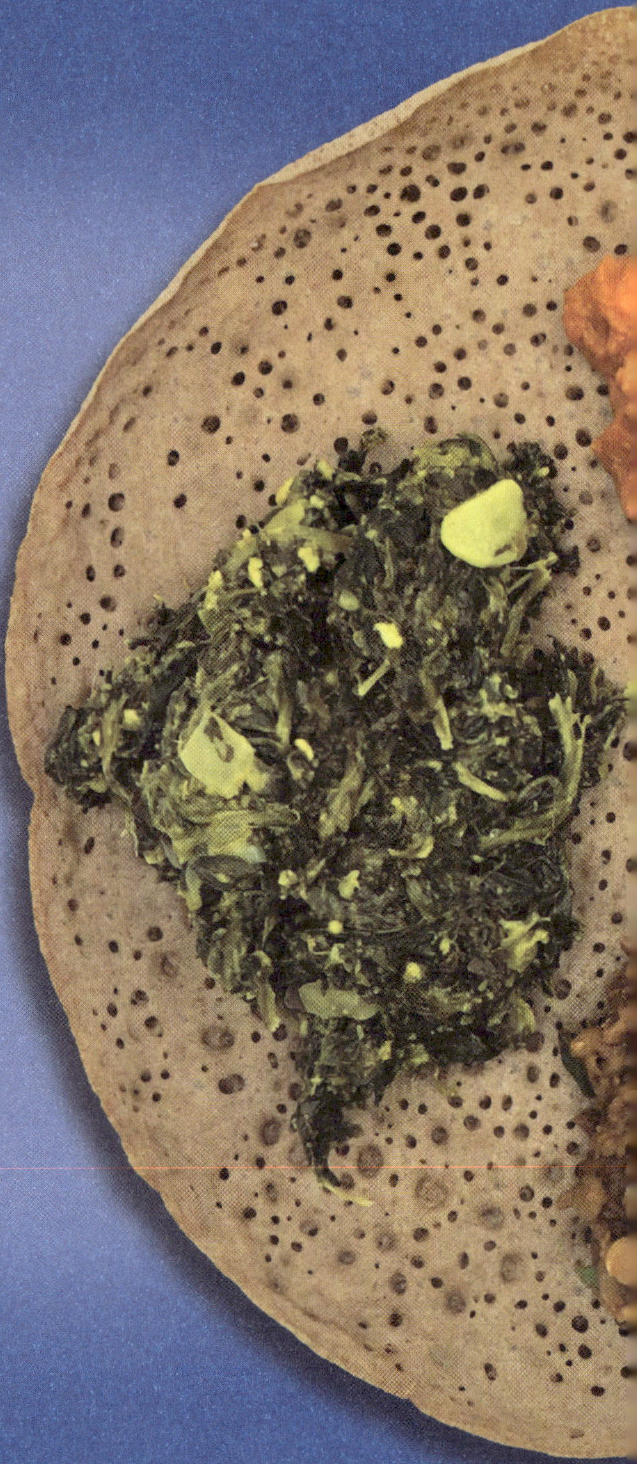

Injera & Dreierlei Stew

Die ersten afrikanischen Gerichte gab es für mich in einem Restaurant in Gießen. Wir haben uns gleich genauso wohl gefühlt wie in unserem indischen Lieblingsrestaurant in Berlin. Es war sehr authentisch und wir sind auch kulinarisch nicht enttäuscht worden. Alle Stews waren sehr lecker und das Essen ohne Besteck mit dem Injera hat den Restaurantbesuch zu einem unvergesslichen Erlebnis gemacht. Für mich sind afrikanische Speisen nicht mehr wegzudenken. Prädikat: „Empfehlenswert". – Oliver

Zutaten (4 Portionen à etwa 2 Stück)

900 g Wasser
400 g Teff Mehl
2 Würfel Frischhefe (je 42 g)
2 TL Salz

Injera – Zubereitung

» Hefe in einer großen Schüssel in dem Wasser auflösen. Teff Mehl und Salz zugeben und zu einem glatten Teig verrühren.

» Mit einem Geschirrtuch abgedeckt bei Zimmertemperatur (ca. 20 bis 22 Grad) ca. 24 Stunden reifen lassen.

» Teig kräftig durchrühren und jeweils 1/8 des Teiges in einer großen erhitzten Pfanne ohne Öl backen, dabei mit einem Glasdeckel verschließen und nicht wenden – der Teig ist fertig gebacken, wenn sich die Ränder von der Pfanne lösen.

» Fladen im Backofen warm halten.

Zutaten (4 Portionen)

500 g frischer Blattspinat, in Streifen geschnitten
1 rote Zwiebel, grob gewürfelt
4 Knoblauchzehen, in Scheiben geschnitten
1 Stück frischer Ingwer (daumengroß), geschält und fein gehackt
200 g Körniger Frischkäse
1 EL Olivenöl
1 TL Basilikum
½ TL Kurkumapulver
½ TL Zimt
¼ TL Fenchelsamen, gemahlen
Salz
Pfeffer

Spinat Frischkäse Stew – Zubereitung

» Öl in einer großen Pfanne erhitzen und Zwiebeln, Knoblauch und Ingwer darin andünsten. Spinat zugeben und unter Rühren zusammenfallen lassen.

» Körnigen Frischkäse unterrühren, mit Basilikum, Kurkuma, Zimt, Fenchelsamen, Salz und Pfeffer würzen und so lange weiter köcheln lassen, bis die Masse leicht trocken ist.

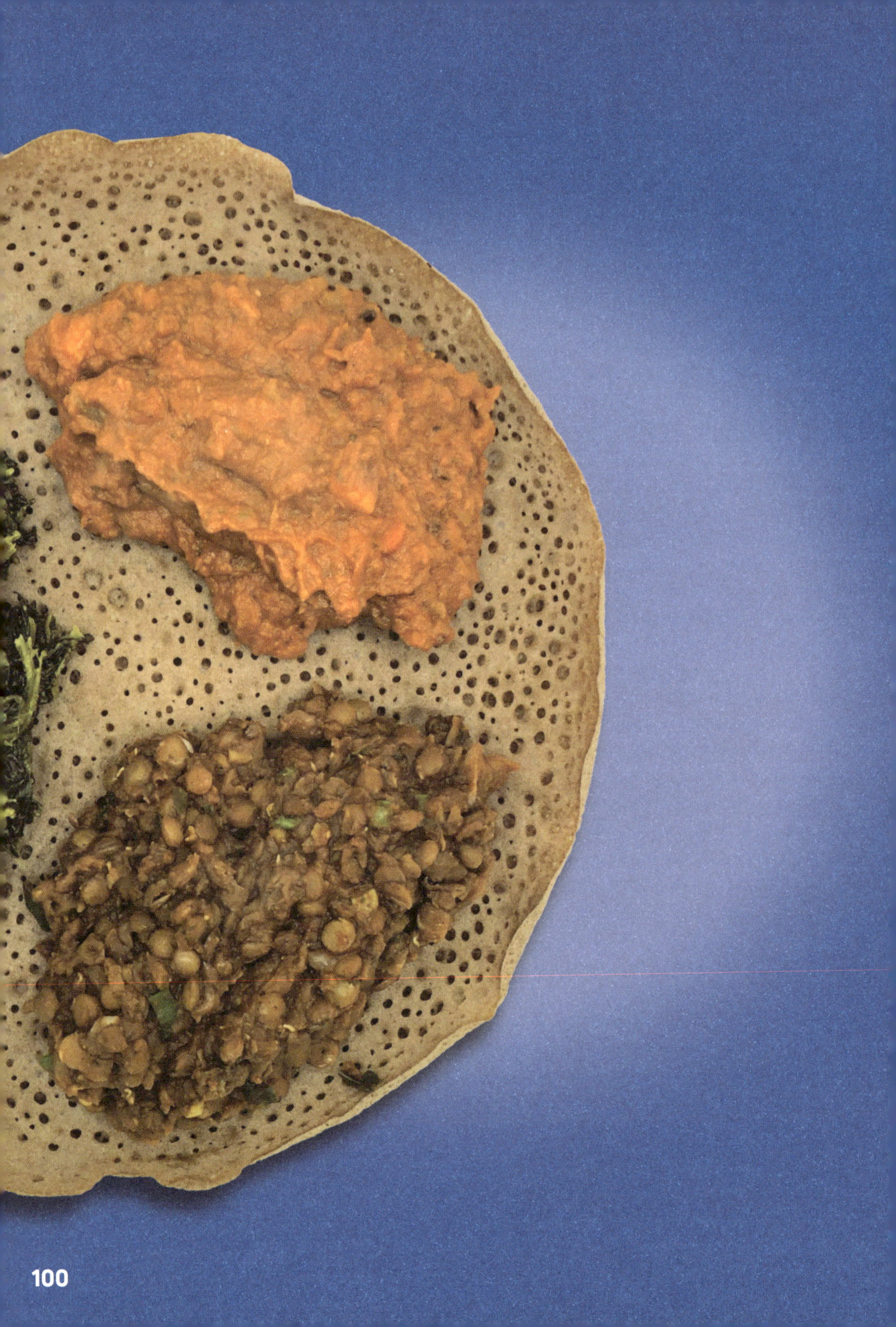

Erdnuss Süßkartoffel Stew – Zubereitung

Zutaten (4 Portionen)

- 300 g Brokkoli, klein geschnitten
- 1 Süßkartoffel, grob gewürfelt
- 1 weiße Zwiebel, fein gewürfelt
- 4 Knoblauchzehen, gepresst
- 1 Stück frischer Ingwer (daumengroß), geschält und püriert
- 180 g Tomatenmark
- 150 g Erdnussmus
- 500 ml Gemüsebrühe
- 1 EL Olivenöl
- 1 TL Cumin
- ½ TL Rosa Pfefferkörner, geschrotet
- Salz
- Pfeffer

» Öl in einem großen Topf erhitzen. Knoblauch und Ingwer kurz darin andünsten. Süßkartoffeln und Zwiebeln zugeben und ebenfalls andünsten bis die Zwiebeln glasig sind. Tomatenmark und Erdnussmus unterrühren. Gemüsebrühe dazugießen, alles gut verrühren und mit Cumin und Rosa Pfeffer würzen.

» Sauce aufkochen, Brokkoli zugeben und auf niedriger Flamme ca. 30 Minuten köcheln lassen.

» Die Masse mit Hilfe eines Kartoffelstampfers etwas zerstampfen.

» Alles mit Salz und Pfeffer abschmecken.

Linsen Stew – Zubereitung

Zutaten (4 Portionen)

- 250 g Braune Linsen, für 2 Stunden eingeweicht und abgetropft
- 3 Frühlingszwiebeln, in Ringe geschnitten
- 1 weiße Zwiebel, fein gewürfelt
- 4 Knoblauchzehen, gepresst
- 1 Stück frischer Ingwer (daumengroß), geschält und fein gehackt
- 500 ml Gemüsebrühe
- 2 TL Tomatenmark
- 1 El Olivenöl
- 3 TL Berbere
- 2 TL frische Petersilienblätter, gehackt
- 2 TL Paprikapulver (geräuchert)
- 1 TL Koriandersamen, gemahlen
- 1 TL Cumin
- Salz
- Pfeffer

» Öl in einem großen Topf erhitzen und Zwiebeln darin glasig andünsten. Linsen, Knoblauch, Ingwer, Tomatenmark zugeben und alles miteinander verrühren. Mit Berbere, Paprikapulver, Koriander und Cumin würzen und alles einige Minuten anbraten. Mit der Gemüsebrühe ablöschen und alles aufkochen.

» Bei niedriger Flamme ca. 30 Minuten einkochen lassen.

» Kurz vor Schluss die Frühlingszwiebeln und die Petersilie unterrühren und mit Salz und Pfeffer abschmecken.

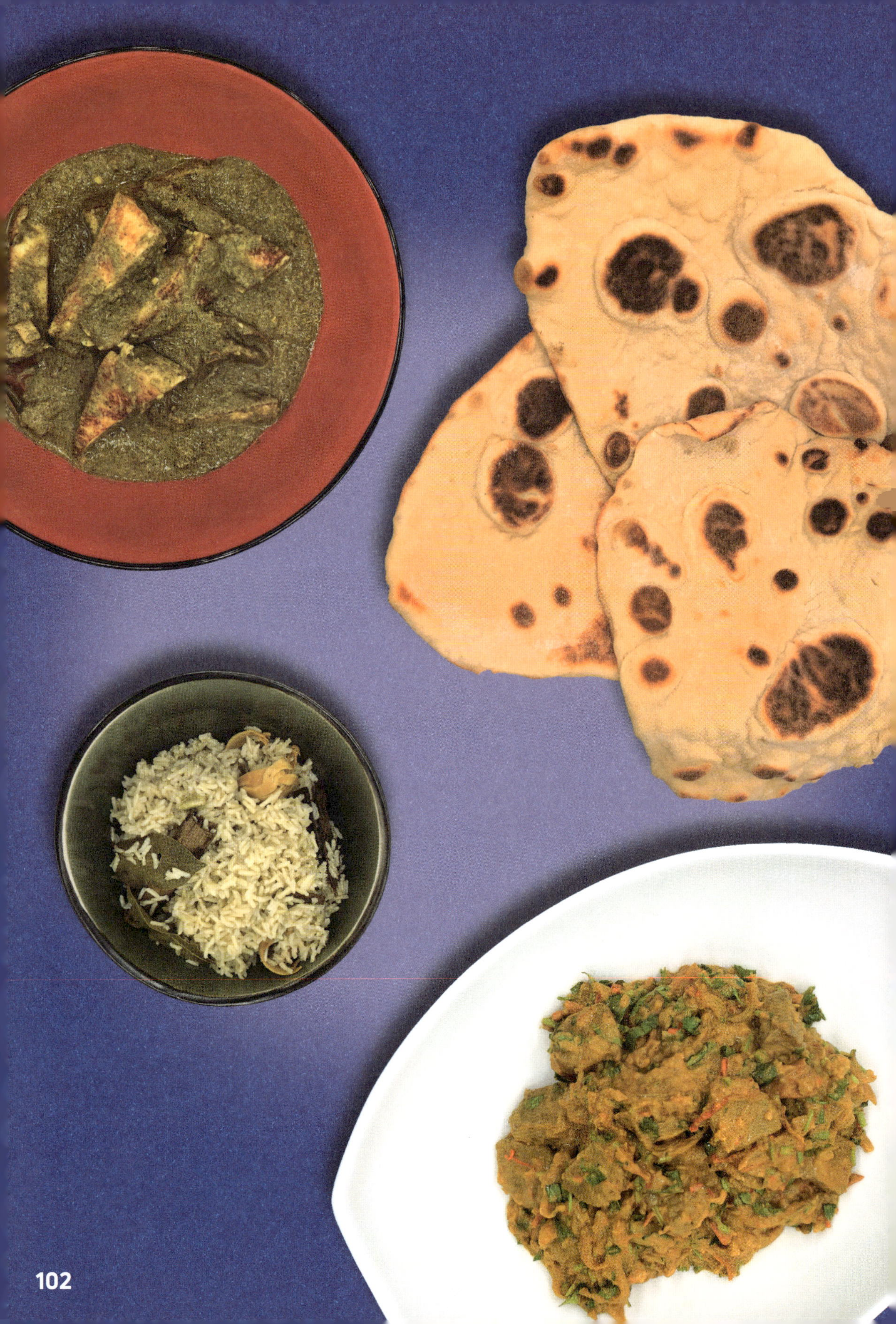

Naan, Gewürzreis, Palek Paneer & Bhuna Gosht

Wann wir uns in die indische Küche verliebt haben? Nun ja, in der Großstadt geben sich ja etliche Ketten die Klinke in die Hand – nur häufig wissen weder das Essen, noch die billigen Cocktails zu überzeugen. Bis wir eines Tages durch Zufall auf ein richtig gutes Restaurant mit authentischer Küche gestoßen sind – da hat es Klick gemacht. Noch heute gehen wir gerne dort essen, wenn wir mal dort sind. Die folgenden Rezepte helfen uns dabei, die Wartezeit bis zum nächsten Berlin-Besuch zu überbrücken. – Boris

Zutaten (4 Stück)

160 g Weizenmehl (Type 550)
65 g Joghurt (Natur)
50 g Milch, leicht erwärmt
30 g Butter, geschmolzen
4 g Backpulver
4 g Natron
3 g Salz
2 g Zucker
3 EL Olivenöl oder flüssige Butter
2 Knoblauchzehen, gepresst
etwas Mehl zum Ausrollen

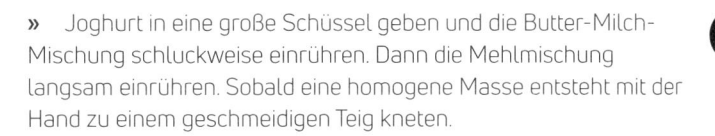

Tipp

Das Naan schmeckt natürlich auch ohne Knoblauch sehr lecker!

Naan – Zubereitung

» Mehl, Backpulver, Natron, Salz und Zucker in einer Schüssel miteinander vermischen und beiseite stellen. Milch und Butter ebenfalls miteinander vermischen (Mischung sollte handwarm sein).

» Joghurt in eine große Schüssel geben und die Butter-Milch-Mischung schluckweise einrühren. Dann die Mehlmischung langsam einrühren. Sobald eine homogene Masse entsteht mit der Hand zu einem geschmeidigen Teig kneten.

» Teig in Frischhaltefolie gewickelt über Nacht kalt stellen.

» ½ Stunde vor der Weiterverarbeitung aus dem Kühlschrank nehmen. Teig in vier Stücke teilen und auf bemehlter Fläche ca. 2 mm dünn länglich ausrollen. Dabei immer wieder wenden und mit Mehl bestäuben.

» Eine große Pfanne auf höchster Stufe gut vorheizen (wirklich richtig gut!) und das von überschüssigem Mehl befreite Naan jeweils ohne Fett in der Pfanne backen bis die Oberseite Blasen wirft. Wenden und ebenso backen. Die fertigen Naan bis zum Verzehr in ein Geschirrtuch einschlagen um sie warm und weich zu halten.

» Öl/Butter und Knoblauch vermischen und das Naan kurz vor dem Verzehr damit bestreichen.

Zutaten (2 Portionen)

125 g Vollkorn Basmati Reis
4 Nelken, ganz
4 Kardamomkapseln, ganz
2 Lorbeerblätter, ganz
2 Muskatblüten, ganz
2 Sternanis, ganz
1 Zimtstange, ganz

Gewürzreis – Zubereitung

» Reis zusammen mit allen Gewürzen gemäß Packungsanleitung entweder als Koch- oder Quellreis zubereiten.

» Reis entweder zusammen mit den Gewürzen anrichten oder alternativ vor dem Servieren Gewürze aus dem Reis entfernen.

Darstellung auf der Abbildung (von oben nach unten): Palek Paneer, Naan, Gewürzreis, Bhuna Gosht

Zutaten (2 Portionen)

200 g frischer Blattspinat
150 g Tomaten, geachtelt
1 weiße Zwiebel, fein gewürfelt
15 g frischer Ingwer, geschält und grob zerkleinert
2 grüne Chilischoten, grob zerkleinert
4 Knoblauchzehen, fein gehackt
2 Knoblauchzehen, ganz
400 g Paneer, in Scheiben geschnitten und schräg zu Dreiecken halbiert
200 ml Wasser
120 g Joghurt (Natur)
1 Zitrone, ausgepresst (70 g Zitronensaft)
3 EL Olivenöl

Gewürze

4 Nelken, gemörsert
2 Lorbeerblätter, ganz
2 Kardamomkapseln, Samen von der Schale befreit und gemörsert
1 TL Cumin
1 TL Zimt
1 TL Chili Ancho
1 TL Pfeffer
1 TL Koriandersamen, gemörsert
½ TL Kurkumapulver
½ TL Muskatnuss
½ TL Salz

Palek Paneer – Zubereitung

» Spinat in siedendem Salzwasser für ca. 2 Minuten blanchieren und anschließend für weitere 2 Minuten in kaltes Wasser tauchen.

» Spinat leicht auspressen und zusammen mit Ingwer, Chili, den 2 ganzen Knoblauchzehen und dem Zitronensaft mit dem Pürierstab pürieren.

» 2 EL Öl in einer großen Pfanne erhitzen und sämtliche Gewürze unter Rühren kurz darin anbraten. Zwiebeln dazugeben und etwas andünsten. Gehackten Knoblauch ebenfalls dazugeben und kurz anbraten. Tomaten und Wasser unterrühren, kurz aufkochen und Flüssigkeit fast vollständig verdampfen lassen.

» Eine große Pfanne zusammen mit 1 EL Öl gut vorheizen und den Paneer darin anbraten, bis er leicht braun ist.

» Spinatpüree zur Tomatenmischung geben und gut miteinander verrühren.

» Pfanne von der Flamme nehmen, Lorbeerblätter entfernen und Joghurt vorsichtig untermischen.

» Paneer dazugeben und alles noch einige Minuten ziehen lassen.

Zutaten (2 Portionen)

300 g Lammfleisch, in mundgerechte Stücke geschnitten
8 weiße Zwiebeln, in halbe Ringe geschnitten
500 g Kirschtomaten, halbiert
100 g frischer Ingwer, geschält und fein gehackt
6 Knoblauchzehen, gepresst
2 rote Chilischoten, in Ringe geschnitten
100 g Sahnejoghurt (Natur)
400 ml Wasser
4 EL Sesamöl
1 Bund frischer Koriander (inkl. Stiele), grob gehackt
10 Kardamomkapseln, ganz
8 Nelken, ganz
4 Lorbeerblätter, ganz
4 Muskatblüten, ganz
2 Zimtstangen, ganz
2 TL Cumin
2 TL Chili Ancho
2 TL Chiliflocken
2 TL Koriandersamen, gemörsert
1 TL Kurkumapulver
Salz
Pfeffer

Bhuna Gosht – Zubereitung

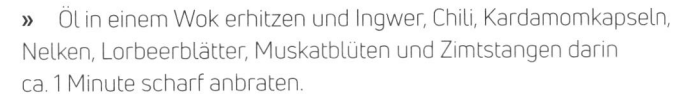

» Öl in einem Wok erhitzen und Ingwer, Chili, Kardamomkapseln, Nelken, Lorbeerblätter, Muskatblüten und Zimtstangen darin ca. 1 Minute scharf anbraten.

» Zwiebeln zugeben und unter Rühren andünsten bis sie leicht braun sind.

» Lammfleisch dazugeben und kurz anbraten, bis die Stücke gleichmäßig grau-braun sind.

» Tomaten zugeben und Knoblauch, Cumin, Chili Ancho, Chiliflocken, Koriandersamen und Kurkuma gut unterrühren.

» Wasser ebenfalls zugeben, alles kurz aufkochen und auf mittlerer Hitze ca. 20 Minuten köcheln lassen (die ersten 10 Minuten Wok mit einem Deckel zudecken). Dabei immer wieder umrühren.

» Wenn das Fleisch zart ist (hierzu einfach ein Stück probieren), Temperatur ausschalten und alles abschließende 10 Minuten ziehen lassen. Ansonsten nochmals ca. 10 bis 20 Minuten köcheln lassen (ggf. etwas Wasser zugeben).

» Kardamomkapseln, Nelken, Lorbeerblätter, Muskatblüten und Zimtstangen entfernen, Pfanne von der Flamme nehmen, Joghurt und Koriander unterrühren und alles mit Salz und Pfeffer abschmecken.

» Sofort servieren, damit der Joghurt nicht ausflockt.

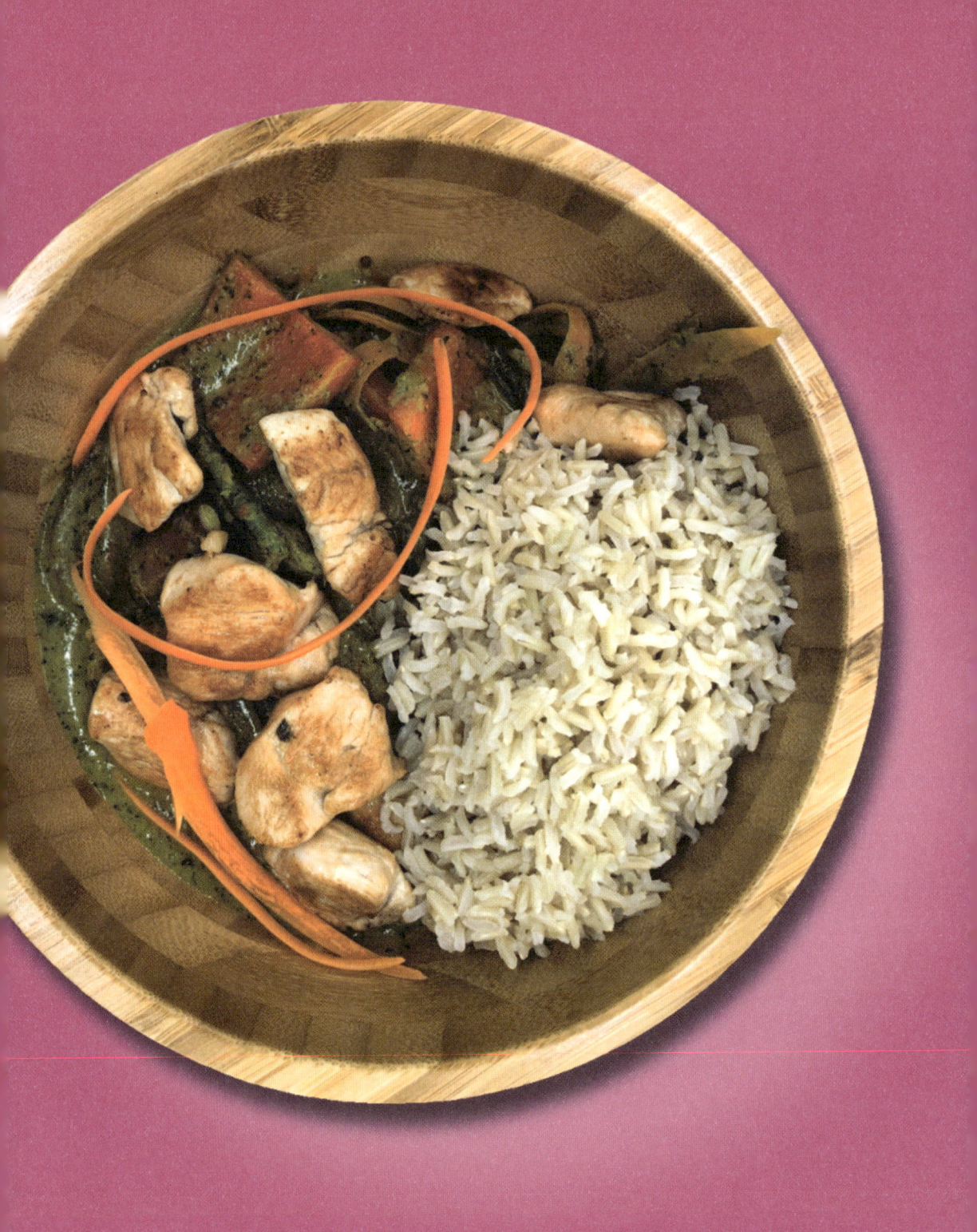

Green Curry Bowl mit Hähnchen

Ich kann mich gut daran erinnern, dass mein Bruder, meine Schwägerin und ich gemeinsam aus vielen orientalischen Zutaten – die ich bis dato selten bis gar nicht in der Küche verarbeitet hatte – eine eigene Currypaste hergestellt haben. Zunächst sehr skeptisch, war die Curry Bowl, die wir gemeinsam gekocht haben, dann doch für mich eine wahre Geschmacksexplosion. Seitdem kommen Currys in verschiedenen Varianten regelmäßig auf den Tisch! – Oliver

Zutaten (2 Portionen)

200 g Hähnchenbrustfilet, gewürfelt
125 g Vollkorn Basmati Reis
200 g grüne Bohnen (ganz), Enden abgeschnitten
2 Karotten, mit einem Sparschäler in dünne Streifen geschnitten
2 rote Zwiebeln, geviertelt
1 rote Paprika, grob gewürfelt
400 ml Kokosmilch
1 EL Mandarinenöl
1 EL Olivenöl

Für die Currypaste

1 Jalapeño, in Ringe geschnitten
1 rote Chilischote, in Ringe geschnitten
30 g frischer Ingwer, geschält und grob zerkleinert
4 Knoblauchzehen, halbiert
1 EL Ingweröl
1 Bund frischer Koriander (inkl. Stiele), grob zerkleinert
1 Stängel Zitronengras, grob zerkleinert
4 Limettenblätter (getrocknet oder gefroren)
5 g Salz
1 Muskatblüte, ganz
2 TL Koriandersamen, ganz
1 TL Cayennepfeffer
1 TL Kurkumapulver
½ TL Cumin

Zubereitung

» Alle Zutaten für die Currypaste in einen Universalzerkleinerer geben und fein pürieren

» Reis gemäß Packungsanleitung entweder als Koch- oder Quellreis zubereiten.

» Mandarinenöl in einem Wok erhitzen, Bohnen scharf anbraten. Zwiebeln und Paprika zugeben und ebenfalls scharf anbraten. Kokosmilch dazugießen, Currypaste einrühren und alles einige Minuten einkochen lassen.

» Karottenraspel erst wenige Minuten vor dem Servieren untermischen.

» Olivenöl in einer Pfanne erhitzen, Hähnchenwürfel darin scharf anbraten.

» Curry mit dem Reis in Schüsseln anrichten und Hähnchenwürfel darüber verteilen.

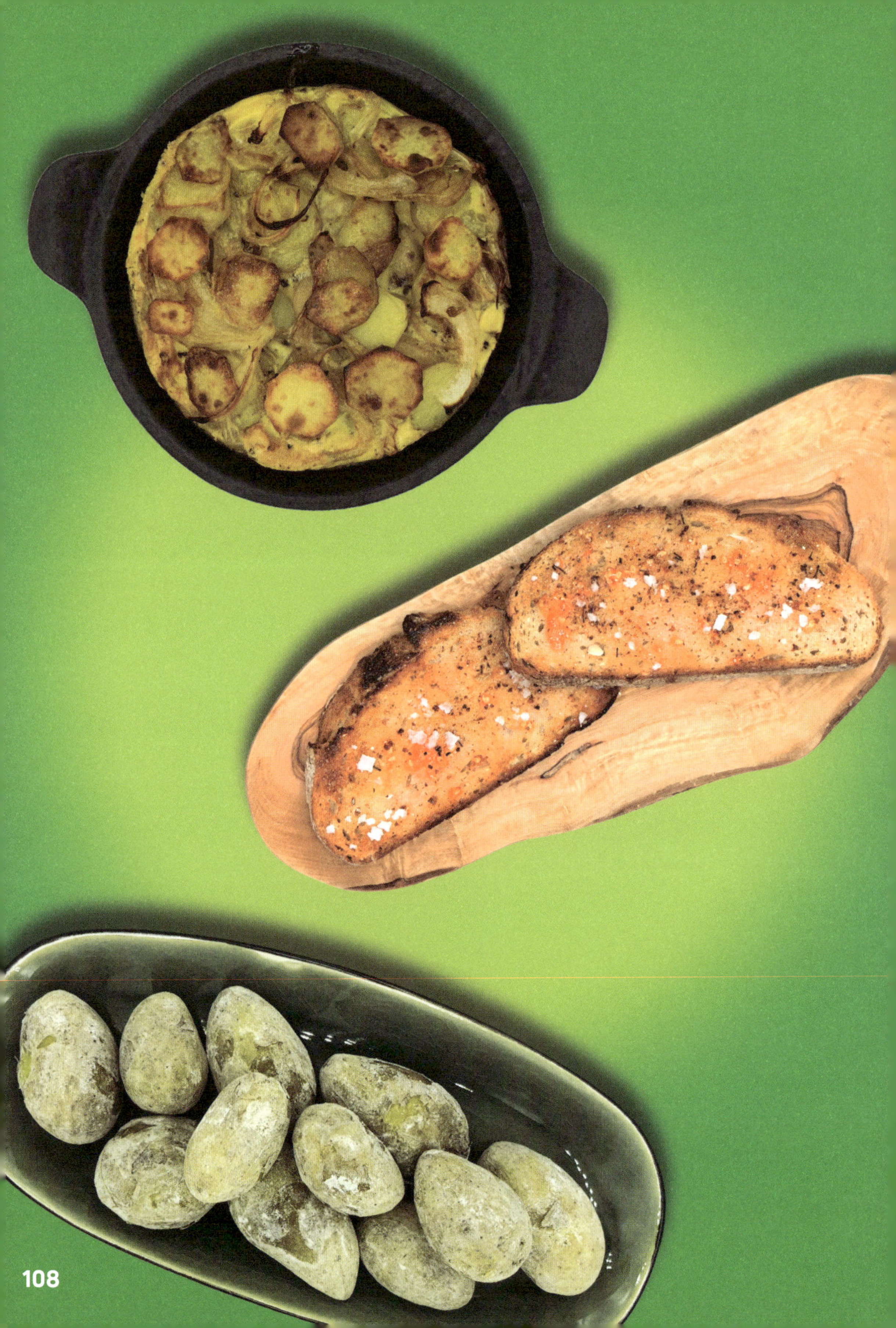

Spanische Tapas

Leider habe ich die spanische Sprache erst mit Aufnahme meines Studiums begonnen zu lernen… umso dankbarer bin ich, Tapas bereits vorher für mich entdeckt und lieben gelernt zu haben. Die Tante meines Vaters hat viele Jahrzehnte in Spanien gelebt, so dass wir auch mit der spanischen Esskultur schon früh in Berührung kamen. Die Begeisterung hält bis heute an und erst vor nicht allzu langer Zeit hat uns unsere Großtante mit über 90 Jahren gezeigt, wie man Alioli richtig macht (und ausspricht)! – Oliver

Tortilla Española – Zubereitung

Zutaten (4 Tapasportionen)

- 600 g rohe festkochende Kartoffeln, geschält und in dünne Scheiben geschnitten
- 2 große weiße Zwiebeln, halbiert und in Scheiben geschnitten
- 6 Eier
- 4 EL Olivenöl
- Salz
- Pfeffer

» 2 EL Öl in einer großen Pfanne erhitzen und die Kartoffeln darin anbraten. Kartoffeln aus der Pfanne nehmen und die Zwiebeln mit 2 EL Öl ebenfalls anbraten. Kartoffeln und Zwiebeln auf vier kleine Förmchen gleichmäßig verteilen, dabei Kartoffeln und Zwiebeln abwechselnd schichten. Eier verquirlen, mit Salz und Pfeffer würzen und über die Kartoffel-Zwiebel-Mischung gießen.

» Förmchen in den kalten Ofen stellen und bei 180 Grad Umluft ca. 20 bis 30 Minuten backen bis die Eimasse vollständig gestockt ist.

Pane con Tomate – Zubereitung

Zutaten (4 Stück)

- 4 Scheiben rustikales Grau- oder Weißbrot, in dicke Scheiben geschnitten und geröstet
- 2 große reife Fleischtomaten, halbiert
- 2 Knoblauchzehen
- 2 EL Olivenöl
- Salzflocken
- Pfeffer

» Direkt am Tisch auf jeder Brotscheibe ½ Knoblauchzehe zerreiben und anschließend die Tomaten gleichmäßig über allen Scheiben ausdrücken.

» Das Öl ebenfalls gleichmäßig verteilen, die Brotscheiben nach Bedarf mit Salzflocken und Pfeffer bestreuen und sofort verzehren (dazu passen sehr gut ein paar Scheiben Serrano-Schinken oder Chorizo).

Papas Arrugadas – Zubereitung

Zutaten (4 Tapasportionen)

- 1 kg Bio-Kartoffeln (Drillinge)
- 300 g grobes Salz
- 1,5 Liter Wasser

» Wasser in einen großen Topf geben und das Salz darin auflösen. Kartoffeln zugeben und bei mittlerer Hitze ca. 20 Minuten zugedeckt köcheln lassen.

» Topf von der Flamme nehmen, Wasser abgießen und Kartoffeln im offenen Topf und unter gelegentlichem Umrühren ca. 15 Minuten ausdampfen lassen.

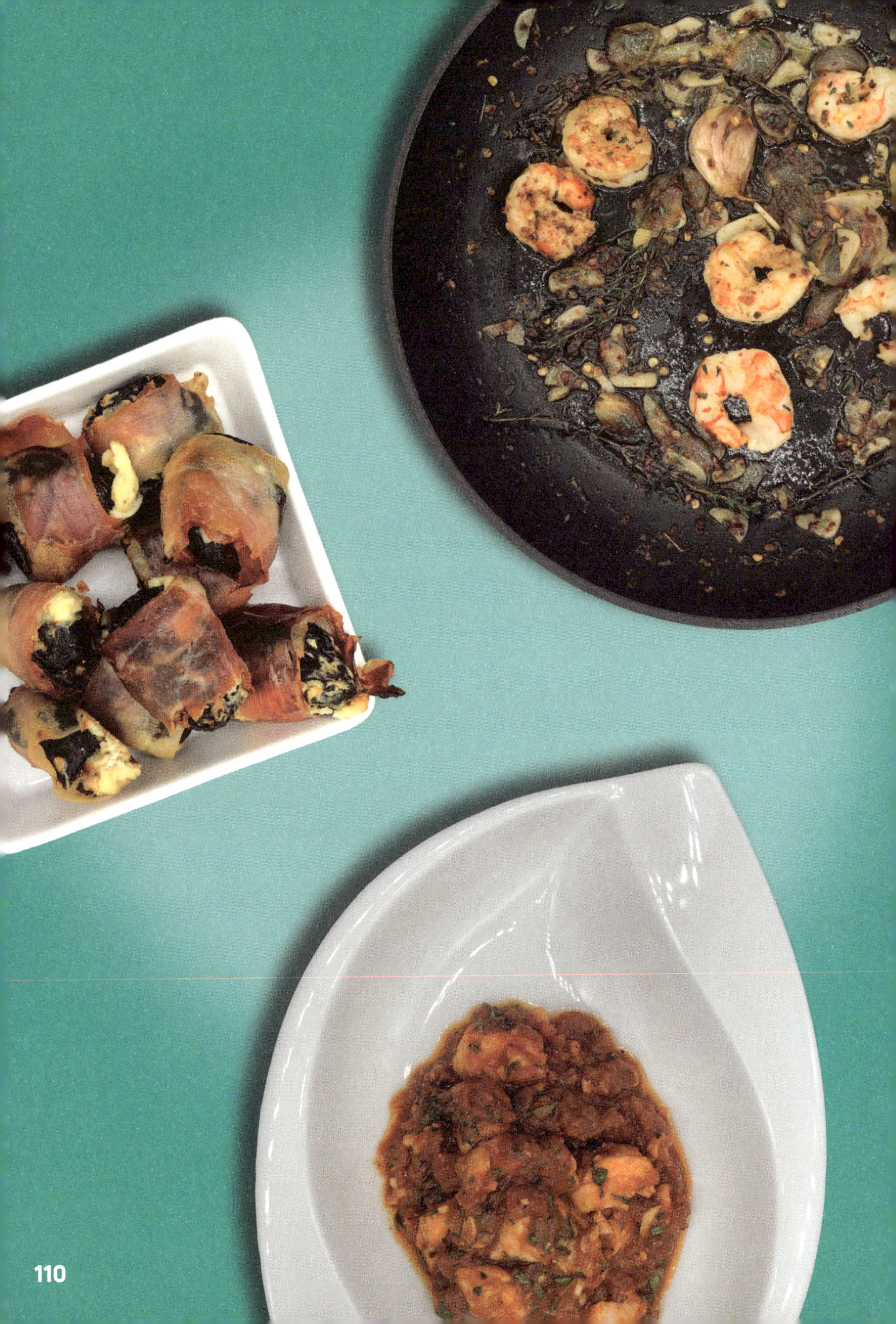

Pflaumen im Speckmantel – Zubereitung

Zutaten (4 Tapasportionen à etwa 5 Stück)

200 g getrocknete, entsteinte Pflaumen
120 g Frischkäse (Natur)
100 g dünne Scheiben durchwachsener Speck, längsseitig halbiert
1 EL Trüffelöl
½ TL Habanero Chiliflocken

Tipp
Ohne Speck die Pflaumen etwas weniger füllen und gut zudrücken, damit die Füllung nicht ausläuft.

» Frischkäse zusammen mit dem Öl und den Habanero Chiliflocken zu einer homogenen Masse vermengen.

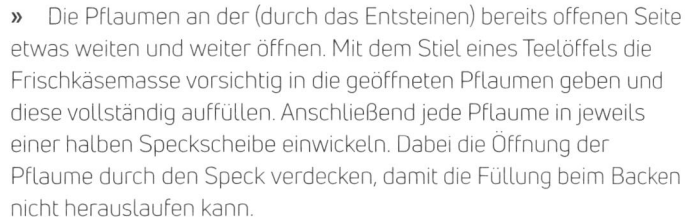

» Die Pflaumen an der (durch das Entsteinen) bereits offenen Seite etwas weiten und weiter öffnen. Mit dem Stiel eines Teelöffels die Frischkäsemasse vorsichtig in die geöffneten Pflaumen geben und diese vollständig auffüllen. Anschließend jede Pflaume in jeweils einer halben Speckscheibe einwickeln. Dabei die Öffnung der Pflaume durch den Speck verdecken, damit die Füllung beim Backen nicht herauslaufen kann.

» Speckpflaumen auf ein Backblech mit Backpapier setzen und im auf 180 Grad Umluft vorgeheizten Backofen ca. 10 Minuten backen.

Gambas al Ajillo – Zubereitung

Zutaten (4 Tapasportionen)

12 Garnelen (roh, geschält und tiefgefroren; Sortierung: 16/20)
2 Schalotten, geviertelt
4 Knoblauchzehen, in Scheiben geschnitten
2 Knoblauchzehen, ungeschält
20 g Butter
2 TL Limettensaft
6 EL Olivenöl
6 Zweige frischer Thymian
4 TL Chiliflocken
2 TL frische Thymianblättchen

» Öl in einer großen Pfanne erhitzen. Die 2 Knoblauchzehen zerdrücken und zusammen mit den Schalotten und den Thymianzweigen in die Pfanne geben und kurz anbraten. Butter nun ebenfalls dazugeben und schmelzen lassen.

» Garnelen zugeben und von jeder Seite ca. 1 Minute anbraten.

» Knoblauchscheiben, Chiliflocken und Thymianblättchen untermischen und alles mit Limettensaft ablöschen.

» Auf der ausgeschalteten Herdplatte einige Minuten ziehen lassen und am besten direkt in der Pfanne mit etwas Brot servieren.

Fischfilet in Tomatensauce – Zubereitung

Zutaten (4 Tapasportionen)

400 g Steinbeißer- oder Rotbarschfilet
800 g Tomaten aus der Dose (stückig)
4 Schalotten, gewürfelt
4 Knoblauchzehen, gepresst
80 g Tomatenmark
200 ml Weißwein
80 g Ahornsirup
2 EL Limettensaft
2 EL Olivenöl
4 EL frische Petersilienblätter, gehackt
Salz
Pfeffer

» Öl in einem großen Topf erhitzen und die Schalotten darin andünsten. Hitze erhöhen, das Tomatenmark dazugeben und kurz scharf anbraten. Anschließend mit Weißwein und Limettensaft ablöschen.

» Tomaten, Knoblauch und Ahornsirup unterrühren und alles ca. 30 Minuten auf niedriger Flamme unter gelegentlichem Rühren köcheln lassen.

» Fisch ggf. entgräten und in mundgerechte Würfel schneiden.

» Fisch zur Sauce geben und ca. 5 Minuten darin garen. Mit Salz und Pfeffer abschmecken und die Petersilie untermischen.

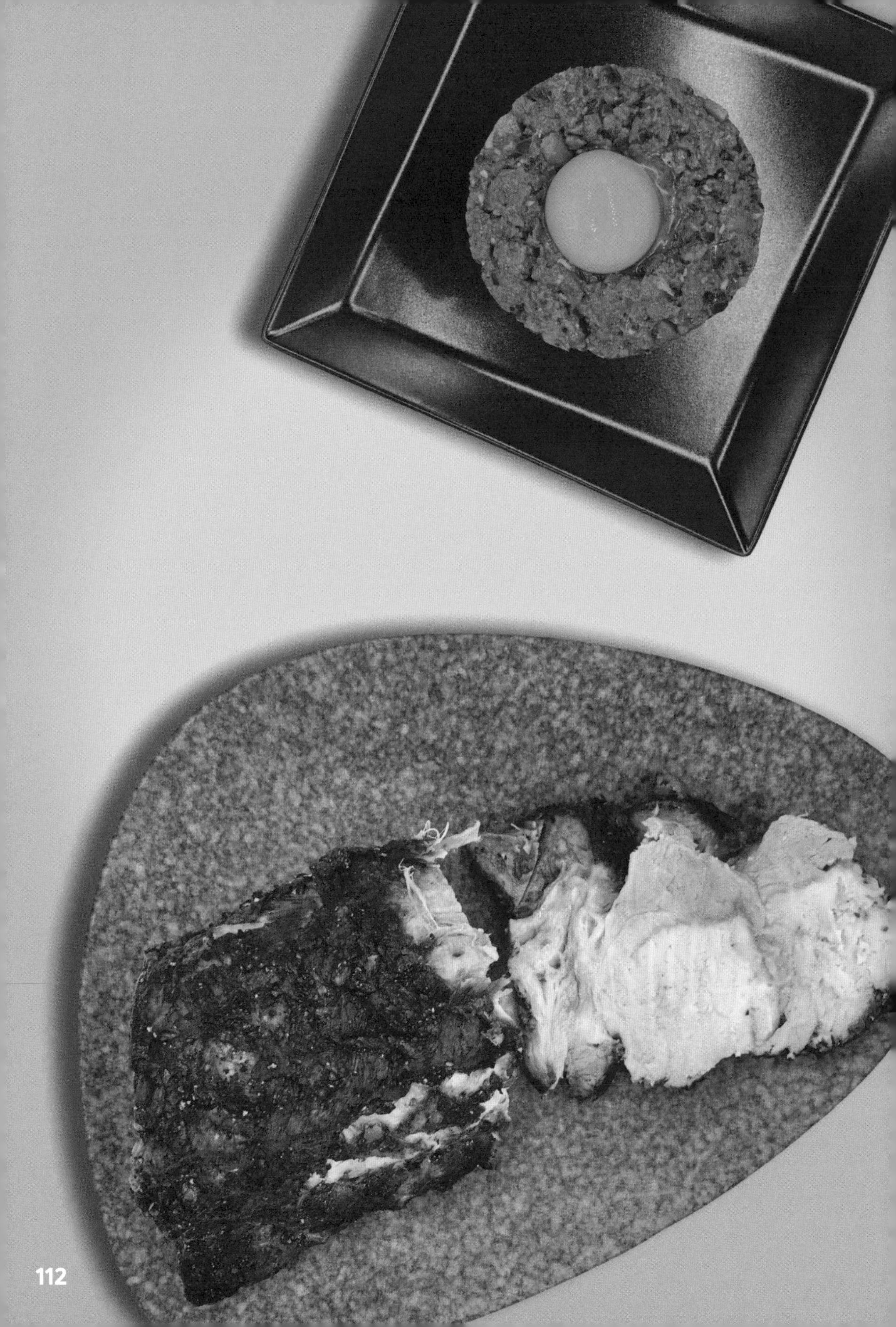

Schweinebraten & Rindertatar

Lange habe ich mich nicht getraut, einen Braten selbst zu machen, bis ich dieses Rezept meiner Großcousine in die Finger bekam – ein absoluter Selbstläufer, weder kompliziert noch schwierig. Tartar ist zwar nicht unbedingt jedermanns Sache. Für mich ist es aber (wie ein gutes Steak) eine, wenn nicht sogar die Mutter aller Fleischgerichte. Es kommt im Grunde nur auf einen Faktor an, auf den wir alle einen viel größeren Wert und ein höheres Augenmerk legen sollten: die Qualität und Herkunft des Fleisches! – Oliver

Zutaten (etwa 10 dicke Scheiben)

1,8 kg Schweinenacken (ohne Knochen)
1 kg Salz
3 TL Pfeffer

Tipp
Bei einem kleineren Stück Schweinenacken muss die Backzeit entsprechend um 15 bis 30 Minuten reduziert werden.

Schweinebraten – Zubereitung

» Ein tiefes Backblech gut mit Alufolie auslegen und das Salz gleichmäßig drauf verteilen.

» Den Pfeffer gleichmäßig in das Fleisch einreiben.

» Fleisch anschließend mittig auf dem Backblech platzieren.

» Im auf 180 Grad Umluft vorgeheizten Backofen auf der untersten Schiene ca. 2 Stunden backen. Dabei die Backofentüre möglichst nicht öffnen.

Zutaten (4 Portionen)

400 g Rinderoberschale
2 rote Zwiebeln, fein gehackt
50 g scharfe Cornichons, fein gewürfelt
16 Kapern, fein gehackt
4 Sardellenfilets, fein gehackt
4 Eigelb
2 EL Olivenöl
2 EL Worcestershire Sauce
2 TL mittelscharfer Senf
2 TL Chili Ancho
1 TL Pfeffer
½ TL Salz
Salz
Pfeffer

Rindertatar – Zubereitung

» Rindfleisch in dünne Scheiben schneiden. Scheiben in dünne Streifen schneiden und diese sehr fein würfeln.

» Öl, Worcestershire Sauce, Senf, Chili Ancho, 1 TL Pfeffer und ½ TL Salz gut miteinander verrühren. Fleischwürfel, Zwiebeln und Cornichons untermischen und alles einige Minuten ziehen lassen.

» Kapern und Sardellen untermischen und ggf. mit Salz und Pfeffer abschmecken.

» Entweder je ¼ des Tatars in Garnierringen anrichten, leicht andrücken und den Ring vorsichtig abziehen oder mit zwei großen Löffeln Häufchen formen.

» In jedes Tatar mit einem Esslöffel eine Mulde drücken und je ein Eigelb hineinsetzen.

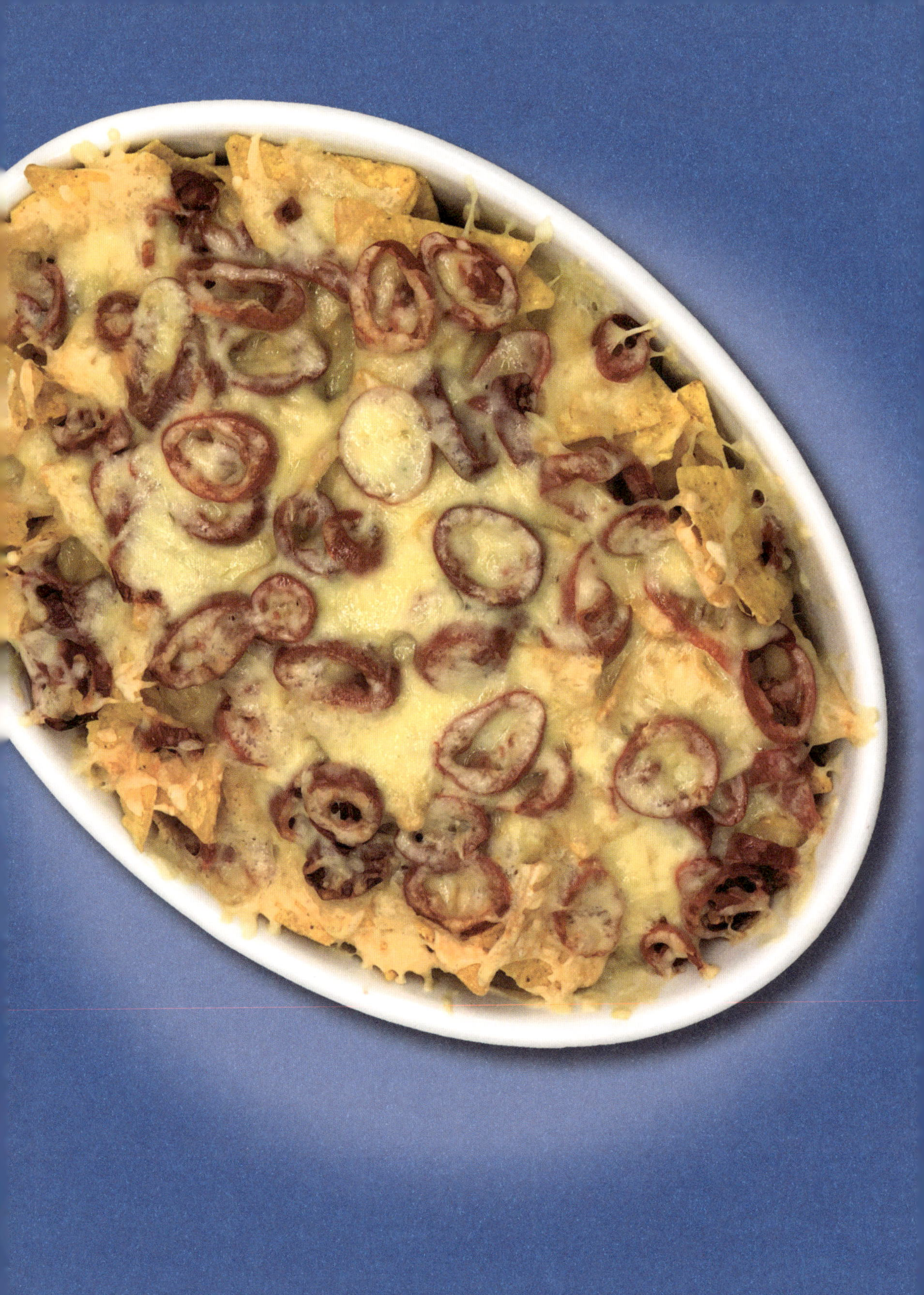

Nachos Diabolo

Wir haben lange überlegt, ob wir dieses Rezept überhaupt in das Kochbuch aufnehmen – sind doch „nur" Nachos mit Käse. Nun ja, zum einen ist es ein super Fingerfood für das gemeinsame Snacken mit Familie und Freunden und zum anderen hängt unserer Meinung nach alles an einem leckeren Käse. Und da wir auswärts bisher nur Nachos mit zu wenig von allem (zu wenig Käse, zu wenig Dip, zu wenig Geschmack) hatten, hier biddeschön: unsere Nachos Diabolo! Und die Dips nicht vergessen ;-) – Boris

Zutaten (eine große Auflaufform)

300 g Tortilla Chips
125 g eingelegte Jalapeños (rot oder grün), abgetropft
200 g Appenzeller Käse, gerieben
200 g Gouda oder Cheddar, gerieben

Tipp

Dazu passen am besten Guacamole, Sour Cream & Salsa. Natürlich findet Ihr Rezepte dafür im Kapitel „Saucen, Dips & Cremes".

Zubereitung

» Die Käsesorten miteinander vermischen.

» Hälfte der Tortilla Chips in eine Auflaufform geben und mit der Hälfte der Käsemischung bestreuen.

» Darauf die restlichen Tortilla Chips verteilen, die Jalapeños ebenfalls verteilen und mit dem restlichen Käse bestreuen.

» In den kalten Ofen schieben und bei 180 Grad Umluft ca. 15 bis 20 Minuten backen.

» Noch lauwarm genießen und ordentlich dippen.

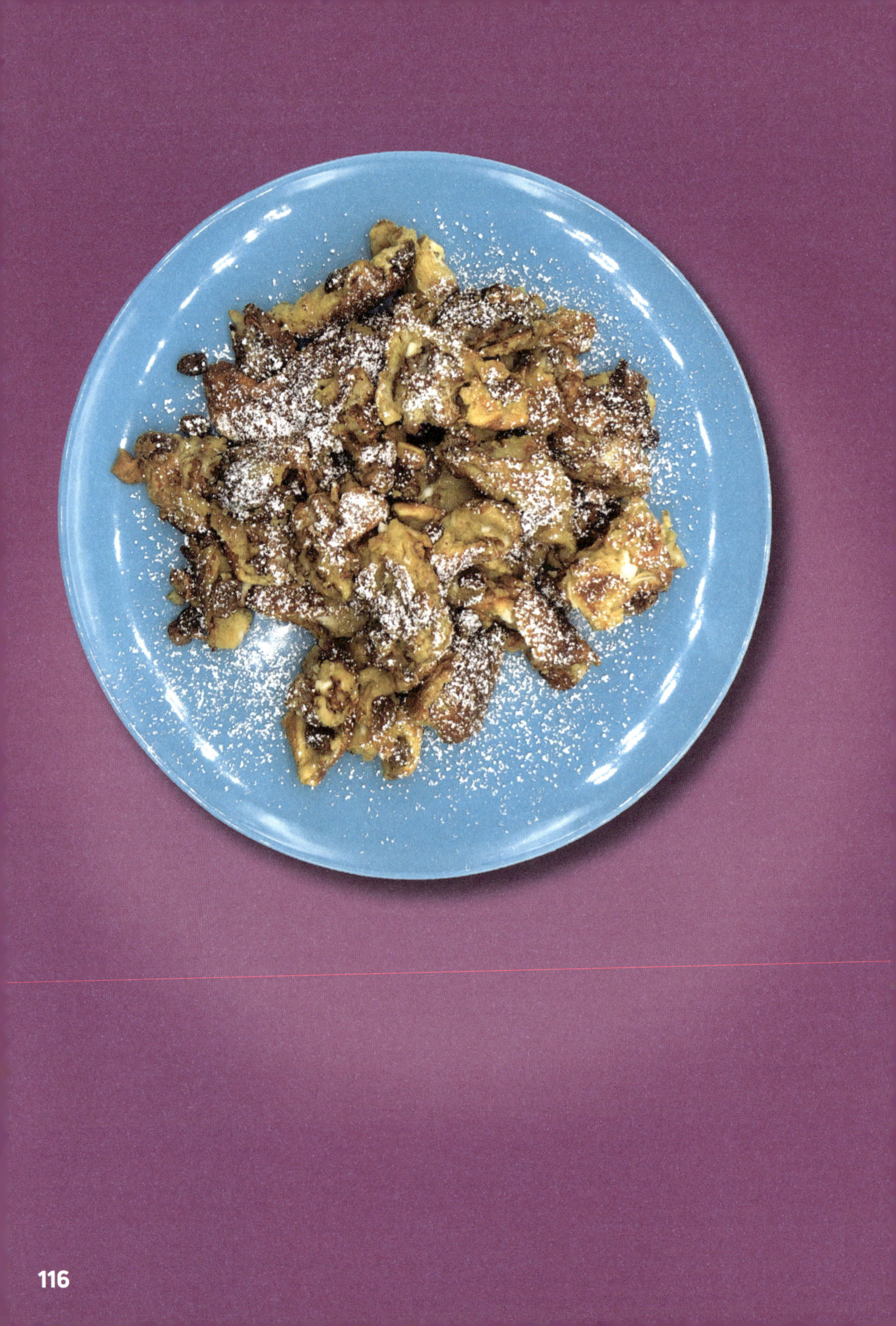

Kaiserschmarrn

Noch so ein Gericht mit Geschichte… Die „Kanada-Loipe" startet in Wallgau und endet in Vorderriß – dort erwartet einen dann nach rund 15 Kilometer Loipe durch eine wundervolle Landschaft mit aufregenden Abfahrten die erhoffte Stärkung beim Mittagessen. Für meinen Papa und mich gab es natürlich immer eine große Portion Kaiserschmarrn. Das Rezept ist meinen Erinnerungen daran nachempfunden. Nur die Rum-Rosinen gab es damals noch nicht – mittlerweile sind sie aber nicht mehr wegzudenken. – Boris

Zutaten (4 Portionen)

- 160 g Weizenmehl (Type 550)
- 80 g Rosinen
- 80 g Walnüsse
- 20 g Zucker
- 12 g Natron
- 300 g Milch
- 1 Bio-Zitrone, ausgepresst (70 g Zitronensaft) und vollständig abgerieben
- 6 cl Übersee Rum
- 4 Eier
- 2 EL Kakaobutter
- Prise Salz

Tipp

Am besten mit Puderzucker bestreuen und mit Apfelmus oder Zwetschgenröster servieren.

Zubereitung

» Rosinen über Nacht im Rum einweichen.

» Vor der Weiterverarbeitung Rosinen aus dem Rum entfernen und Rum beiseite stellen.

» Eier trennen. Eigelb, Milch, Zitronensaft, Zitronenabrieb und Rum in einer großen Schüssel gut miteinander verquirlen.

» In einer anderen Schüssel Weizenmehl, Zucker, Natron und Salz miteinander vermischen.

» Die Mehl-Mischung unter die Ei-Milch-Mischung schlagen, dabei aber nicht vollständig verquirlen, sondern nur soweit verrühren, dass kein trockenes Mehl mehr zu sehen ist. Teig ca. 20 Minuten quellen lassen.

» Eiweiß steif schlagen und vorsichtig unter den Teig heben.

» Eine große Pfanne mit der Kakaobutter gut vorheizen.

» Gesamten Teig in die Pfanne geben, Rosinen und Walnüsse gleichmäßig einstreuen und alles bei mittlerer Hitze stocken lassen, bis der Teig fast vollständig fertig gebacken ist (dabei gelegentlich vorsichtig kontrollieren, dass der Teig nicht anbrennt).

» Nun mit zwei Holzkochlöffeln den Teig in mittelgroße Fetzen zerteilen und die Fetzen von allen Seiten goldbraun anbraten.

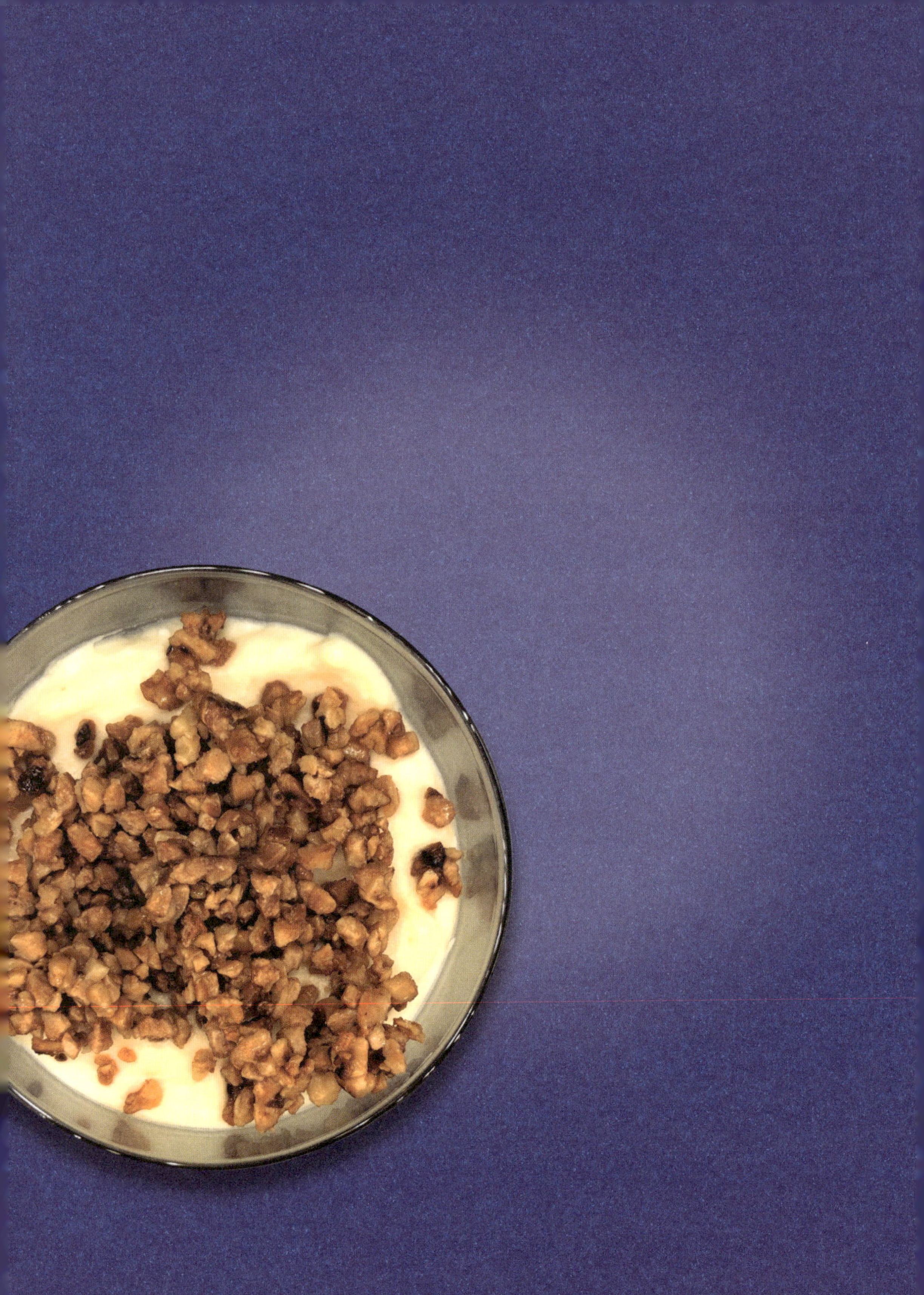

Winterliches Tiramisu

„Ein Klassiker – neu interpretiert" wäre wahrscheinlich eine typische Überschrift. Dabei haben wir eigentlich nur einige Zutaten ausgetauscht und fertig war der Nachtisch für unser winterliches Menü. Tiramisu ist einfach von sich aus bereits so lecker, da genügen für eine neue Variation bereits ein paar Anpassungen. Aber natürlich kommen auch Fans des Klassikers nicht zu kurz. Und eine besonders sommerliche Variante haben wir auch für Euch kreiert. – Boris

Zutaten (6 Portionen)

4 Eier
12 Löffelbiskuit
80 g blanchierte, gehackte Mandeln
80 g Zucker
500 g Mascarpone
100 g Sahne, steif geschlagen
300 g Marmelade „Apfel trifft Winter"
10 cl Cointreau
80 g Espresso
40 g Ahornsirup
Prise Salz

Tipps

Für ein klassisches Tiramisu die Marmelade weglassen, den Cointreau durch Amaretto ersetzen und anstatt mit Mandelkrokant mit 80 g geraspelter dunkler Schokolade bestreuen.

Für eine sommerliche Variante Bacardi einsetzen, etwas Kokosraspel zur Mascarpone-Creme geben, Ananas-Kiwi-Marmelade verwenden und alles mit 80 g geraspelter weißer Schokolade bestreuen.

Zubereitung

» Marmelade in einer Schüssel zusammen mit dem Espresso und 2 cl Cointreau verrühren.

» Gehackte Mandeln in einer Pfanne ohne Fett goldbraun rösten. Den Ahornsirup zugeben und alles unter Rühren karamellisieren lassen. Von der Flamme nehmen und unter gelegentlichem Rühren abkühlen lassen.

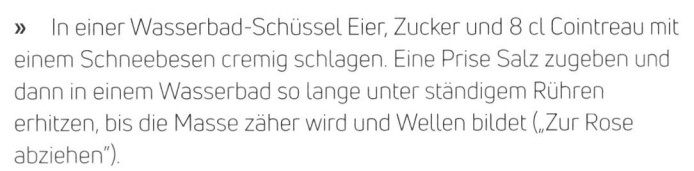

» In einer Wasserbad-Schüssel Eier, Zucker und 8 cl Cointreau mit einem Schneebesen cremig schlagen. Eine Prise Salz zugeben und dann in einem Wasserbad so lange unter ständigem Rühren erhitzen, bis die Masse zäher wird und Wellen bildet („Zur Rose abziehen").

» Eier-Zucker-Mischung sofort von der Flamme nehmen und in eine große Schüssel umfüllen.

» Stück für Stück zunächst den Mascarpone dazugeben und unterheben, dann mit der Sahne genauso verfahren.

» 6 flache Gläser (à 330 ml) mit je einem zerbrochenen Löffelbiskuit (jeweils in der Mitte so zerbrechen, dass er gut auf den Boden des Glases passt) auslegen und die Marmeladen-Mischung darüber verteilen.

» Wieder je einen zerbrochenen Löffelbiskuit in die Gläser legen und leicht in die Marmeladen-Mischung drücken.

» Die Mascarpone-Creme darauf geben, gleichmäßig verstreichen und das Mandel-Krokant darüber streuen.

» Die Gläser nun für mindestens 4 Stunden in den Kühlschrank stellen.

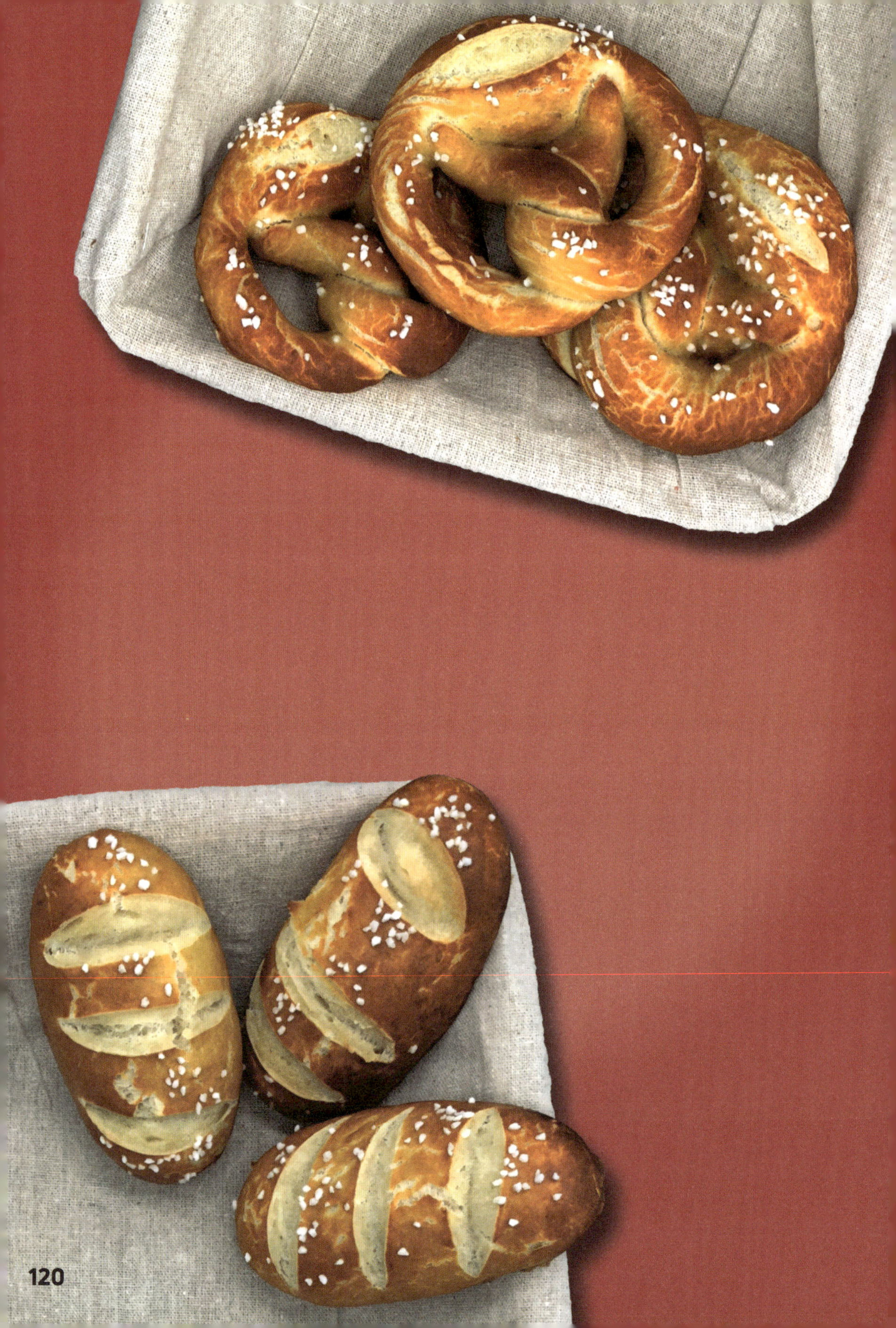

Laugengebäck (Brezeln, Stangen & Konfekt)

Sind frisch gebackene Laugenbrezeln mit etwas Frischkäse oder Butter nicht einfach herrlich? Wir finden schon. Dennoch lässt sich das Erlebnis sogar noch steigern, wenn man diese selbst macht (das gemeinsame Rollen und Formen oder die Spannung, wenn das Natron schäumt – herrlich) und sie frisch aus dem eigenen Ofen kommen. Für uns gilt dies allerdings nicht nur für Brezeln, sondern insgesamt für Gelaugtes. Aus diesem Grund haben wir gleich mehrere Varianten für Euch vorbereitet. – Oliver

Zutaten (4 Brezeln/Laugenstangen oder 2 Portionen Laugenkonfekt)

160 g Weizenmehl (Type 550)
40 g Hartweizengrieß
4 g Zucker
60 g Milch, lauwarm
60 g Wasser, lauwarm
0,5 g Frischhefe
8 g Butter, geschmolzen
8 g Salz
50 g Natron (reicht für bis zu 8 Brezeln etc.)
etwas Mehl zum Arbeiten
falls gewünscht etwas grobes Salz, Käse, Saaten etc. zum Bestreuen

Brezeln formen
Die Kugeln auf der trockenen, leicht bemehlten Arbeitsplatte zu einem langen Strang rollen und zu einer Brezel formen, indem die Enden zweimal über Kreuz geschlagen und anschließend angedrückt werden.

Laugenstangen formen
Unteren Teil der Kugeln zur Mitte hin einrollen und fest andrücken. Nun die untere Hälfte nach oben hin vollständig einrollen und fest andrücken, abschließend durch Rollen auf die gewünschte Länge bringen.

Laugenkonfekt formen
Die Kugeln zu einem fingerdicken Strang rollen und nach 30 minütiger Gehzeit in 5 cm lange Stücke aufteilen. Das Konfekt kann nun ohne weitere Gehzeit oder Anfrieren direkt gelaugt werden.

Zubereitung

» Mehl und Hartweizengrieß in eine große Schüssel geben, miteinander vermischen und in die Mitte eine Mulde drücken. Hefe zerbröckeln, zusammen mit dem Zucker und dem Wasser in die Mulde geben und vorsichtig miteinander vermischen. Die Mulde anschließend mit dem Mehl durch Wischen bedecken und ca. 15 Minuten reifen lassen.

» Milch, Butter und Salz gut miteinander verrühren, bis das Salz vollständig aufgelöst ist. Mischung in die Schüssel geben. Alles kräftig durchkneten bis ein geschmeidiger Teig entsteht. Teig mit Frischhaltefolie und Geschirrtuch abgedeckt ca. 24 Stunden bei Zimmertemperatur (ca. 20 bis 22 Grad) reifen lassen.

» Teig auf eine trockene, leicht bemehlte Arbeitsfläche geben. Teig zu einem Strang formen und in 4 Stücke aufteilen. Stücke vorsichtig rund einschlagen und einige Minuten ruhen lassen. Anschließend wie links beschrieben formen.

» Laugengebäck auf Bretter oder Ähnliches legen (ggf. die Form nochmals korrigieren) und zugedeckt an einem warmem Ort ca. 30 Minuten ruhen lassen. Anschließend im Tiefkühlfach anfrieren (gerne auch über Nacht).

» 1,5 Liter Wasser in einem großen Topf zum Kochen bringen und das Natron zugeben (Achtung: schäumt!).

» Tiefgekühltes Laugengebäck nun nacheinander mit einem Schaumlöffel für 30 Sekunden in das Natronbad geben, kurz abtropfen lassen und abschließend auf ein Backblech mit Backpapier (präferiert eine Silikon- oder Dauerbackfolie) setzen.

» Mit einem scharfen Messer wie gewünscht ca. 1 cm tief einschneiden, nach Bedarf mit grobem Salz, Käse oder Saaten bestreuen und ca. 15 bis 20 (Konfekt: 10 bis 15) Minuten auf der mittleren Schiene im auf 180 Grad Umluft vorgeheizten Backofen backen.

122

Everything Bagel & Laugenbagel

So richtig auf den Bagel-Geschmack gekommen bin ich, als ich eines Tages in einem Café in einer US-amerikanischen Stadt, leider kann ich nicht mehr sagen wo und wann genau, einen Plain Bagel mit Cream Cheese bestellt habe. Mega. So simpel und so lecker – es braucht nicht mehr zum Frühstück. Jedenfalls nicht jeden Tag. Für die Tage, an denen es ein Bagel zum Frühstück sein darf, haben wir hier zwei tolle Bagelrezepte zum Selbermachen. – Oliver

Everything Bagel – Zutaten (8 Stück)

450 g Weizenmehl (Type 550)
250 g Wasser
1 g Frischhefe
20 g Olivenöl
8 g Salz
40 g Sesam
40 g Mohn
40 g getrocknete Zwiebeln, fein gehackt
20 g getrockneter Knoblauch, fein gehackt
1 TL Salz, grob gemahlen
8 leicht eingeölte Flaschenkorken
etwas Mehl zum Arbeiten

Laugenbagel – Zutaten (8 Stück)

450 g Weizenmehl (Type 550)
250 g Wasser
1 g Frischhefe
20 g Olivenöl
8 g Salz
50 g Natron
40 g Kürbiskerne
8 leicht eingeölte Flaschenkorken
etwas Mehl zum Arbeiten

Zubereitung

» Hefe in 40 g Wasser auflösen, restliches Wasser in eine große Schüssel geben und 8 g Salz darin auflösen. Mehl zum Salzwasser geben. Öl über dem Mehl verteilen. Hefewasser dazu schütten und alles verkneten, bis ein glatter, geschmeidiger Teig entsteht. Schüssel mit Frischhaltefolie und Geschirrtuch abgedeckt ca. 16 Stunden bei Zimmertemperatur (ca. 20 bis 22 Grad) reifen lassen.

» Teig vorsichtig aus der Schüssel nehmen und auf die bemehlte Arbeitsfläche geben, in 8 Portionen aufteilen und vorsichtig rund einschlagen. Kugeln mit einem bemehlten Kochlöffelstiel mittig durchstechen und durch Kreisbewegungen des Löffels das Loch auf ca. 2 cm vergrößern (ggf. den Bagel von Hand etwas dehnen, um das Loch weiter zu vergrößern). Bagel auf ein Backblech setzen, mit einem Tuch zudecken und ca. 30 Minuten ruhen lassen.

» 1,5 Liter Wasser in einem großen Topf zum Kochen bringen. Bagel nun nacheinander mit einem Schaumlöffel in das siedende Wasser geben, für 30 Sekunden brühen, wenden und nochmals 30 Sekunden brühen. Kurz abtropfen lassen und je 4 Bagel auf ein Backblech mit Backpapier (präferiert eine Silikon- oder Dauerbackfolie) setzen.

» In jedes Loch einen leicht eingeölten Flaschenkorken setzen (dieser verhindert, dass das Loch wieder zugeht). Ca. 18 bis 20 Minuten im auf 200 Grad Umluft vorgeheizten Backofen auf der mittleren Schiene backen, nach 10 Minuten die Korken aus den Bagel entfernen.

Everything Bagel – Besonderheiten

» Sesam, Mohn, Zwiebeln, Knoblauch und grob gemahlenes Salz in einer handgroßen Schüssel miteinander vermischen.

» Nach dem Brühen, Bagel von beiden Seiten in der Würzmischung wenden.

Laugenbagel – Besonderheiten

» Dem siedenden Wasser das Natron zugeben (Achtung: schäumt!).

» Bagel auf das Backblech setzen und mit den Kürbiskernen bestreuen.

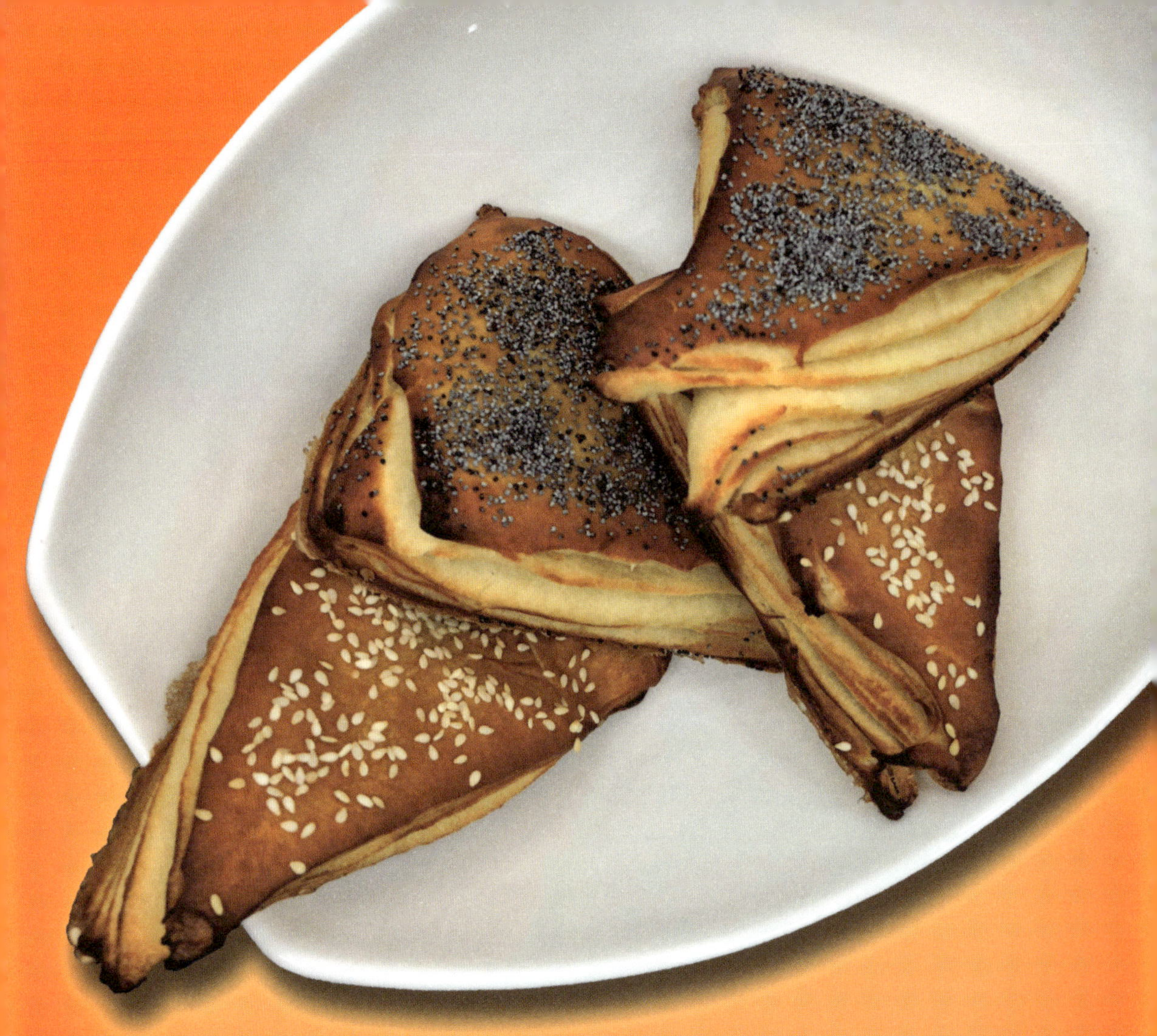

Laugenfächer

Es gibt bei uns in der Gegend eine Bäckereikette, die macht Laugenecken – leicht gelaugt, schön saftig und herrlich aufgefächert. Meine Schwiegermutter liebt sie! Irgendwann einmal sind wir über ein Rezept gestolpert, das diesen Ecken recht nahe kommt. Da war uns natürlich schnell klar, dass man die mal Zuhause machen müsste. Das Ergebnis: Sie war hellauf begeistert! Und das Beste: kein Arbeiten mit Blätterteig, kein Schlange stehen beim Bäcker am Sonntag und ein herrlicher Duft in der Küche. – Boris

Zutaten (8 Stück)

- 400 g Weizenmehl (Type 550)
- 150 g Milch, lauwarm
- 90 g Joghurt (Natur)
- 1 g Frischhefe
- 30 g Butter, geschmolzen
- 10 g Olivenöl
- 8 g Salz
- 50 g Natron
- etwas Mehl zum Arbeiten
- falls gewünscht 10 g Saaten (z.B. Mohn, Sesam etc.) zum Bestreuen

Zubereitung

» Hefe in 40 g Milch auflösen, restliche Milch in eine große Schüssel geben und das Salz darin auflösen. Mehl zum Milch-Salz-Gemisch geben. Joghurt und Öl über der Mehlmischung verteilen. Hefemilch dazu schütten und alles verkneten, bis ein glatter, geschmeidiger Teig entsteht.

» Teig mit Frischhaltefolie und Geschirrtuch abgedeckt ca. 24 Stunden bei Zimmertemperatur (ca. 20 bis 22 Grad) reifen lassen.

» Teig vorsichtig aus der Schüssel nehmen und auf die bemehlte Arbeitsfläche geben, in 8 Portionen aufteilen, rund einschlagen und jede Kugel mit einem Nudelholz auf ca. 20 cm Durchmesser rund ausrollen.

» Einzelne Teigplatten aufeinander schichten, dazu auf jede Teigplatte etwas Butter pinseln, eine Platte darauflegen und mit den restlichen Platten ebenso verfahren (auf die oberste Platte keine Butter pinseln).

» Die geschichteten Platten mit den Fingern noch etwas flacher drücken (auf ca. 26 cm Durchmesser), auf ein Backblech mit Backpapier setzen, mit einem Tuch zudecken und ca. 45 Minuten ruhen lassen.

» Anschließend mit einem Messer in 8 gleiche Stücke aufteilen. Stücke auf Bretter oder Ähnliches legen und im Tiefkühlfach anfrieren (gerne auch über Nacht).

» 1,5 Liter Wasser in einem großen Topf zum Kochen bringen und das Natron zugeben (Achtung: schäumt!). Die tiefgekühlten Stücke nun nacheinander mit einem Schaumlöffel für 30 Sekunden in das Natronbad geben, kurz abtropfen lassen und je 4 Stück auf ein Backblech mit Backpapier (präferiert eine Silikon- oder Dauerbackfolie) setzen.

» Nach Bedarf mit den Saaten bestreuen und ca. 15 Minuten auf der mittleren Schiene im auf 200 Grad Umluft vorgeheizten Backofen backen.

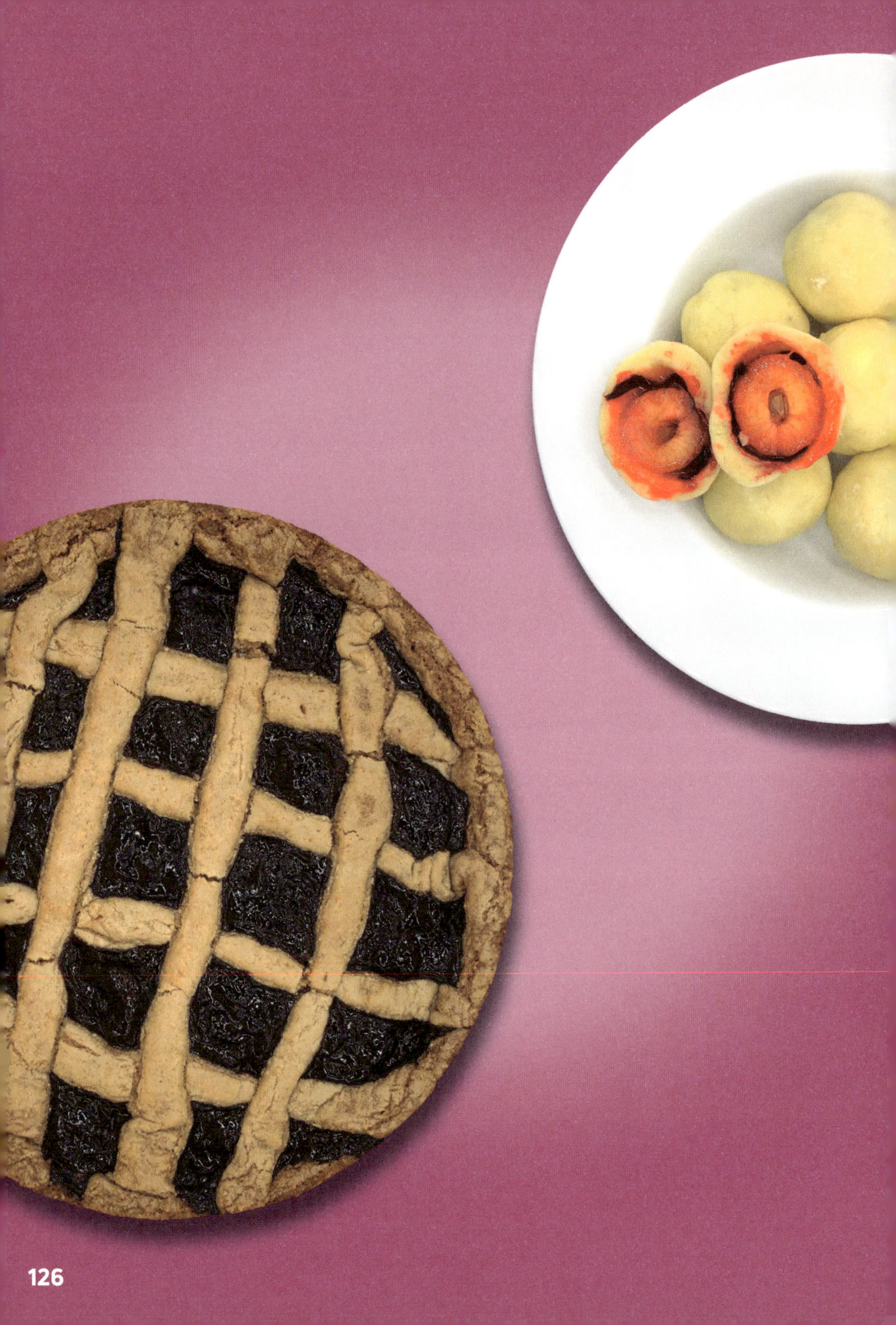

Zwetschgenknödel & Linzer Torte

Diese Seite ist den zwei großen Frauen in meinem Leben gewidmet: meiner Mama und meiner Oma. Sie machen immer solch tolle süße Köstlichkeiten. Jeden Sommer, wenn ich bei meinen Großeltern war, haben mein Opa und ich regelmäßig haufenweise Zwetschgen angeschleppt, damit meine Oma nochmals Zwetschgenknödel macht – eigentlich „nur" Frucht mit Kartoffelteig drumherum, aber furchtbar lecker! Die Linzer Torte meiner Mama schlägt in die gleiche Kerbe: ebenso simpel wie köstlich. – Boris

Zutaten (2 Portionen à 4 Stück)

8 Zwetschgen oder Pflaumen
500 g mehligkochende Kartoffeln, gegart, gepellt und abgekühlt
70 g Hartweizengrieß
70 g Kartoffelmehl
2 EL Weizenmehl (Type 550)
1 Ei
Prise Salz

Tipps

Knödel nach dem Aufschneiden am besten mit ordentlich Puderzucker bestäuben.

Auch unbedingt einmal mit Aprikosen als Marillenknödel ausprobieren!

Zwetschgenknödel – Zubereitung

» Kartoffeln durch eine Kartoffelpresse in eine große Schüssel drücken und mit Hartweizengrieß und Kartoffelmehl vermischen. Ei und Salz zugeben und alles gut durchkneten bis ein geschmeidiger Teig entsteht.

» Teig zu einer Rolle mit ca. 5 cm Durchmesser rollen und in acht gleich dicke Scheiben aufteilen.

» Auf jede Scheibe eine Zwetschge legen, diese mit dem Teig vollständig umschließen und zu einer Kugel formen.

» Kugeln in Mehl wälzen und jeweils 4 Stück in kochendem Wasser ca. 5 Minuten garen.

Zutaten (8 Stücke)

150 g Weizenmehl (Type 550)
125 g blanchierte, gemahlene Mandeln
170 g Puderzucker
200 g Marmelade (z.B. „Johannisbeere trifft Schoko")
125 g Butter, zimmerwarm und in Stücke geschnitten
4 cl Kirschwasser
1 TL Kakaopulver
½ TL Zimt
etwas Butter zum Einfetten

Linzer Torte – Zubereitung

» Mehl, Mandeln, Zucker, Butter, Kirschwasser, Kakaopulver und Zimt in einer großen Schüssel miteinander verkneten.

» 170 g des Teiges beiseite legen. Eine Springform (⌀ ca. 26/28 cm) mit etwas Butter einfetten, den restlichen Teig hineingeben und in der Form gleichmäßig platt drücken (alternativ kann der Teig auch auf den Durchmesser der Springform ausgerollt werden).

» Teig bis knapp vor den Rand gleichmäßig mit der Marmelade bestreichen.

» Den beiseite gelegten Teig in 8 Stücke teilen und daraus Stränge rollen. Stränge ähnlich wie ein Schachbrett auf die Torte legen und etwas andrücken.

» Im auf 150 Grad Umluft vorgeheizten Backofen auf der untersten Schiene ca. 45 bis 50 Minuten backen. Vollständig auskühlen lassen und abschließend aus der Springform entfernen.

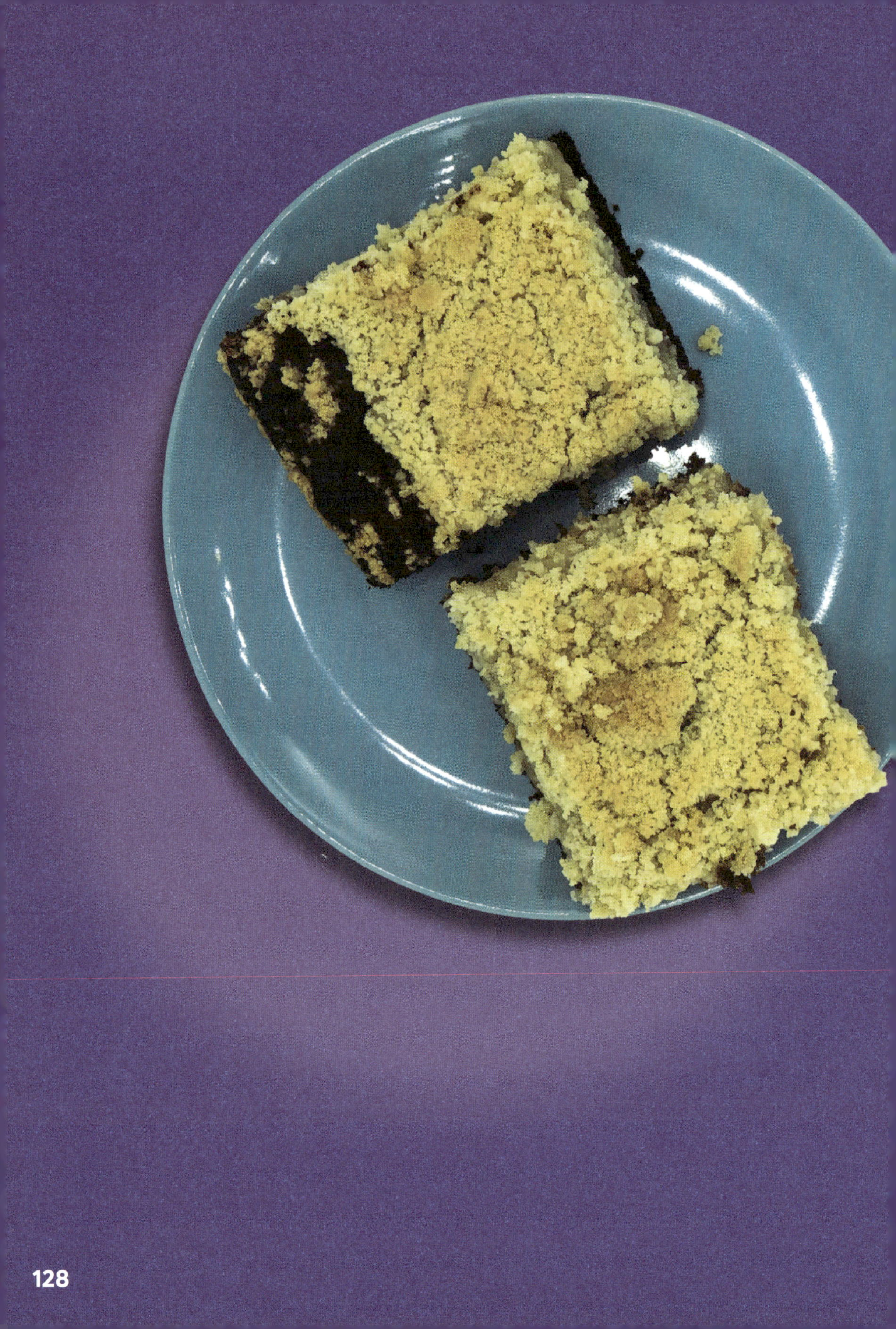

Apple Crumble

Wir haben einen noch jungen Apfelbaum im Garten, der aber schon seit einigen Jahren wirklich viele Früchte trägt. Allerdings schmecken diese nur gleich direkt nach der Ernte richtig gut – nach einigen Tagen bzw. Wochen werden die Äpfel recht mehlig und sind nicht mehr so knackig. Deswegen muss man sie aber noch lange nicht entsorgen, sondern kann immer noch ganz hervorragend leckeren Apfelkuchen damit zaubern. Marmelade kann man damit natürlich auch machen, dazu aber später mehr. – Oliver

Zutaten (etwa 24 Stücke)

- 1 kg säuerliche Äpfel, geschält, entkernt und klein geschnitten
- 675 g Weizenmehl (Type 550)
- 325 g Zucker
- 75 g brauner Zucker
- 40 g Kakaopulver
- 20 g Natron
- 16 g Vanillezucker
- 200 g Schmand
- 90 g Limettensaft
- 50 g Wasser
- 4 Eier
- 375 g Butter, zimmerwarm und in Stücke geschnitten
- 2 g Tonkabohne, gemahlen

Zubereitung

» Äpfel zusammen mit dem braunen Zucker, 50 g Limettensaft und dem Wasser in einem großen Topf aufkochen und unter gelegentlichem Rühren auf niedriger Flamme ca. 15 Minuten kochen lassen.

» Apfelkompott von der Herdplatte nehmen und auskühlen lassen.

» 300 g Mehl, 150 g Zucker, 8 g Vanillezucker, 175 g Butter und gemahlene Tonkabohne in einer großen Schüssel mit den Knethaken des Handrührgerätes nur so lange verrühren, bis die Zutaten gründlich miteinander vermengt sind. Streusel beiseite stellen.

» In einer anderen großen Schüssel 175 g Zucker, Kakaopulver, 8 g Vanillezucker, Schmand und 200 g Butter gut miteinander verrühren. Eier nach und nach zugeben und gut unterrühren. 40 g Limettensaft ebenfalls unterrühren.

» 375 g Mehl mit dem Natron vermischen.

» Die Mehl-Mischung unter die Ei-Butter-Zucker-Schmand-Mischung schlagen, dabei aber nicht vollständig verquirlen, sondern nur soweit verrühren, dass kein trockenes Mehl mehr zu sehen ist.

» Teig ca. 20 Minuten quellen lassen.

» Den Teig gleichmäßig auf dem Backblech verstreichen, das Apfelkompott darüber verteilen und abschließend mit den Streuseln bedecken.

» Im auf 180 Grad Umluft vorgeheizten Backofen ca. 40 Minuten backen.

„Keine große Party ohne den gesamten HEIMATHAUFEN. Das beginnt bei der Planung, geht weiter über die Feier selbst und endet mit dem Aufräumen. Gut so."

Große Party

Es gibt Ereignisse im Leben, die man in großer Runde mit allen Verwandten und Bekannten verbringen möchte. Ereignisse, für die man ein Fest plant und alle lieben Menschen einlädt, die man kennt. Die Organisation und Ausrichtung schafft man bekanntermaßen nicht unbedingt immer allein.
Da hilft es ungemein, wenn man auf gute Freunde und Familie zählen kann, die einem mit Rat und Tat zu Seite stehen.
Umso schöner wird es, wenn alle etwas zum gemeinsamen Buffet beisteuern. Seien es Suppen, Salate, Grillgut oder Nachtische: Hauptsache, alle Gäste bekommen etwas Leckeres zu essen und zu trinken!

Auch, wenn die folgenden Rezepte prädestiniert für große Anlässe sind – sie lassen sich natürlich auch für eine kleinere Anzahl von Gästen zubereiten, sollte man mal Lust darauf haben, ohne gleich eine riesige Fete zu veranstalten.

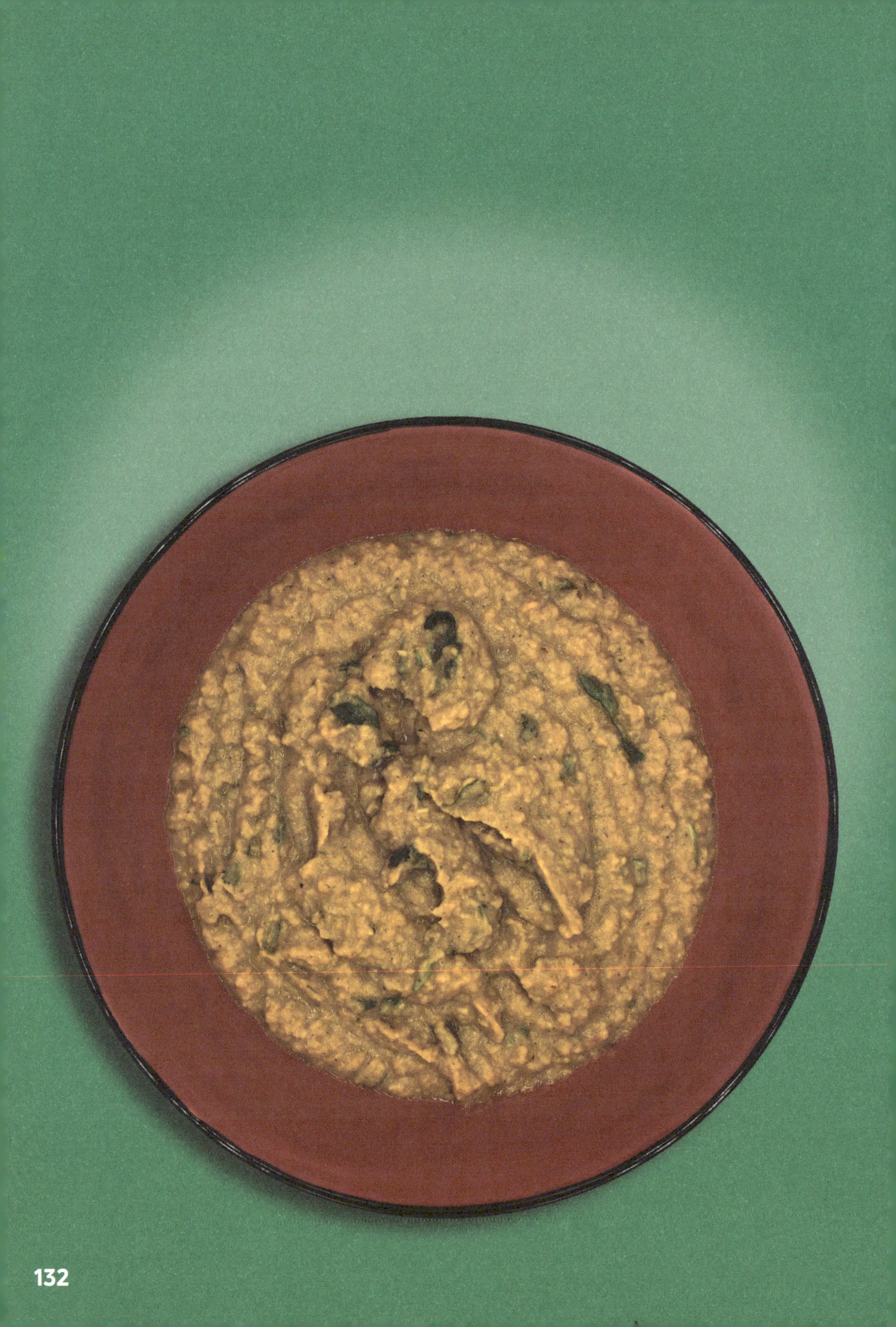

Süßkartoffel-Kokos-Suppe

Bis heute ist Kokosnussgeschmack so gar nicht mein Fall. Interessanterweise gibt es dennoch Zutatenkombinationen in denen genau das Gegenteil der Fall ist. In Verbindung mit Süßkartoffeln und Ingwer wird die Kokosnuss ganz wunderbar in eine würzige Suppe eingebunden. Für mich einer der Gründe, warum jeder immer auch mal wieder Gerichte probieren sollte, die Zutaten enthalten, welche einem sonst nicht so schmecken. Wer den Mut aufbringt, sich zu überwinden, wird meist dafür belohnt. – Oliver

Zutaten (4 Portionen)

2 Süßkartoffeln (600 g), grob gewürfelt
4 Karotten (250 g), grob gewürfelt
1 Zwiebel, fein gewürfelt
100 g frischer Ingwer, geschält und fein gehackt
80 g Kokosnussstücke, grob gewürfelt
3 Knoblauchzehen, gepresst
1 rote Chilischote, entkernt und fein gehackt
1 Stängel Zitronengras (15 g), fein gehackt
900 ml Gemüsebrühe
1 EL Ingweröl
15 g frischer Koriander (inkl. Stiele), grob gehackt
2 TL Majoran
2 TL Harissa
1 TL Curry Madras
1 TL Cayennepfeffer
½ TL Muskatnuss
Salz
Pfeffer

Tipp

Harissa ist eine arabische Gewürzmischung/-paste, die man auch sehr gut Zuhause selbst machen kann – siehe das Rezept für die Linsen-Kokos-Creme.

Zubereitung

» Öl in einem großen Topf erhitzen und Zwiebeln darin glasig andünsten. Ingwer und Zitronengras dazugeben und ebenfalls andünsten. Süßkartoffeln, Karotten und Kokos zugeben und etwas anbraten.

» Alles mit Gemüsebrühe ablöschen. Knoblauch, Chili, Majoran, Harissa, Curry Madras, Cayennepfeffer und Muskat unterrühren, kurz aufkochen und anschließend alles auf mittlerer Hitze ca. 20 Minuten köcheln lassen, dabei gelegentlich umrühren.

» Alles mit einem Pürierstab pürieren und Suppe einige Stunden bei Zimmertemperatur ziehen lassen.

» Suppe aufkochen und Koriander unter die Suppe rühren. Mit Salz und Pfeffer abschmecken.

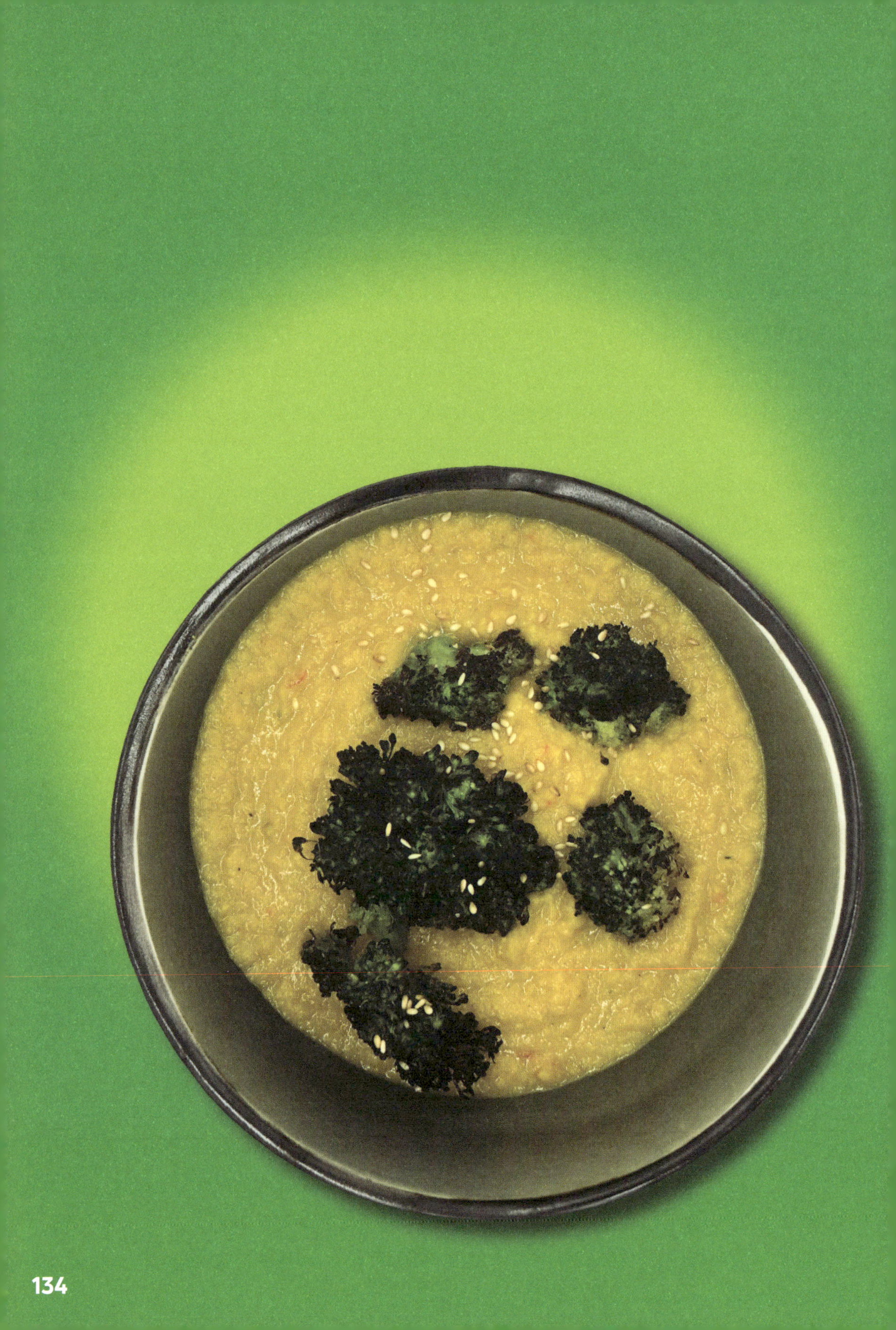

Kichererbsen-Tahini-Suppe mit Röstbrokkoli

Suppe ist irgendwie immer so ein Thema – fade Eintöpfe mit Einlage oder klare Schlankbrühen... Es muss aber eben nicht immer langweilig sein und eine Suppe ist auch nicht auf ewig dazu verdammt, nur als Vorspeise sein Dasein zu fristen. Daher freuen wir uns besonders über dieses Rezept. Dank der Kichererbsen ist man hinterher satt, Tahini und Ingwer entführen einen in ferne Welten und der Röstbrokkoli gibt den nötigen Crunch (wie der Chef de Cuisine sagen würde ;-) – Boris

Zutaten (4 Portionen)

1 große Süßkartoffel (500 g), grob gewürfelt
400 g Brokkoliröschen
200 g Kichererbsen, über Nacht eingeweicht
1 Zwiebel, fein gewürfelt
5 cm frischer Ingwer, geschält und fein gewürfelt
2 Knoblauchzehen, gepresst
1 Chilischote, in Ringe geschnitten
300 ml Milch
1,5 Liter Wasser
2 EL Olivenöl
6 EL Tahini
3 TL Kurkumapulver
Salz
Pfeffer
nach Bedarf etwas Sesam zum Bestreuen

Tipp

Tahini einfach selbst machen: 40 g Sesam in einer Pfanne ohne Fett rösten und zusammen mit 5 EL Sesamöl pürieren.

Zubereitung

» 1 EL Öl in einem großen Topf erhitzen und die Zwiebeln darin glasig andünsten. Süßkartoffeln und Kichererbsen zugeben und mit dem Wasser aufgießen.

» Ca. 1:15 h köcheln lassen.

» Von der Herdplatte nehmen und etwas abkühlen lassen.

» Für den Röstbrokkoli, die Brokkoliröschen in eine Auflaufform geben, salzen und pfeffern, mit 1 EL Öl beträufeln und alles gut miteinander vermengen.

» In den auf 175 Grad Umluft vorgeheizten Backofen stellen und ca. 25 Minuten backen, zwischendurch immer wieder mal durchmischen.

» Ingwer, Knoblauch, Kurkuma und Chili zur Suppe hinzufügen und mit einem Pürierstab alles fein pürieren.

» Abschließend Milch und Tahini unterrühren, mit Salz und Pfeffer abschmecken und auf mittlerer Flamme leicht aufkochen.

» In Schälchen abfüllen, den Brokkoli drauflegen und nach Belieben etwas Sesam darüberstreuen.

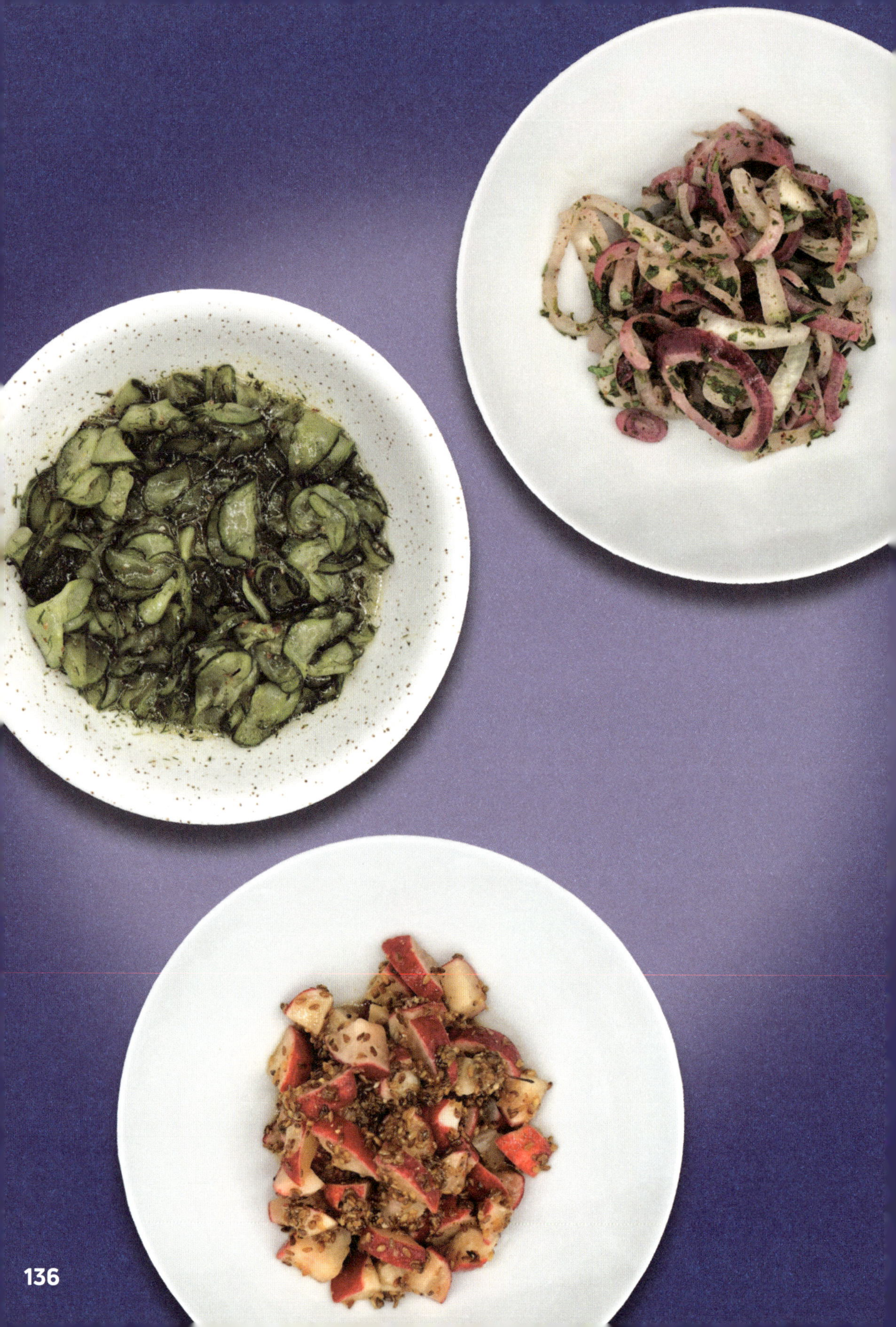

Gurken-, Zwiebel- & Radieschensalat

Den leckersten Gurkensalat gab es immer bei Boris Großeltern. Serviert in kleinen Schüsselchen, wurde natürlich auch der pfeffrige Sud geschlürft, wenn die Gurken vernascht waren. Für das Rezept unseres Zwiebelsalates haben wir uns von einem türkischen Freund inspirieren lassen. Wir essen gern Zwiebeln in allen Variationen und waren sehr von der Salatvariante angetan. Genauso ging es uns mit der Kombination aus Radieschen, Sesam und Sojasauce. Alles tolle Begleiter oder Vorspeisensalate. – Oliver

Zutaten (2 Portionen)

2 Bio-Salatgurken, in feine Scheiben geschnitten
6 EL Balsamico Bianco
2 EL Olivenöl
2 EL Wasser
4 EL frischer Dill (ohne Stängel), fein gehackt
4 TL Zucker
4 TL Pfeffer
2 TL Salz

Gurkensalat – Zubereitung

» Gurkenscheiben in einem großen Sieb mit dem Salz bestreuen und einige Stunden ziehen lassen, dabei immer wieder umrühren.

» Balsamico, Öl, Wasser, Dill, Zucker und Pfeffer miteinander vermischen. Gurkenscheiben mit etwas Wasser abspülen, kurz abtropfen lassen und mit der Sauce vermengen.

» Einige Stunden (oder über Nacht) ziehen lassen.

Zutaten (4 Portionen)

300 g weiße Zwiebeln, in Ringe geschnitten
200 g rote Zwiebeln, in Ringe geschnitten
1 Zitrone, ausgepresst
1 EL Olivenöl
1 Bund frische glatte Petersilie
2 TL Sumach
1½ TL Salz
Pfeffer

Zwiebelsalat – Zubereitung

» Zwiebeln in ein großes Sieb geben, ½ TL Salz untermischen und die Zwiebeln mit den Händen leicht ausdrücken. Ca. 1 Stunde ziehen lassen, dabei immer wieder umrühren.

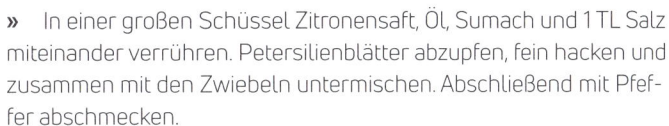

» In einer großen Schüssel Zitronensaft, Öl, Sumach und 1 TL Salz miteinander verrühren. Petersilienblätter abzupfen, fein hacken und zusammen mit den Zwiebeln untermischen. Abschließend mit Pfeffer abschmecken.

» Gerne einige Stunden durchziehen lassen.

Zutaten (2 Portionen)

300 g Radieschen (ohne Grün)
30 g Sesam
2 EL Sojasauce
1 EL Olivenöl
1 EL Sesamöl
1 EL Balsamico Bianco
2 TL süßer Senf
1 TL Honig
½ TL Pfeffer
Pfeffer

Radieschensalat mit Sesam – Zubereitung

» Sesam ohne Fett in einer Pfanne rösten.

» Sesam, Sojasauce, Olivenöl, Sesamöl, Balsamico, Senf, Honig und ½ TL Pfeffer miteinander vermischen. Radieschen vierteln und mit der Sauce vermengen.

» Einige Stunden (oder über Nacht) ziehen lassen und vor dem Verzehr mit Pfeffer (und ggf. Salz) abschmecken.

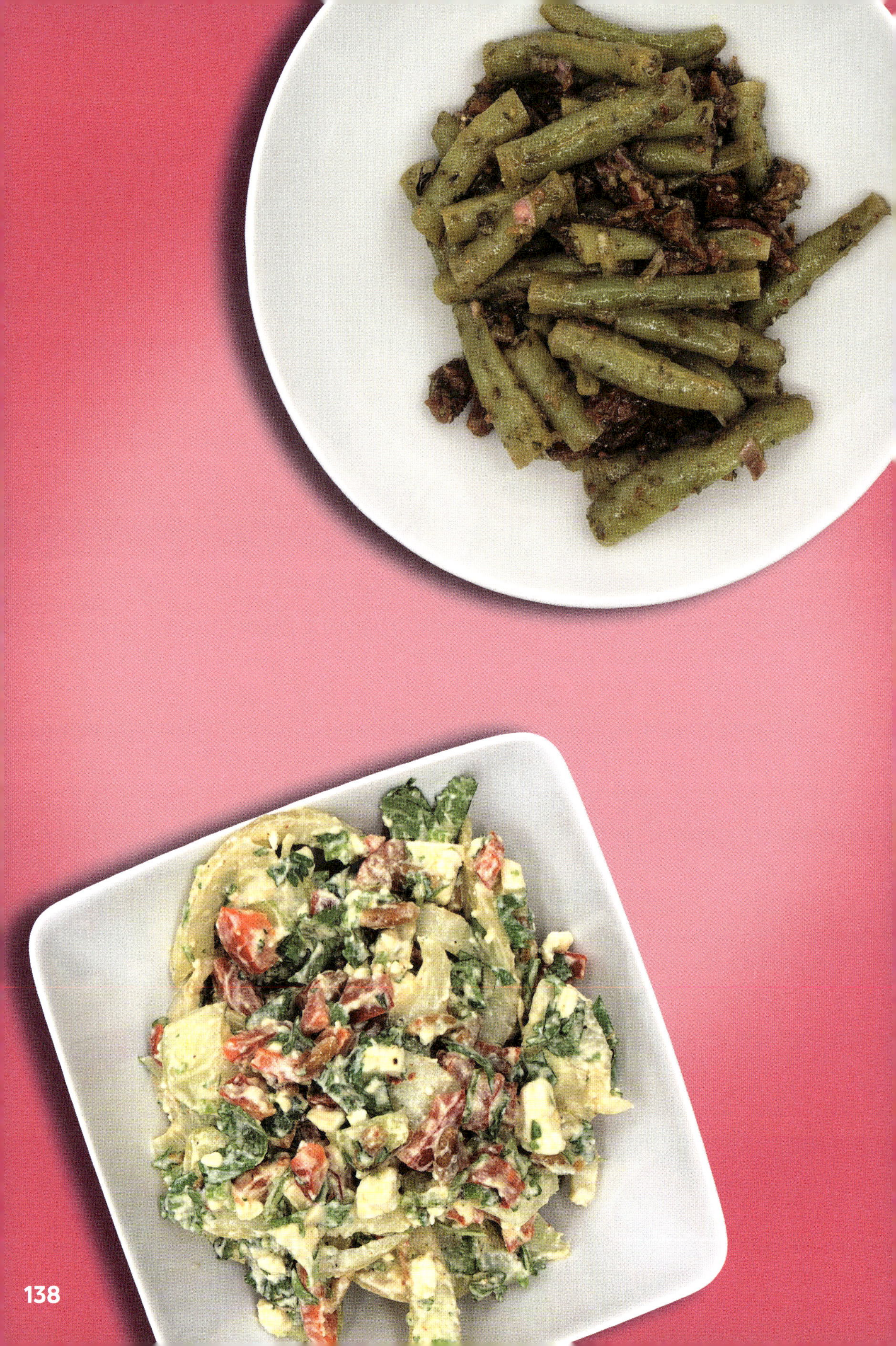

Bohnensalat & Fenchelsalat

Bohnensalat gehört in meiner Familie zum Grillen am See, zum Sommer und zu gebackenem Camembert einfach dazu. Aber auch wenn noch gekochte Bohnen vom Vortag übrig sind, macht meine Mama diesen Salat gerne. Den Fenchelsalat hat Papa sich irgendwann mal so aus dem Ärmel geschüttelt – einfach weil Fenchel reich an Vitaminen und Mineralstoffen ist. So entstand ein fix zubereiteter Salat, der gesund & schmackhaft ist – ne tolle Knolle halt! – Boris

Zutaten (2 Portionen)

300 g grüne Bohnen (ganz), Enden abgeschnitten
1 rote Zwiebel, fein gewürfelt
100 g getrocknete Tomaten (in Öl eingelegt), abgetropft und grob gehackt
2 EL Olivenöl
2 EL Balsamico Bianco
2 EL Wasser
10 g Honig
10 g Zucker
10 g Salz
10 Zweige frisches Bohnenkraut
2 TL Salatkräuter
1 TL Pfeffer
Salz
Pfeffer

Bohnensalat – Zubereitung

» Wasser in einem Topf zum Sieden bringen. Bohnen, Zucker, 10 g Salz und Bohnenkraut dazugeben und Bohnen ca. 15 Minuten garen. Wasser abgießen, Bohnen etwas abtropfen lassen (die Bohnenkrautzweige werden nun nicht mehr benötigt) und noch etwas zerkleinern (z.B. Halbieren).

» Zwiebeln, Öl, Balsamico, Wasser, Honig, Salatkräuter und 1 TL Pfeffer miteinander vermischen. Bohnen und Tomaten mit der Sauce vermengen.

» Einige Stunden ziehen lassen und vor dem Verzehr ggf. mit Salz und Pfeffer abschmecken.

Zutaten (2 Portionen)

1 Fenchelknolle (inkl. Stängel)
1 rote Paprika, fein gewürfelt
40 g Pinienkerne, ohne Fett in einer Pfanne geröstet
200 g Feta, zerbröselt
2 EL Olivenöl
2 EL Balsamico Bianco
1 Bund frischer Koriander (inkl. Stiele), grob gehackt
½ TL Chiliflocken
Salz
Pfeffer

Fenchelsalat – Zubereitung

» Stängel von der Fenchelknolle trennen und in feine Scheiben schneiden. Knolle entstrunken, längs halbieren und ebenfalls in feine Scheiben schneiden.

» Öl in einer großen Schüssel mit dem Balsamico und den Chiliflocken verrühren.

» Fenchel, Paprika, Pinienkerne und Feta unterrühren und einige Stunden ziehen lassen.

» Koriander untermischen und alles mit Salz und Pfeffer abschmecken.

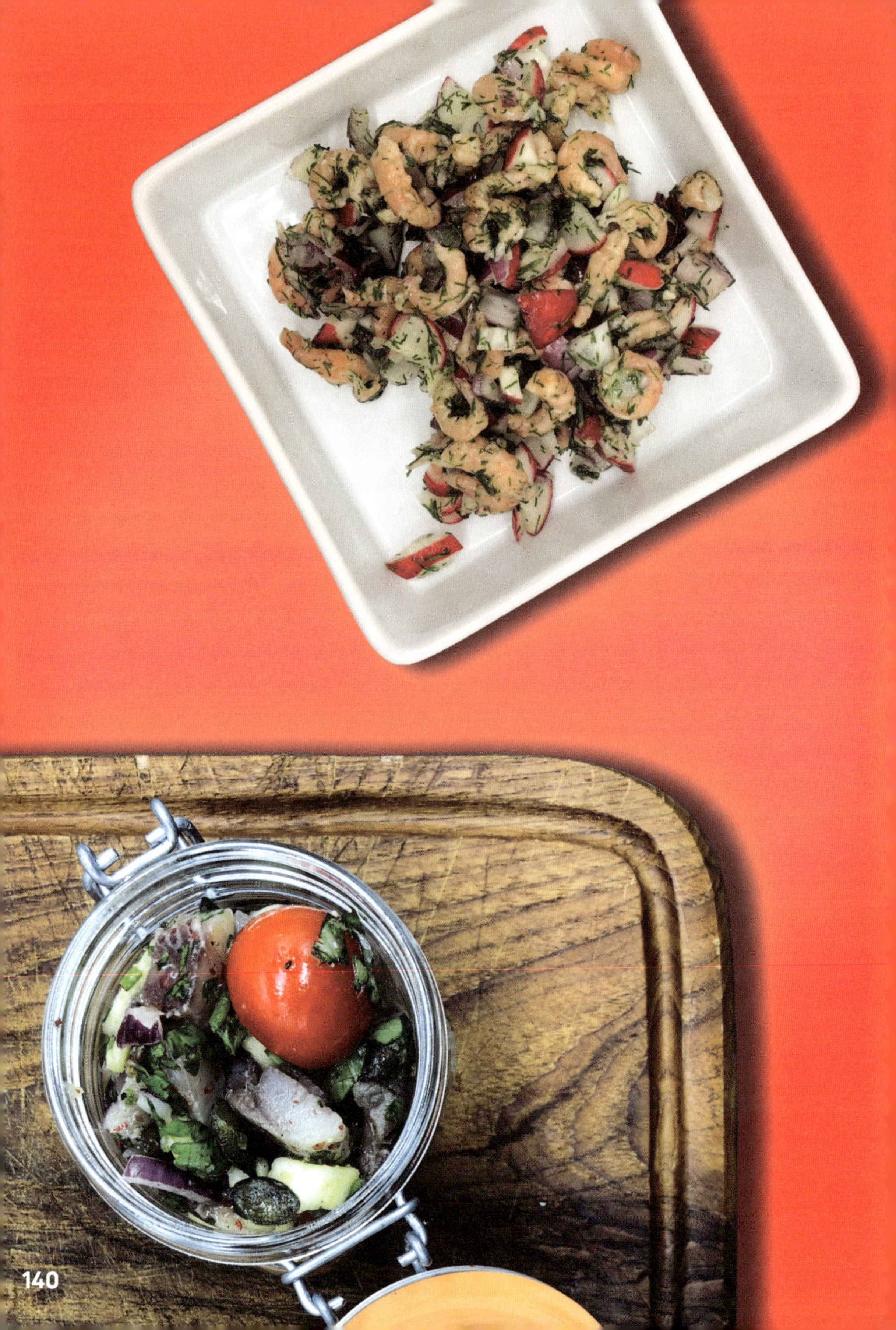

Krabbensalat & Matjessalat

Als norddeutscher Jung habe ich schon mit meinen Großeltern Büsumer Krabben gepult. Die gab es dann meistens einfach so aufs Brot oder ins Rührei. Ich mag auch seit eh und je Krabbensalat mit Mayonnaise. Allerdings ist Mayo sehr mächtig und kann den Eigengeschmack des Krabbenfleisches schnell überdecken. Hier haben wir zwei Salate – zwar ohne Mayo, dafür aber mit frischen Zutaten welche den Eigengeschmack der Krabben und des Matjes in den Vordergrund rücken. – Oliver

Zutaten (4 Portionen)

100 g gepulte Nordseekrabben
100 g Radieschen (ohne Grün), geviertelt und in Scheiben geschnitten
1 kleine rote Zwiebel (50 g), fein gewürfelt
2 EL Olivenöl
1 EL Balsamico Bianco
10 g frischer Dill (ohne Stängel), fein gehackt
½ TL Zucker
Salz
Pfeffer

Tipp

Den Salat bereits einige Stunden vor dem Servieren oder noch besser am Vortag zubereiten, damit alles gut durchziehen kann.

Büsumer Krabbensalat – Zubereitung

» Krabben, Radieschen, Zwiebeln und Dill in einer Schüssel vermengen.

» Öl, Balsamico und Zucker darüber geben und gut durchmischen.

» Nach Bedarf mit Salz und Pfeffer abschmecken.

Zutaten (6 Portionen)

360 g Matjesfilet (geräuchert)
2 rote Zwiebeln, gewürfelt
200 g Kirschtomaten, halbiert
1 kleiner Apfel (100 g), gewürfelt
80 g Kürbiskerne, ohne Fett in einer Pfanne geröstet
4 EL Balsamico Bianco
2 EL Honig
1 Bund frischer Koriander (inkl. Stiele), grob gehackt
4 TL Rosa Pfefferkörner, grob zerstoßen
Salz
Pfeffer

Matjessalat – Zubereitung

» Matjes ggf. entgräten und sofern vorhanden Schwanz abschneiden.

» Filet in fingerbreite Streifen schneiden.

» Balsamico und Honig in einer großen Schüssel miteinander verrühren. Zwiebeln, Apfel und Rosa Pfeffer unterrühren.

» Matjesfilet, Tomaten, Kürbiskerne und Koriander ebenfalls zugeben und alles gut vermischen. Mit Salz und Pfeffer abschmecken.

» Mehrere Stunden im Kühlschrank ziehen lassen.

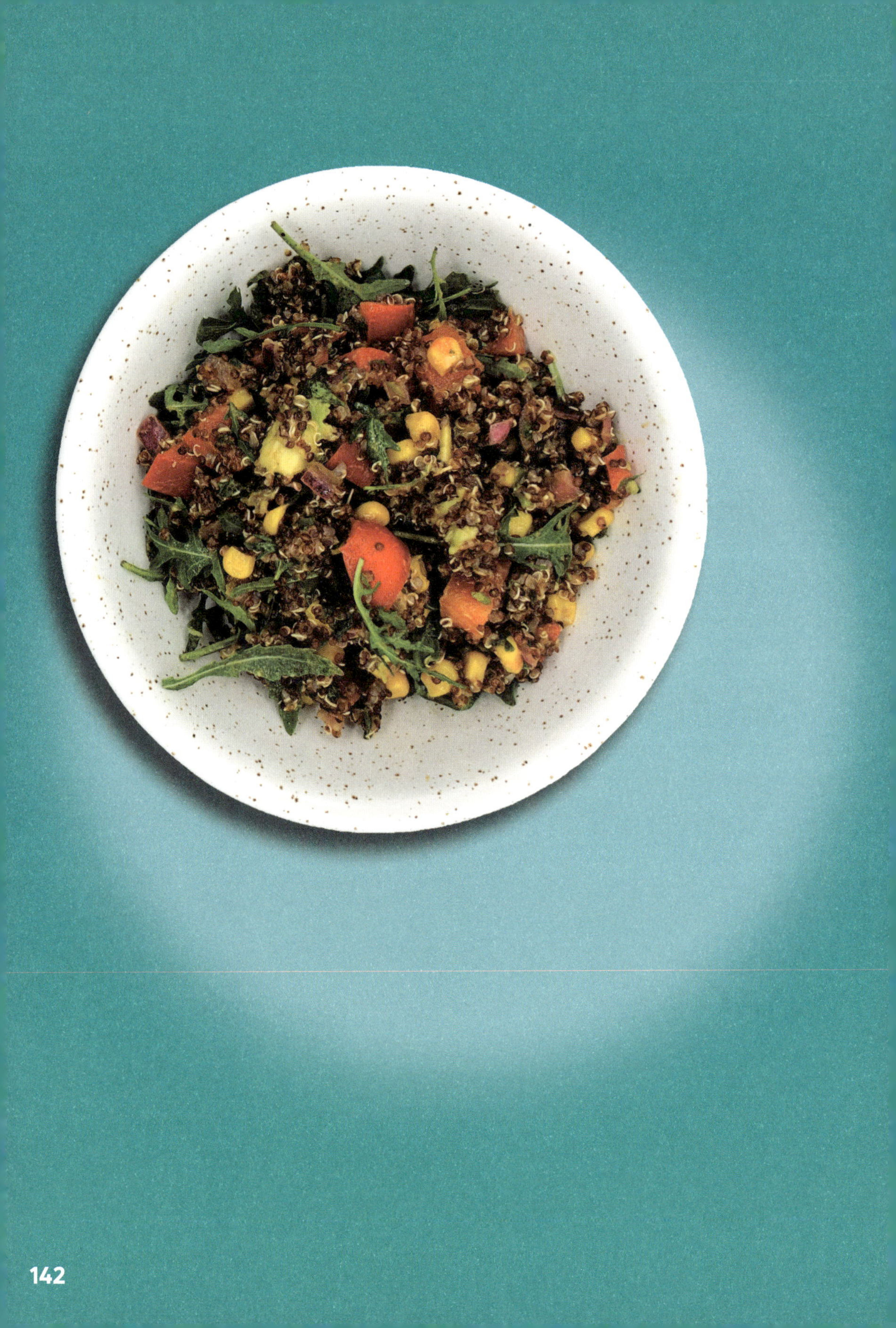

Quinoa-Salat

Diese wundervoll spritzig-frische Variante eines Salates ist einfach mal etwas ganz anderes und dabei überragend lecker. Quinoa, den man im Deutschen auch als Inkareis bezeichnet, wird heute gern als Reisalternative verwendet. Eher zufällig entdeckt, sind wir seitdem begeistert von dem traditionellen südamerikanischen Getreide. Tatsächlich wünschen sich Freunde von uns auch immer wieder, dass wir den Salat zum Grillen mitbringen – quasi ein Ritterschlag. – Oliver

Zutaten (4 Portionen)

2 rote Paprika, grob gewürfelt
2 rote Zwiebeln, fein gewürfelt
1 reife Avocado
200 g Gemüsemais
150 g Quinoa
2 Handvoll frischer Rucola, trockengeschleudert und gedrittelt
4 Limetten, ausgepresst
4 EL Olivenöl
2 TL Honig
4 frische Korianderstiele, fein gehackt
2 EL Paprikapulver (ungarisch)
2 TL Cumin
Salz
Pfeffer

Zubereitung

» Quinoa in 700 ml Salzwasser garen, bis das Wasser weitestgehend verkocht ist. Anschließend Quinoa gut abkühlen lassen.

» Limettensaft mit dem Öl vermengen. Dann Paprikapulver, Honig, und Cumin dazugeben und zu einer homogenen Flüssigkeit verrühren. Zwiebeln dem Dressing hinzugegeben und alles mit Salz und Pfeffer abschmecken.

» Avocado halbieren und Kern, sowie Schale entfernen. Grob würfeln und direkt dem Dressing hinzugeben (der Limettensaft verhindert, dass das Fruchtfleisch oxidiert).

» Paprika, Mais und Koriander mit dem Dressing in einer großen Schüssel vermengen.

» Nach und nach den Quinoa dazu geben.

» Erst kurz vor dem Servieren den Rucola unterheben und final mit Salz und Pfeffer abschmecken.

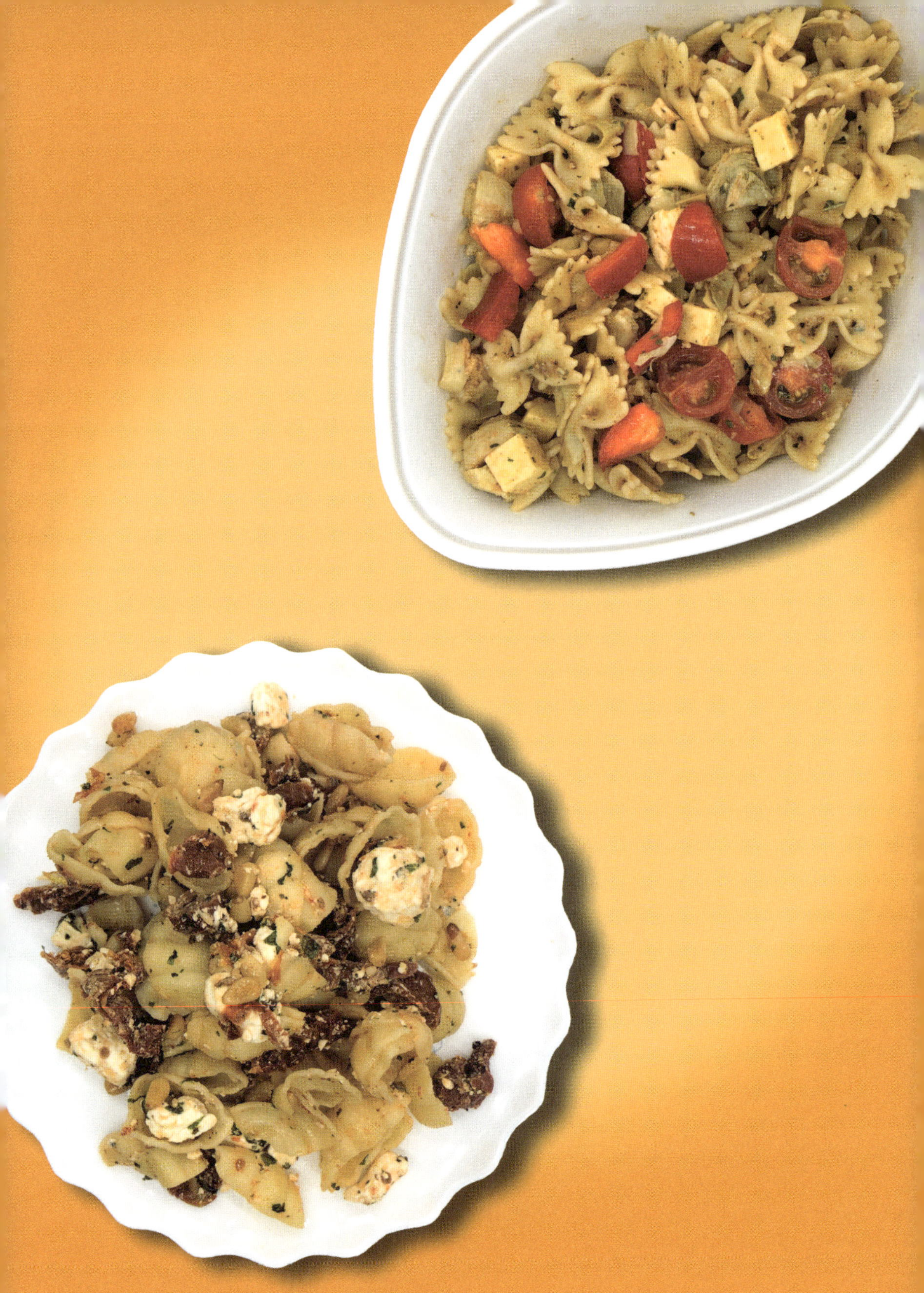

Pastasalate

Pastasalate können so unterschiedlich sein. So wie diese zwei hier: Den mit Feta und Pininenkernen macht Oliver, den mit allerlei Gemüse und Honig-Vinaigrette mache ich. Die Herausforderung: Jeder macht seinen Salat bereits seit vielen Jahren und hat natürlich seinen Favoriten! Da braucht es manchmal etwas, bis man sich auf einen geeinigt hat. Doch auf der großen Picknickdecke oder der langen Tafel bei der Grillparty finden sie dann eigentlich immer beide Platz... – Boris

Zutaten (6 Portionen)

500 g Pasta (z.B. Farfalle)
250 g Kirschtomaten, halbiert
1 Glas Artischockenherzen (in Öl eingelegt), abgetropft und in Streifen geschnitten (170 g)
1 große rote Paprika, grob gewürfelt
1 kleine Zwiebel, fein gewürfelt
2 Knoblauchzehen, gepresst
200 g Appenzeller Käse, grob gewürfelt
125 g Mozzarella di Bufala Campana, grob gewürfelt
3 EL Olivenöl
3 EL Aceto Balsamico di Modena
2 EL Balsamico Bianco
1 EL Honig
1 EL Oregano
2 TL Basilikum
1 TL Paprikapulver (ungarisch)
1 TL Majoran
Salz
Pfeffer

Pastasalat mit Honig-Vinaigrette – Zubereitung

» Die Pasta gemäß Packungsanleitung kochen, abgießen und gut abtropfen lassen.

» Für die Vinaigrette den Honig zusammen mit dem kompletten Balsamico und Öl in einer großen Schüssel glatt rühren.

» Knoblauch, Oregano, Basilikum, Paprikapulver und Majoran dazugeben, alles verrühren und anschließend mit Salz und Pfeffer abschmecken.

» Zuerst die Pasta, dann Tomaten, Artischocken, Paprika und Zwiebeln unter die Vinaigrette rühren.

» Zum Schluss den Käse und den Büffelmozzarella dazugeben und nochmals abschmecken.

» Salat am besten über Nacht im Kühlschrank ziehen lassen.

Zutaten (6 Portionen)

500 g Pasta (z.B. Conchiglie)
180 g getrocknete Tomaten (in Öl eingelegt), abgetropft
3 Knoblauchzehen, fein gehackt
100 g Pinienkerne, ohne Fett in einer Pfanne geröstet
180 g Feta, grob gewürfelt
3 EL Olivenöl
10 g frische Basilikumblätter, grob gehackt
Salz
Pfeffer

Pastasalat mit Feta und Pinienkernen – Zubereitung

» Die Pasta gemäß Packungsanleitung kochen, abgießen und gut abtropfen lassen.

» Tomaten in Streifen schneiden.

» Pasta, Tomaten, Knoblauch, Pinienkerne, Feta und Basilikum in einer großen Schüssel miteinander vermischen.

» Öl darüber geben und gut unterrühren.

» Mit Salz und Pfeffer abschmecken.

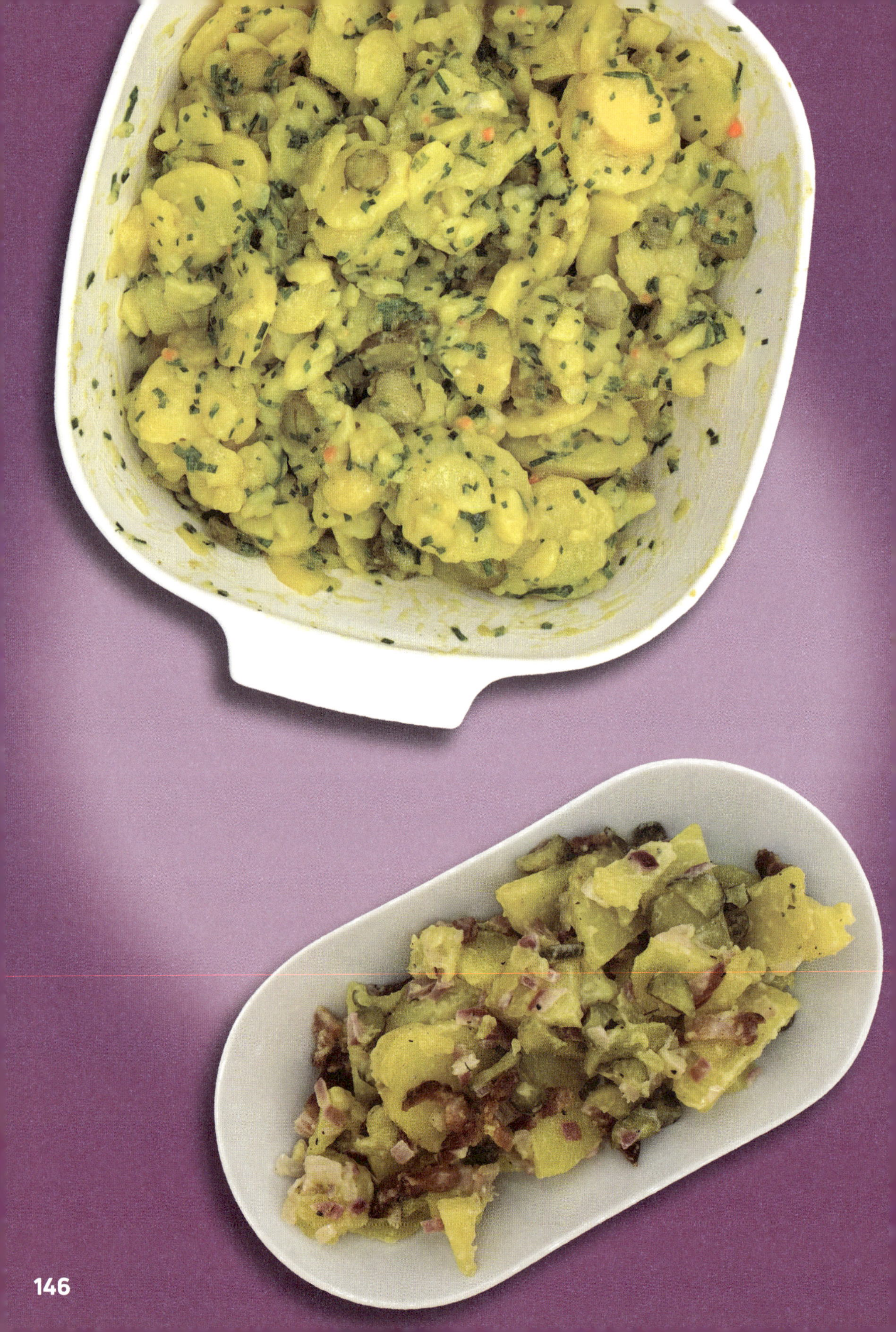

Kartoffelsalate: Schwäbischer & Omas

Ein so richtig schön schlotziger Kartoffelsalat – einfach herrlich. Und für mich eine Erinnerung an den Süden... In meinem Lieblingsrestaurant in Berlin (natürlich süddeutsche Küche) habe ich so häufig Käsespätzle und Kartoffelsalat gegessen, dass das Lokal mit der Zeit fast schon zu meinem zweiten Zuhause geworden ist. Jedenfalls habe ich dort legendäre Abende (und Nächte) verbracht. Wie es aber so ist, hat Oliver natürlich auch seinen Kartoffelsalat mit Geschichte – eine Erinnerung an seine Oma... – Boris

Zutaten (6 Portionen)

1,5 kg festkochende Kartoffeln, gegart, gepellt und in dünne Scheiben geschnitten
1 große weiße Zwiebel, fein gehackt
400 ml Gemüsebrühe
8 EL Olivenöl
8 EL Balsamico Bianco
4 TL Zucker
2 TL mittelscharfer Senf
2 Bund frischer Schnittlauch, in Röllchen geschnitten
Salz
Pfeffer

Tipp

Kartoffelsalat einen Tag vor dem Verzehr zubereiten, damit er gut durchzieht und schön „schlotzig" ist.

Schwäbischer Kartoffelsalat – Zubereitung

» Die Kartoffelscheiben in eine große Schüssel geben.

» Gemüsebrühe in einem Topf erhitzen. Öl, Balsamico, Zucker und Senf zugeben und kurz aufkochen lassen.

» Dann direkt die Kartoffeln damit übergießen. Die Zwiebeln und den Schnittlauch zugeben und alles vorsichtig gut durchmengen.

» Während des Auskühlens ab und zu umrühren.

» Bei Bedarf vor dem Verzehr noch mit Salz und Pfeffer würzen.

Zutaten (6 Portionen)

1,5 kg festkochende Kartoffeln, gegart, gepellt und in (halbe) Scheiben geschnitten
1 weiße Zwiebel, gewürfelt
1 rote Zwiebel, gewürfelt
180 g Gewürzgurken, in halbe Scheiben geschnitten
200 g durchwachsener Speck
60 g Salatcreme
40 ml Gurkenwasser
2 TL Zucker
1 TL Salz
1 TL Pfeffer
Salz
Pfeffer
Gurkenwasser nach Bedarf

Omas Kartoffelsalat – Zubereitung

» Schwarte (und ggf. Knochen) entfernen, Speck in Streifen schneiden und in einer Pfanne bei niedriger Hitze langsam auslassen.

» Sobald das Fett weitestgehend flüssig und das Fleisch etwas angebraten ist, den Speck aus der Pfanne nehmen und die Zwiebeln im ausgelassenen Fett auf mittlerer Hitze andünsten.

» Salatcreme, Gurkenwasser, Zucker, 1 TL Salz und 1 TL Pfeffer in einer großen Schüssel miteinander verrühren. Kartoffeln, Zwiebeln (inkl. Fett), Gewürzgurken und Fleisch zugeben, gut untermischen und ggf. mit Salz und Pfeffer abschmecken.

» Sofort verzehren oder über Nacht im Kühlschrank ziehen lassen. Dann einige Stunden vor dem Verzehr rausnehmen und noch etwas Gurkenwasser unterrühren.

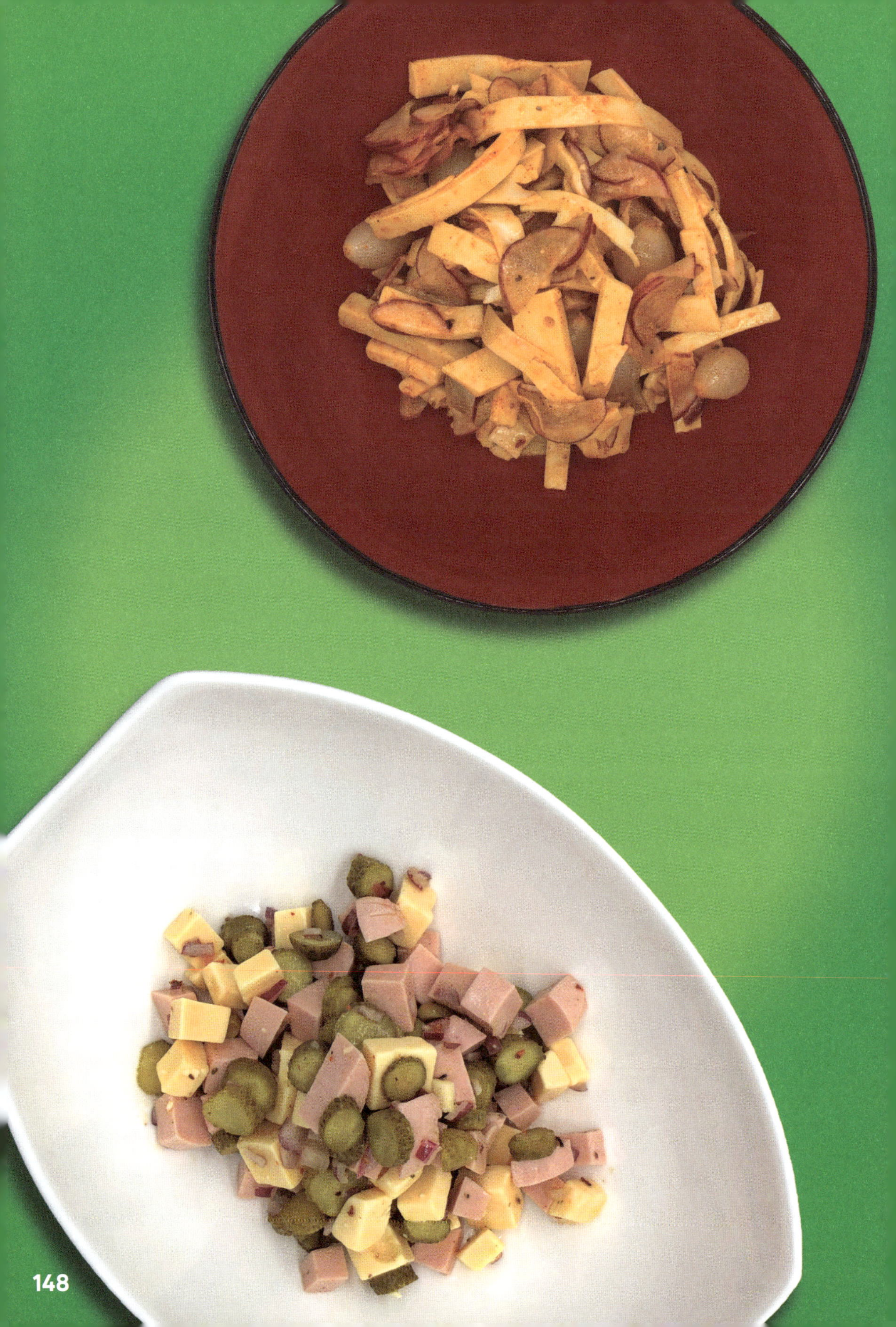

Käsesalat & Wurstsalat

Ach, wie sich der Oliver immer freut, wenn es diesen Wurstsalat zu Essen gibt. Dabei ist außer Fleischwurst, Cornichons und Gouda überhaupt nicht viel drin und trotzdem schmeckt er so lecker – vielleicht liegt das ja am Gurkenwasser. Auf jeden Fall ein schönes Beispiel dafür, dass es für eine schmackhafte Mahlzeit nicht viel braucht. Das zeigt übrigens auch der Schweizer Käsesalat: Bei richtig kräftigem Gruyère und zartschmelzendem Tilsiter braucht es kaum mehr zum Glücklich sein. – Boris

Zutaten (2 Portionen)

200 g Schweizer Tilsiter Käse („Swizzrocker"), in feine Streifen geschnitten
150 Gruyère Käse, in feine Streifen geschnitten
300 g Radieschen (ohne Grün), in dünne halbe Scheiben geschnitten
30 Silberzwiebeln
2 EL Olivenöl
2 EL Balsamico Bianco
2 EL Wasser
1 TL mittelscharfer Senf
1 TL Paprikapulver (ungarisch)
1 TL Pfeffer
Salz
Pfeffer

Schweizer Käsesalat – Zubereitung

» Öl, Balsamico, Wasser, Senf, Paprikapulver und 1 TL Pfeffer in einer großen Schüssel miteinander vermischen. Radieschen und Silberzwiebeln mit der Sauce vermengen.

» Käse vorsichtig untermischen, damit die Streifen nicht zu sehr brechen.

» Einige Stunden (oder über Nacht) ziehen lassen und mindestens 3 Stunden vor dem Verzehr aus dem Kühlschrank nehmen. Ggf. mit Salz und Pfeffer abschmecken.

Zutaten (4 Portionen)

350 g Fleischwurst, grob gewürfelt
360 g Cornichons, in Scheiben geschnitten
2 rote Zwiebeln, fein gewürfelt
350 g Gouda (jung/mittelalt), grob gewürfelt
8 EL Gurkenwasser
4 EL Olivenöl
Balsamico Bianco
1 TL Pfeffer
½ TL Salz
Salz
Pfeffer

Wurstsalat – Zubereitung

» Gurkenwasser, Öl, 1 TL Pfeffer und ½ TL Salz in einer großen Schüssel miteinander vermischen.

» Fleischwurst, Cornichons, Zwiebeln und Gouda mit der Sauce vermengen.

» Einige Stunden (oder über Nacht) ziehen lassen und vor dem Verzehr ggf. mit Balsamico, Salz und Pfeffer abschmecken.

150

Kräuterbutter & Freunde

Fast jeder von uns grillt gern. Jedenfalls steigt die Tendenz. Da gehört natürlich immer auch Kräuterbutter auf den Tisch. Egal, ob zum Fleisch, den Kartoffeln oder aufs Brot. Mit wenigen Kräutern, Gewürzen und guter Butter lässt sich diese selbst herstellen. Wird aber viel zu selten gemacht. Dabei ist es quasi null Aufwand und bietet unbegrenzte Möglichkeiten für Kreativität und Abwechslung auf dem Grilltisch. Wir machen mit unseren Variationen den Anfang – auf die Butter, fertig, los! – Oliver

Kräuterbutter – Zutaten (etwa 180 g)

125 g Fassbutter, zimmerwarm und in Stücke geschnitten
3 Stangen Frühlingszwiebeln (50 g), in Ringe geschnitten
3 Knoblauchzehen, gepresst
1 TL Puderzucker
1 TL Salatkräuter
1 TL Salz
½ TL Pfeffer

Rotwein-Schalotten-Butter – Zutaten (etwa 210 g)

125 g Fassbutter, zimmerwarm und in Stücke geschnitten
2 Schalotten, fein gehackt
3 EL Rotwein
1 EL Aceto Balsamico di Modena
2 TL Chili Ancho
1 TL Thymian
1 TL Salz
1 TL Pfeffer

Honey-Mustard-Butter – Zutaten (etwa 200 g)

125 g Fassbutter, zimmerwarm und in Stücke geschnitten
3 TL flüssiger Honig
2 TL mittelscharfer Senf
1 TL körniger Senf
2 TL Salzflocken
1 TL Pfeffer
½ TL Kurkumapulver

Limettenbutter – Zutaten (etwa 150 g)

125 g Fassbutter, zimmerwarm und in Stücke geschnitten
1 Bio-Limette, ausgepresst und vollständig abgerieben
2 TL Pfefferkörner, grob gemörsert
1 TL Korianderblätter
½ TL Salz

Zubereitung

» Alle Zutaten in ein hohes Gefäß geben und mit den Turbobesen des Handrührgerätes verrühren bis die Zutaten gut miteinander vermischt sind.

Darstellung auf der Abbildung (von oben nach unten): Kräuterbutter, Honey-Mustard-Butter, Rotwein-Schalotten-Butter, Limettenbutter

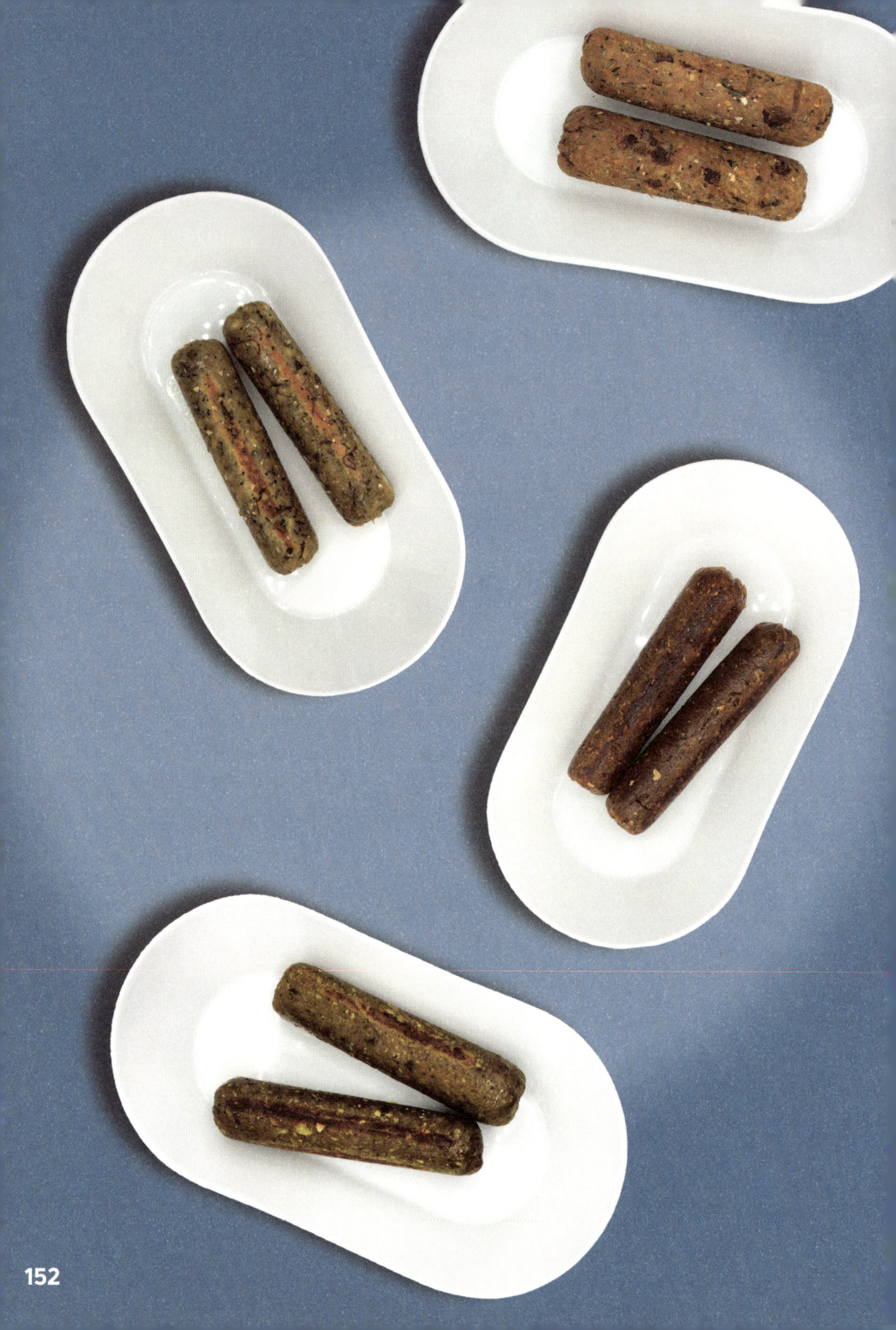

Vegane Würstchen

Mittlerweile werden insbesondere auch von Fleisch- und Wurstherstellern verschiedene vegetarische Würste angeboten. Diese kommen aber nur sehr selten ohne Zusatzstoffe und Stabilisatoren aus und lassen vielfach geschmacklich zu wünschen übrig. Deswegen die Würstchen einfach selbst machen. Ohne Zusätze, mit richtig viel Geschmack und sogar komplett vegan. Sie sind gut vorzubereiten und man kann ohne weiteres gleich ein paar mehr machen. Die nächste Grillsaison kann kommen. – Oliver

Zutaten (8 Stück)

Basil Tomato

- 250 g Weizengluten
- 50 g Kichererbsenmehl
- 5 TL Basilikum
- 3 TL Italienische Kräuter
- 3 TL Salz
- 2 TL getrocknete Zwiebeln, püriert
- 1 TL Zucker
- 1 TL Thymian
- 1 TL Pfeffer

- 60 g getrocknete Tomaten (in Öl eingelegt), abgetropft und fein gehackt
- 4 Knoblauchzehen, gepresst
- 6 TL Basilikumöl
- 4 TL Tomatenmark

- 200 g Wasser

Maple Rosemary

- 250 g Weizengluten
- 50 g Kichererbsenmehl
- 6 TL Chilifäden
- 4 TL frische Rosmarinnadeln, grob gehackt
- 4 TL Oregano
- 4 TL Majoran
- 3 TL Salzflocken
- 2 TL Pfeffer

- 4 EL Ahornsirup
- 6 EL Rosmarinöl

- 200 g Wasser

Mexican Chipotle

- 250 g Weizengluten
- 50 g Kichererbsenmehl
- 2 TL Chili Ancho
- 2 TL Mexican Fajita
- 2 TL Paprikapulver (geräuchert)
- 2 TL Pfeffer

- 2 rote Zwiebeln, fein gehackt
- 4 Knoblauchzehen, gepresst
- 8 TL Chipotle Sauce
- 6 TL Chiliöl
- 5 TL Sojasauce

- 200 g Wasser

Indian Ginger

- 250 g Weizengluten
- 50 g Kichererbsenmehl
- 6 TL Tandoori Masala
- 4 TL Rosa Pfefferkörner, zerstoßen
- 3 TL Kala Namak Salz
- 2 TL Kurkumapulver

- 2 weiße Zwiebeln, fein gehackt
- 40 g frischer Ingwer, geschält und fein gehackt
- 2 Knoblauchzehen, gepresst
- 6 TL Ingweröl

- 220 g Wasser

Zubereitung

» Alle trockenen Zutaten (Weizengluten, Kichererbsenmehl, Kräuter, Gewürze) in einer großen Schüssel miteinander vermischen. Dann alle restlichen Zutaten (Gemüse, Saucen, Öle etc.) bis auf das Wasser untermischen. Wasser zugeben und alles zu einem festen Teig verkneten.

» Teig in 8 Stücke teilen und daraus Würstchen formen. Dazu jedes Würstchen in einem Stück Frischhaltefolie fest einrollen, ein Ende verdrehen und verknoten. Bevor das andere Ende ebenfalls verdreht und verknotet wird, die Masse etwas verdichten (hierzu mit den Fingern vom Rand zur Mitte hin streichen), damit die Würstchen schön fest werden. Würstchen nochmals in einem Stück Alufolie fest einrollen. Mit dem Rest des Teiges ebenso verfahren.

» Würstchen in siedendem Wasser ca. 20 Minuten garen. Wasser abgießen, Würstchen kurz abschrecken, auspacken und abkühlen lassen. Am besten mit etwas Öl eingepinselt auf den Grill werfen.

Darstellung auf der Abbildung (von oben nach unten): Basil Tomato, Maple Rosemary, Mexican Chipotle, Indian Ginger

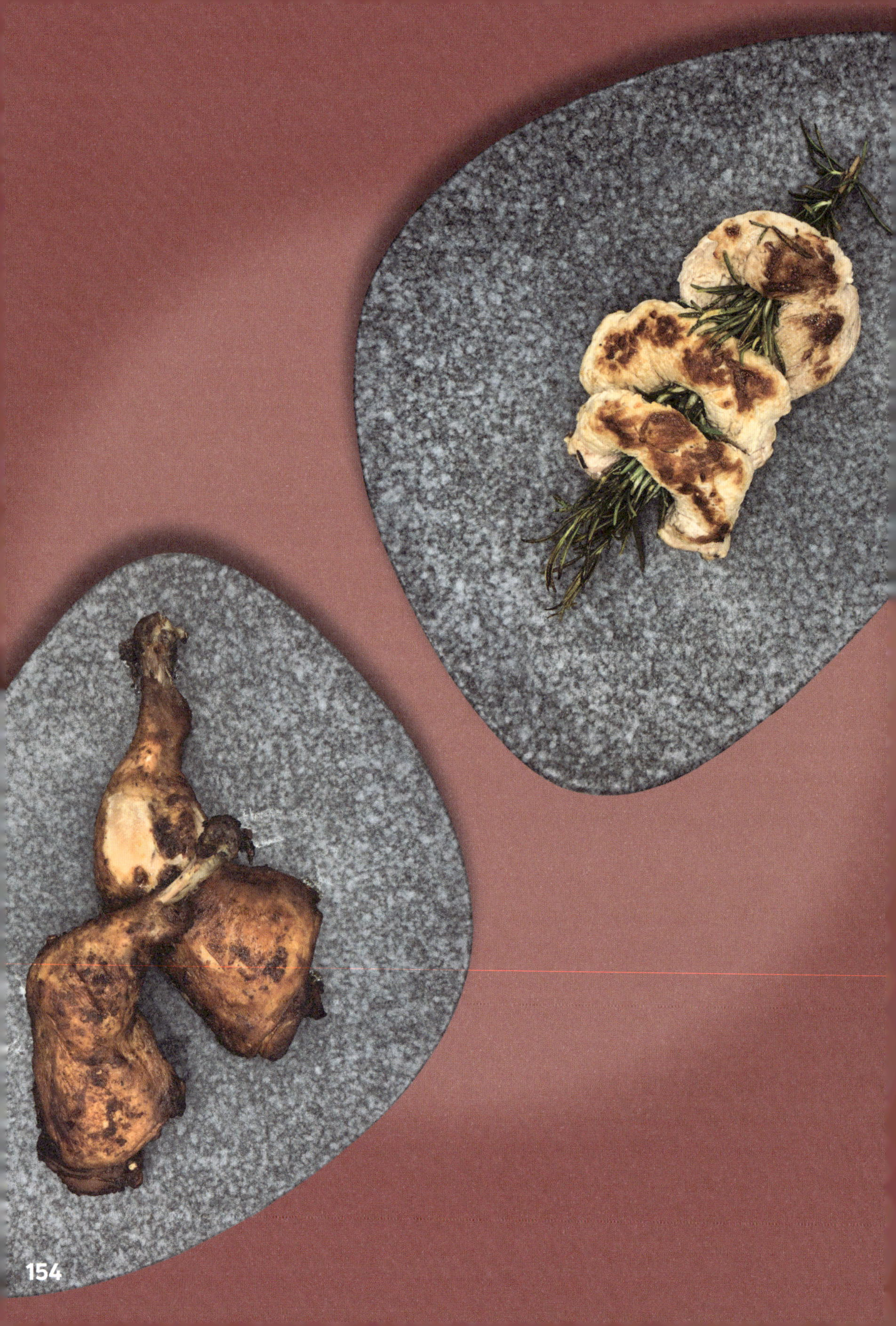

Schweine-Medaillons & Fajita Chicken

Just Meat! Wir finden, es ist nicht nötig, in jedem Essen irgendwie ein Stückchen Fleisch unterzubringen – wenn Fleisch, dann von guter Qualität und als Hauptakteur. Zwei dieser Stars haben wir hier für Euch: einfach Schweine-Medaillons und Rosmarin (Olivers absoluter Favorit, weil er totaler Rosmarin-Fan ist) und Fajita Chicken (Hähnchenkeulen in einer würzigen Marinade) – kein Schischi, kein großes Drumherum. Das braucht es aber auch nicht, damit Fleisch und Geflügel so richtig gut zur Geltung kommen. – Boris

Zutaten (2 Portionen)

500 g Schweinefilet (am Stück)
2 Zweige frischer Rosmarin (je ca. 15 cm)
2 EL Kakaobutter

Schweine-Medaillons am Rosmarinzweig – Zubereitung

» Schweinefilet in 6 gleich große Stücke schneiden (ca. 4 bis 5 cm je Stück, die Endstücke etwas größer).

» Die Filetstücke jeweils einzeln mit der Schnittfläche auf ein Brett legen, das Messer flach darüber legen und mit der Hand das Fleischstück gleichmäßig platt klopfen, bis es noch ca. 1 cm flach ist (alternativ kann auch ein Fleischklopfer verwendet werden).

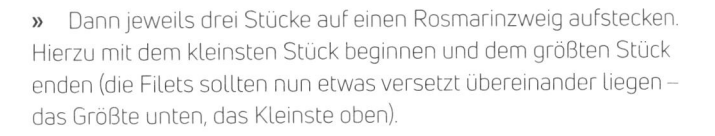

» Dann jeweils drei Stücke auf einen Rosmarinzweig aufstecken. Hierzu mit dem kleinsten Stück beginnen und dem größten Stück enden (die Filets sollten nun etwas versetzt übereinander liegen – das Größte unten, das Kleinste oben).

» Kakaobutter in einer großen Pfanne erhitzen und die beiden Zweige darin bei viel Hitze von beiden Seiten je ca. 2 Minuten anbraten, so dass die Schweinemedaillons innen noch rosa bleiben.

Zutaten (6 Stück)

6 Hähnchenkeulen (je 260 g)
6 Limetten, ausgepresst
4 Knoblauchzehen, gepresst
4 TL Chipotle Sauce
4 TL Chili Ancho
2 TL Paprikapulver (geräuchert)
2 TL Chiliflocken
2 TL Rauchsalz
1 TL Cumin
1 TL Pfeffer

Fajita Chicken – Zubereitung

» Alle Zutaten (bis auf die Hähnchenkeulen) in einer großen verschließbaren Schüssel gut miteinander vermischen. Die Hähnchenkeulen in der Sauce wenden und darauf achten, dass sie komplett von der Marinade überzogen sind.

» Schüssel verschließen, kräftig durchschütteln und im Kühlschrank mehrere Stunden ziehen lassen, dabei immer wieder kurz durchschütteln.

» Im auf 140 Grad Umluft vorgeheizten Backofen ca. 1 Stunde backen, dabei alle 15 Minuten wenden.

» Für die letzten 15 Minuten Backzeit die Temperatur auf 200 Grad hochschalten.

» Keulen ein letztes Mal wenden und im ausgeschalteten Backofen ca. 20 Minuten ruhen lassen.

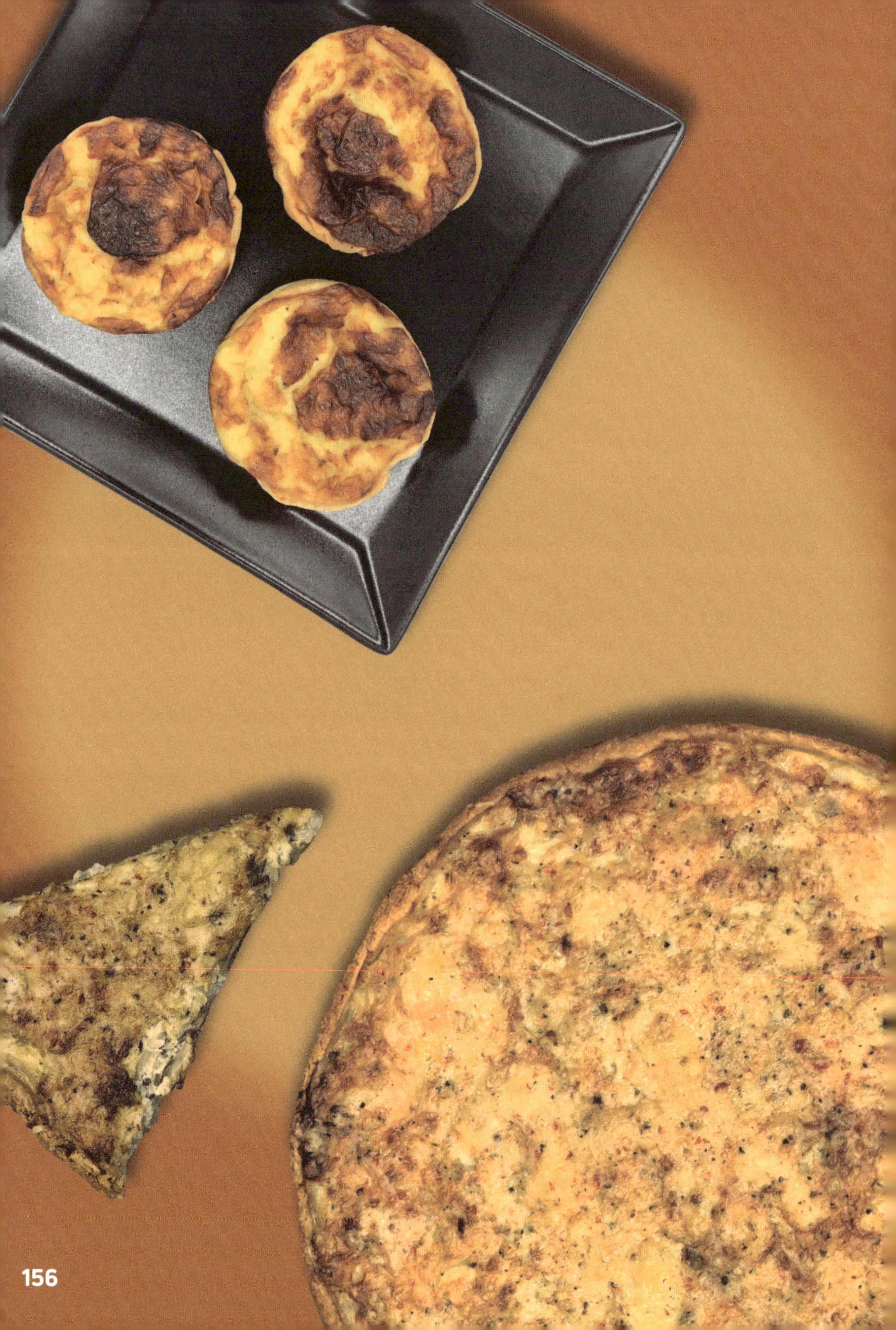

Chäschüechli & Zwiebelkuchen

Jedes Jahr im Frühherbst wird in vielen Weinregionen Deutschlands der neue Wein abgefüllt und zelebriert. Dazu wird in der Regel auch Zwiebelkuchen angeboten. Eine tolle Kombination. Der Besuch eines Weinfestes in Neustadt a. d. W. gemeinsam mit Freunden hat für mich den Brauch nachhaltig gefestigt. Bei den Chäschüechli handelt es sich um eine Schweizer Spezialität, die Boris dort schon als Kind mit seinen Eltern genossen hat. Tiefgefroren eignen sie sich auch herausragend als schneller Snack. – Oliver

Zutaten (18 Stück)

- 200 g Mürbeteig (salzig)
- 250 g Gruyère Käse, fein gerieben
- 100 g Appenzeller Käse, fein gerieben
- 200 g Sahne
- 100 g Milch
- 2 Eier
- 2 Eigelb
- 1 TL Schabzigerklee
- Pfeffer
- etwas Butter zum Einfetten
- etwas Mehl zum Ausrollen

Chäschüechli – Zubereitung

» Mürbeteig auf einer bemehlten Fläche ca. 3 mm dünn ausrollen und mit einem großen Wasserglas 18 Kreise ausstechen. Diese Kreise noch etwas größer ausrollen. Muffinformen mit etwas Butter einfetten und mit dem Teig auskleiden.

» Sahne, Milch, Eier, Eigelb und Schabzigerklee in einer großen Schüssel miteinander verquirlen. Käse unterrühren und die Masse etwas pfeffern. Käsemasse gleichmäßig in den Formen verteilen.

» Im auf 200 Grad Umluft vorgeheizten Backofen ca. 20 Minuten auf mittlerer Schiene backen, bis die Chüechli goldbraun sind. Etwas abkühlen lassen, dann aus der Form nehmen und noch warm genießen.

Zutaten (8 Stücke)

- 750 g Zwiebeln, in dünne Ringe geschnitten
- 100 g durchwachsener Speck
- 240 g Mürbeteig (salzig)
- 150 g Appenzeller oder Füürtüfel Käse, fein gerieben
- 125 g Schmand
- 300 g Wasser
- 60 g Weißwein
- 3 Eier
- 1 Bund frischer Schnittlauch, in Röllchen geschnitten
- 1 TL Kümmel, ganz
- 1 TL Zucker
- ½ TL Muskatnuss
- Salz
- Pfeffer
- etwas Butter zum Einfetten
- etwas Mehl zum Ausrollen

Zwiebelkuchen – Zubereitung

» Wasser und Wein in einem Topf aufkochen. Zwiebeln zugeben, mit Kümmel, Zucker, Salz und Pfeffer würzen und ca. 40 Minuten auf niedriger Flamme köcheln lassen, dabei gelegentlich umrühren.

» Eine Springform (Ø ca. 26/28 cm) mit etwas Butter einfetten. Mürbeteig auf einer bemehlten Fläche ausrollen, die Springform damit auslegen (der Rand sollte ca. 3 cm hochstehen) und am Boden des auf 200 Grad Umluft vorgeheizten Ofens ca. 2 bis 3 Minuten vorbacken.

» Schwarte (und ggf. Knochen) entfernen, Speck in Streifen schneiden und in einer Pfanne ohne Fett knusprig anbraten.

» Schmand und Eier verrühren, Speck, Schnittlauch und Muskat zugeben und mit Salz und Pfeffer abschmecken. Zwiebeln abgießen (falls Restflüssigkeit vorhanden ist) und mit der Masse vermengen.

» Mischung in der Form verteilen und mit dem Käse bestreuen.

» Zwiebelkuchen 10 Minuten auf dem Boden des Backofens und anschließend ca. 20 Minuten auf der 2. Schiene von unten backen.

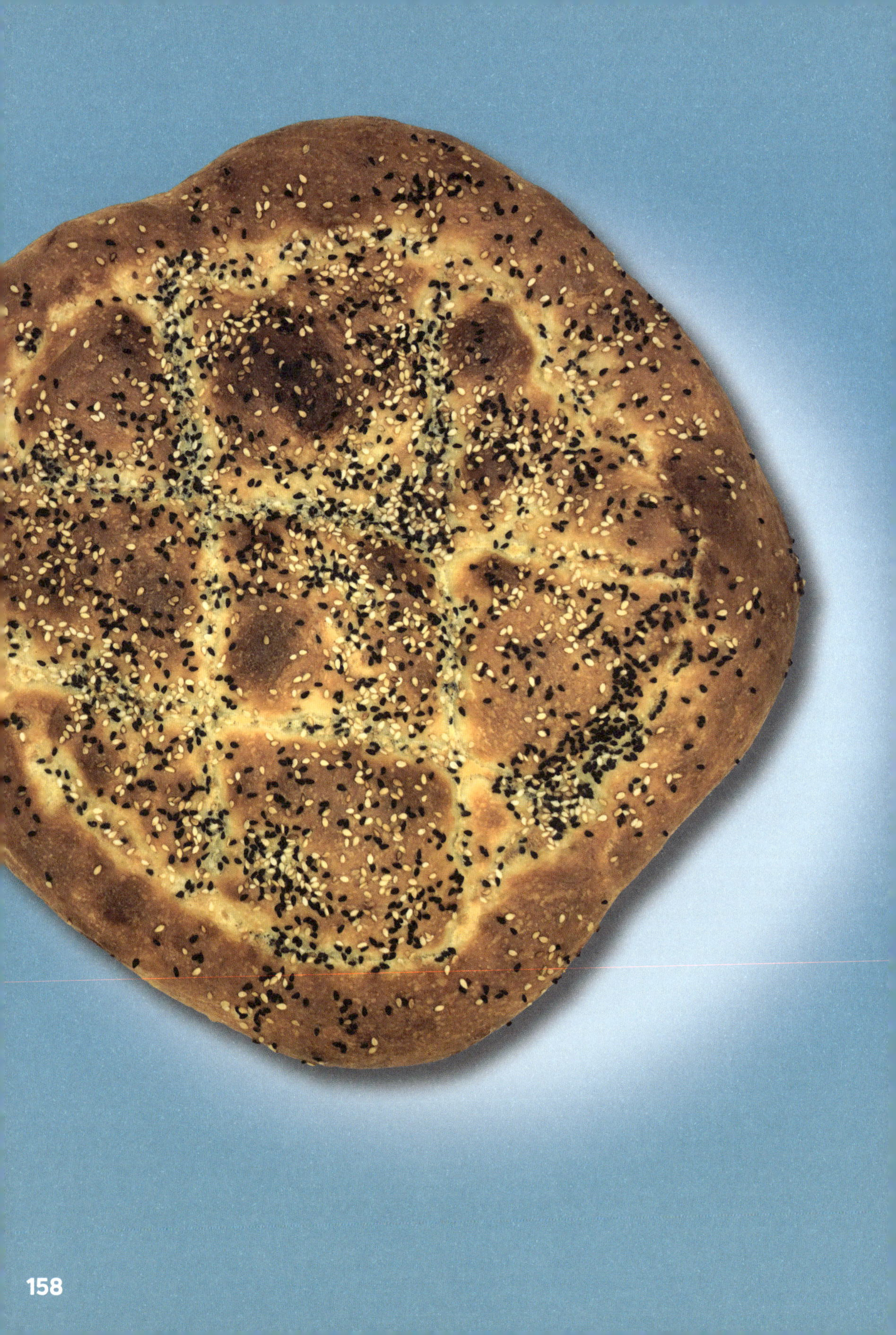

Fladenbrot

Ein gutes Fladenbrot passt nicht nur zu Döner – auch als Köstlichkeit zur Suppe, zum Dippen oder lauwarm mit etwas Butter eignet es sich hervorragend. Das Problem ist viel mehr, ein gutes Fladenbrot zu finden, denn das abgepackte labbrige Ding aus dem Supermarkt hat kaum etwas damit zu tun. Wer einen anatolischen Bäcker oder einen türkischen Supermarkt, in dem frisch gebacken wird, bei sich in der Nähe hat, der darf sich glücklich schätzen. Alle anderen sollten einfach mal dieses Rezept ausprobieren. – Boris

Zutaten (1 Stück)

Für den Teig
- 450 g Weizenmehl (Type 550)
- 220 g Milch
- 80 g Wasser
- 0,5 g Frischhefe
- 1 EL Sesamöl
- 1 EL Olivenöl
- 10 g Zucker
- 10 g Salz

Für die Weiterverarbeitung
- 5 g Weizenmehl (Type 550)
- 50 ml Wasser
- 1 EL Milch
- 1 TL Joghurt (Natur)
- 1 Eigelb
- 1 EL Olivenöl
- 6 g Schwarzkümmel
- 6 g Sesam
- etwas Hartweizengrieß zum Arbeiten

Tipp
Damit das Muster auch nach dem Backen noch gut erkennbar ist, das Muster am besten nicht zu zaghaft in den Teig drücken.

Zubereitung

» Hefe in 40 g Wasser auflösen, restliches Wasser in eine große Schüssel geben und Zucker und Salz darin auflösen. Milch einrühren. Mehl zum Zucker-Salz-Wasser geben. Beide Öle über der Mehlmischung verteilen. Hefewasser dazu schütten und alles verkneten, bis ein glatter, geschmeidiger Teig entsteht.

» Schüssel mit Frischhaltefolie und Geschirrtuch abgedeckt ca. 24 Stunden bei Zimmertemperatur (ca. 20 bis 22 Grad) reifen lassen. Nach ca. 8 Stunden den Teig das erste Mal falten, nach ca. 8 weiteren Stunden ein zweites Mal falten.

» Teig vorsichtig aus der Schüssel auf eine mit etwas Hartweizengrieß bestreute Arbeitsfläche geben und vorsichtig rund einschlagen. Aus dieser Teigkugel mit den Händen einen runden Fladen von ca. 30 cm Durchmesser formen.

» Fladen auf ein Backpapier setzen. Mehl mit Wasser vermischen. Mit den Fingerspitzen das Muster in das Fladenbrot drücken, dabei die Fingerspitzen zwischendurch immer wieder in das Mehlwasser tauchen. Fladenbrot mit einem Geschirrtuch abdecken und ca. ½ Stunde ruhen lassen.

» Das Muster mit einer Gabel nachstechen. Milch, Joghurt, Eigelb und Öl miteinander vermischen und das Fladenbrot damit bestreichen. Mit Schwarzkümmel und Sesam bestreuen.

» Zwei Backbleche im Ofen auf 250 Grad Ober-/Unterhitze aufheizen.

» Das Backpapier auf eines der heißen Backbleche ziehen, mit dem zweiten umgedrehten heißen Backblech abdecken und alles in den Ofen (2. Schiene von unten) schieben.

» Temperatur auf 220 Grad zurückdrehen und 17 Minuten backen. Nach 5 Minuten das zweite Backblech entfernen. Am Ende des Backvorgangs den Ofen einige Sekunden öffnen (damit der Dampf entweichen kann), auf Umluft umstellen und noch zusätzliche 3 Minuten weiterbacken.

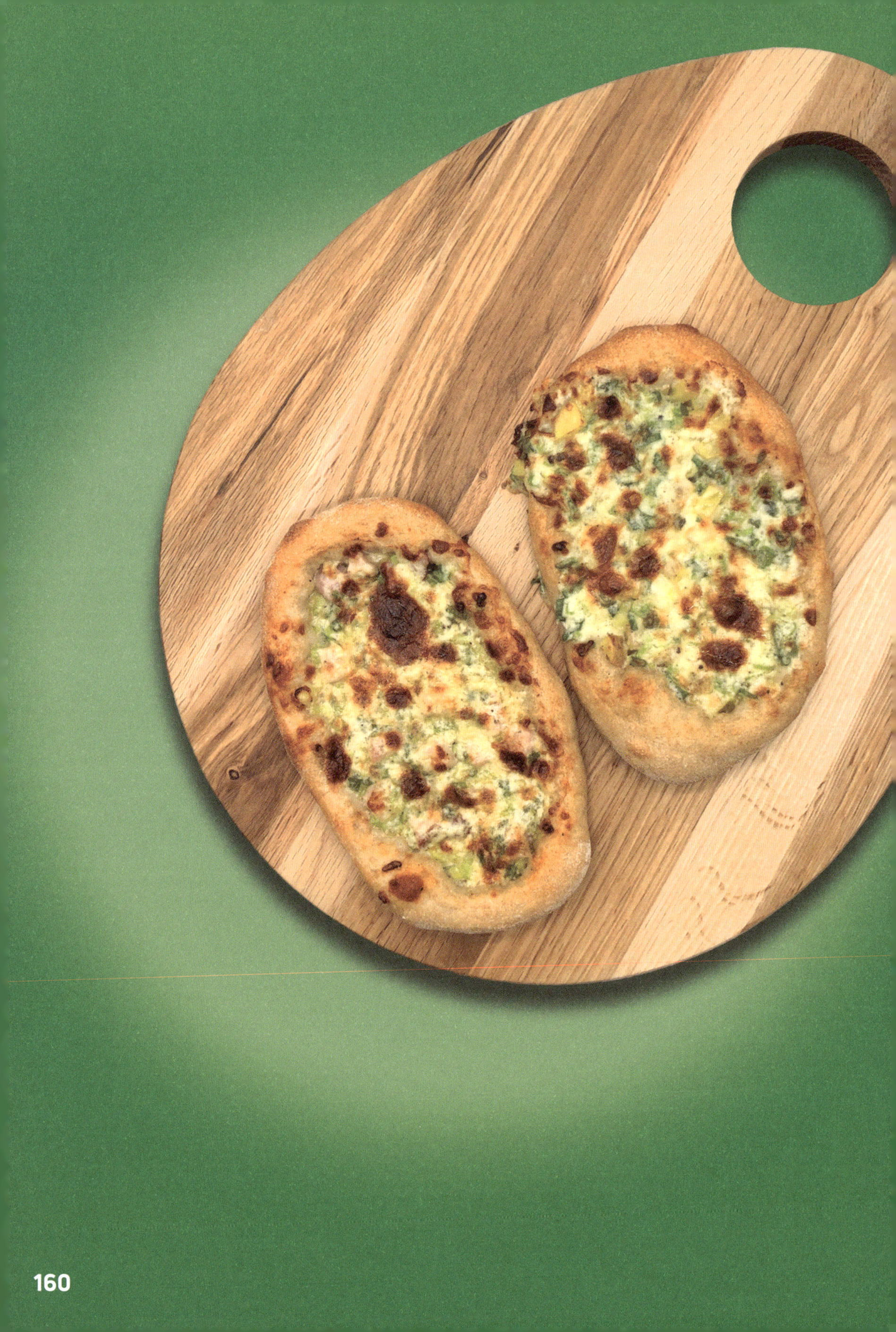

Dünnele

Dünnele (auch Dinnele), das ist für mich Volksfest pur. Egal auf welchem Markt: Zwischen all den Ständen war irgendwo auch immer ein kleines Backhäusle mit Holzofen versteckt, wo man noch heiß aus dem Ofen eine frische Dünnele bekam. Irgendwie eine schöne Tradition: Während man früher beim gemeinsamen Brotbacken darauf wartete, dass der Ofen heiß genug ist, wurde zwischendurch etwas Brotteig dünn ausgerollt und mit Sauerrahm und allem was da war belegt. Wartezeit war nie schöner. – Boris

Zutaten (4 Stück)

240 g Weizenmehl (Type 550)
60 g Dinkelvollkornmehl
180 g Wasser
0,5 g Frischhefe
7 g Salz
½ Bund Frühlingszwiebeln, in Ringe geschnitten
75 g durchwachsener Speck (ohne Schwarte), gewürfelt
150 g Crème fraîche
100 g Appenzeller Käse, fein gerieben
Muskatnuss
Salz
Pfeffer
etwas Mehl zum Arbeiten

Tipp

Für eine vegetarische Variante den Speck durch 2 kleine gewürfelte Kartoffeln ersetzen.

Zubereitung

» Hefe in 40 g Wasser auflösen, restliches Wasser in eine große Schüssel geben und 7 g Salz darin auflösen. Mehle miteinander vermischen und zum Salzwasser geben. Hefewasser dazu schütten und alles verkneten, bis ein glatter, geschmeidiger Teig entsteht.

» Teig abgedeckt ca. 24 Stunden bei Zimmertemperatur (ca. 20 bis 22 Grad) reifen lassen.

» Teig vorsichtig aus der Schüssel auf eine leicht bemehlte Arbeitsfläche geben, in 4 Portionen aufteilen und vorsichtig rund einschlagen. Mit einem Geschirrtuch abgedeckt ½ Stunde ruhen lassen.

» Crème fraîche mit Frühlingszwiebeln, Speck und dem Käse vermengen und mit Muskat, Salz und Pfeffer abschmecken.

» Ein Backblech im Ofen bei 250 Grad Ober-/Unterhitze aufheizen.

» Teigkugeln jeweils mit den Händen in eine ovale Form ziehen, der Teig sollte gleichmäßig dick sein.

» Je 2 Dünnele auf ein Backpapier setzen und gleichmäßig mit der Crème fraîche-Mischung bestreichen.

» Das Backpapier auf das heiße Backblech ziehen und bei 230 Grad Umluft ca. 8 bis 10 Minuten backen.

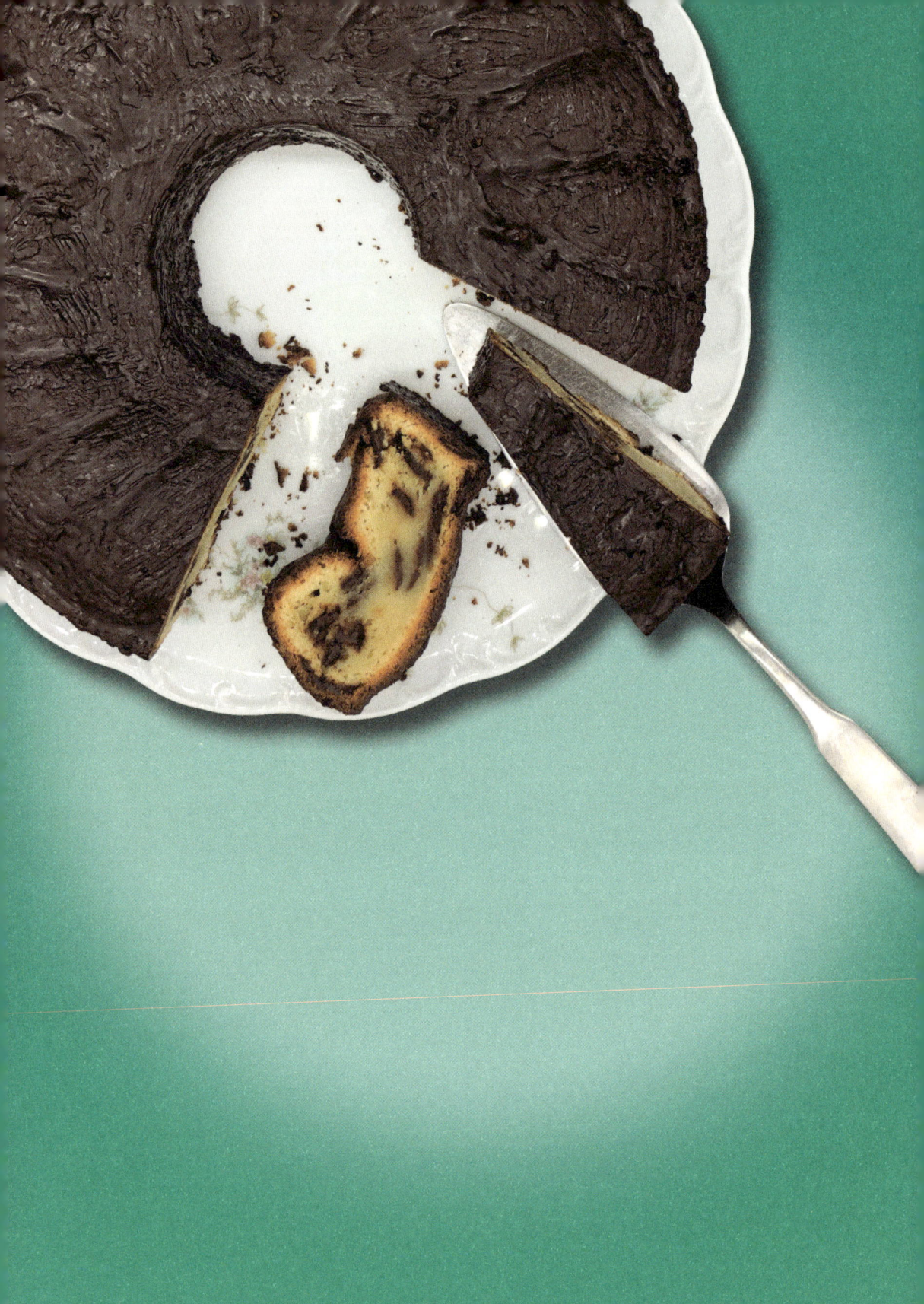

Omas Geburtstagskuchen

Viele Jahre gab es bei uns die schöne Tradition, dass jeder von Oma einen Schokoladenkuchen zu seinem Ehrentag gebacken bekam. Auch noch bis wenige Jahre vor ihrem Tod pflegte sie dieses Ritual, selbst als es ihr zunehmend schwerer fiel. Da wir alle den Kuchen sehr mögen und in Gedenken an Oma, führte zunächst ich die Tradition fort. Mittlerweile teilen wir uns das in der Familie auf. So gibt es den Kuchen zu Geburtstagen immer noch regelmäßig. – Oliver

Zutaten (16 Stücke)

- 400 g Weizenmehl (Type 550)
- 300 g Zucker
- 16 g Backpulver
- 8 g Vanillezucker
- 250 g Magerquark
- 250 g Butter, zimmerwarm und in Stücke geschnitten
- 125 g Milch
- 3 Eier
- 200 g dunkle Schokoladen-Plättchen
- 100 g dunkle Schokoladenglasur
- etwas Butter zum Einfetten

Zubereitung

» Mehl und Zucker in eine große Schüssel geben. Butter, Milch und Eier dazu geben und alles mit den Knethaken des Handrührgerätes verrühren.

» Quark dazu geben und gut untermischen. Backpulver und Vanillezucker ebenfalls zugeben und vorsichtig unterrühren.

» Abschließend die Schokoladen-Plättchen mit einem Esslöffel vorsichtig unterheben.

» Eine Gugelhupf Springform (Ø ca. 26/28 cm) mit etwas Butter einfetten. Teigmasse in die Form geben.

» Kuchen im auf 180 Grad Umluft vorgeheizten Backofen ca. 50 bis 60 Minuten backen.

» Kuchen vollständig auskühlen lassen und anschließend aus der Form auf ein Brett „stürzen".

» Schokoladenglasur in eine kleine Schüssel geben und in einem Wasserbad (oder einer Mikrowelle) schmelzen.

» Glasur mit einem Silikonpinsel gleichmäßig auf dem Kuchen verteilen bis der gesamte Kuchen von der Glasur bedeckt ist. Die Glasur gut trocknen lassen.

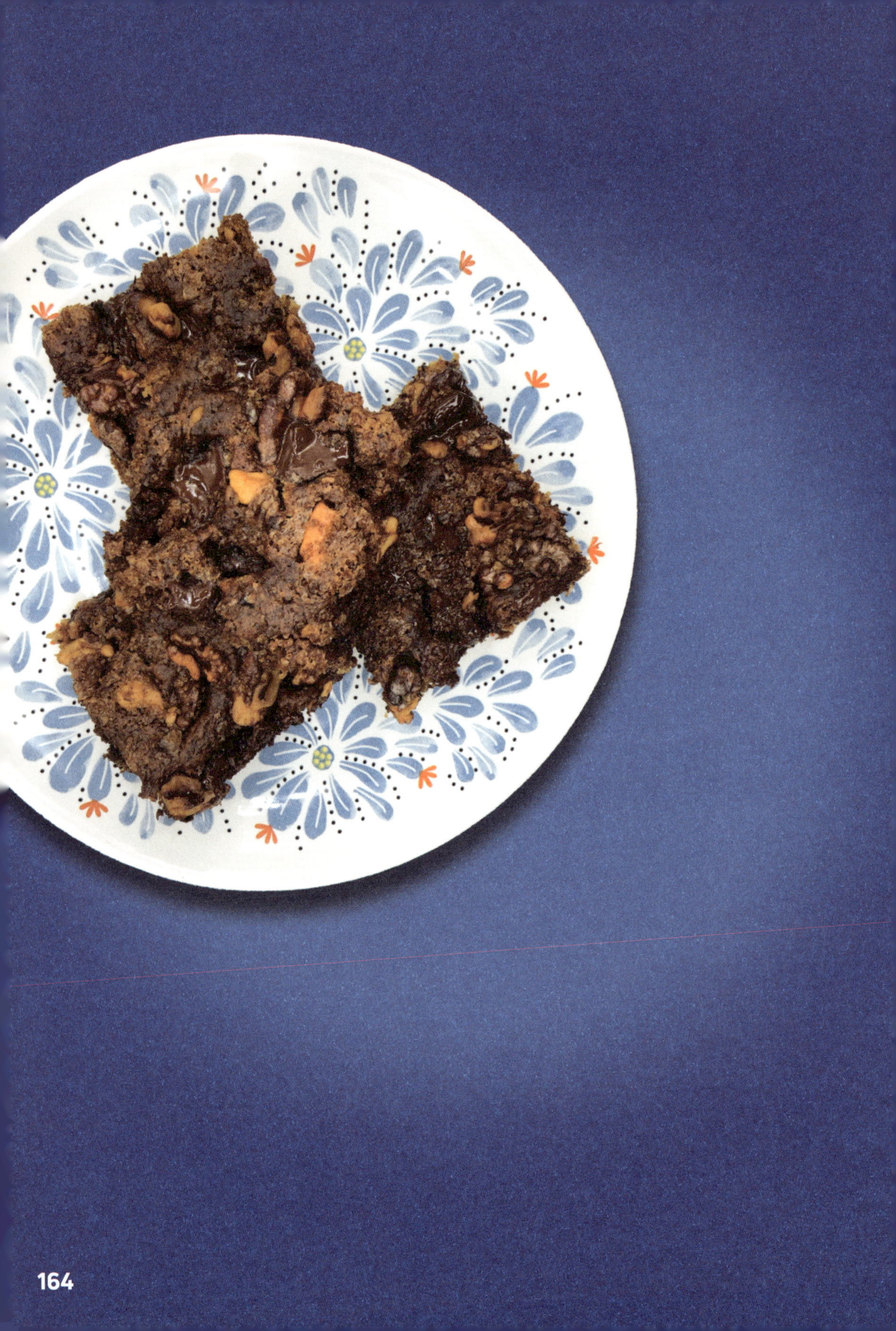

Bananen-Schoko-Walnuss-Brownies

Der Bananenkuchen im Gewand des auch hierzulande mittlerweile sehr beliebten Brownie mit einem tollen Crumble aus gerösteten Walnüssen und dunkler Schokolade. Besonders schön ist, dass er weit weniger süß daherkommt, als die meisten anderen Varianten des Kuchens. Mit dieser Version schlägt man im Büro oder auf dem nächsten Kindergeburtstag jede Fertigmischung um Längen und wenn man die Kuchenstücke möglichst klein schneidet, fällt auch gar nicht auf, wie viel man selbst davon isst. – Oliver

Zutaten (etwa 20 Stück)

- 290 g Weizenmehl (Type 550)
- 140 g Zucker
- 40 g brauner Zucker
- 20 g Natron
- 3 reife Bananen, in Scheiben geschnitten
- 100 g Walnüsse
- 200 g Joghurt (Natur)
- 60 g Balsamico Bianco
- 10 g Vanille-Aroma
- 2 Eier
- 115 g Butter, zimmerwarm und in Stücke geschnitten
- 15 g Butter, geschmolzen
- 100 g Zartbitter Schokolade (50 % Kakao), grob gehackt
- ½ TL Zimt
- ½ TL Salz

Zubereitung

» Walnüsse im auf 180 Grad Umluft vorgeheizten Backofen ca. 10 Minuten rösten. Etwas auskühlen lassen und hacken.

» Mehl, Natron und Salz in einer Schüssel miteinander vermischen und beiseite stellen.

» 140 g Zucker und 115 g Butter in einer großen Schüssel mit den Turbobesen des Handrührgerätes verquirlen und schrittweise erst die Eier, dann Bananen, Joghurt, Balsamico und Vanille-Aroma unterrühren.

» Die Mehl-Mischung unter die Ei-Bananen-Joghurt-Mischung schlagen, dabei aber nicht vollständig verquirlen, sondern nur soweit verrühren, dass kein trockenes Mehl mehr zu sehen ist. Teig ca. 20 Minuten quellen lassen.

» Schokolade zusammen mit dem braunen Zucker, den Walnüssen, der geschmolzenen Butter und dem Zimt vermengen.

» Eine Backform (Maße ca. 27 x 34 cm) mit Backpapier auslegen. Zuerst die Bananenmasse in die Form geben und glatt streichen, dann die Schokoladen-Walnuss-Masse gleichmäßig darüber streuen.

» Teig für ca. 40 Minuten auf der 2. Schiene von unten im auf 180 Grad Umluft vorgeheizten Backofen backen. Nach 20 Minuten die Form einmal um 180 Grad drehen um eine gleichmäßige Bräunung zu erreichen.

» Brownies aus dem Ofen nehmen und vollständig abkühlen lassen. Aus der Backform nehmen und in 20 Stücke teilen.

„Kommt ein Rezept mit wenig Zutaten aus, so ist die Qualität jeder einzelnen Zutat umso wichtiger. Weniger ist mehr und zugleich wahnsinnig lecker."

Teig

Gute Teige findet man viel zu selten. Alles muss immer schnell gehen, die Fertigteige aus dem Supermarkt strotzen nur so vor unnötigen Zusatzstoffen, und Rezepte werfen häufig mit dutzenden an Hefewürfeln um sich – dabei braucht es für einen guten Teig hauptsächlich eines: Zeit! Und vielleicht etwas Liebe, denn wir haben die Erfahrung gemacht, dass Teige immer noch am besten von Hand gelingen.
Und wenn alle mit anpacken, lassen sich auch mehrere Kilo Teig schnell zubereiten – viel Spaß beim gemeinsamen Kneten und Rühren inklusive.

So haben wir auf den nächsten Seiten unsere persönlichen Favoriten für Euch versammelt – sechs verschiedene Startpunkte für Eure eigenen Kreationen.

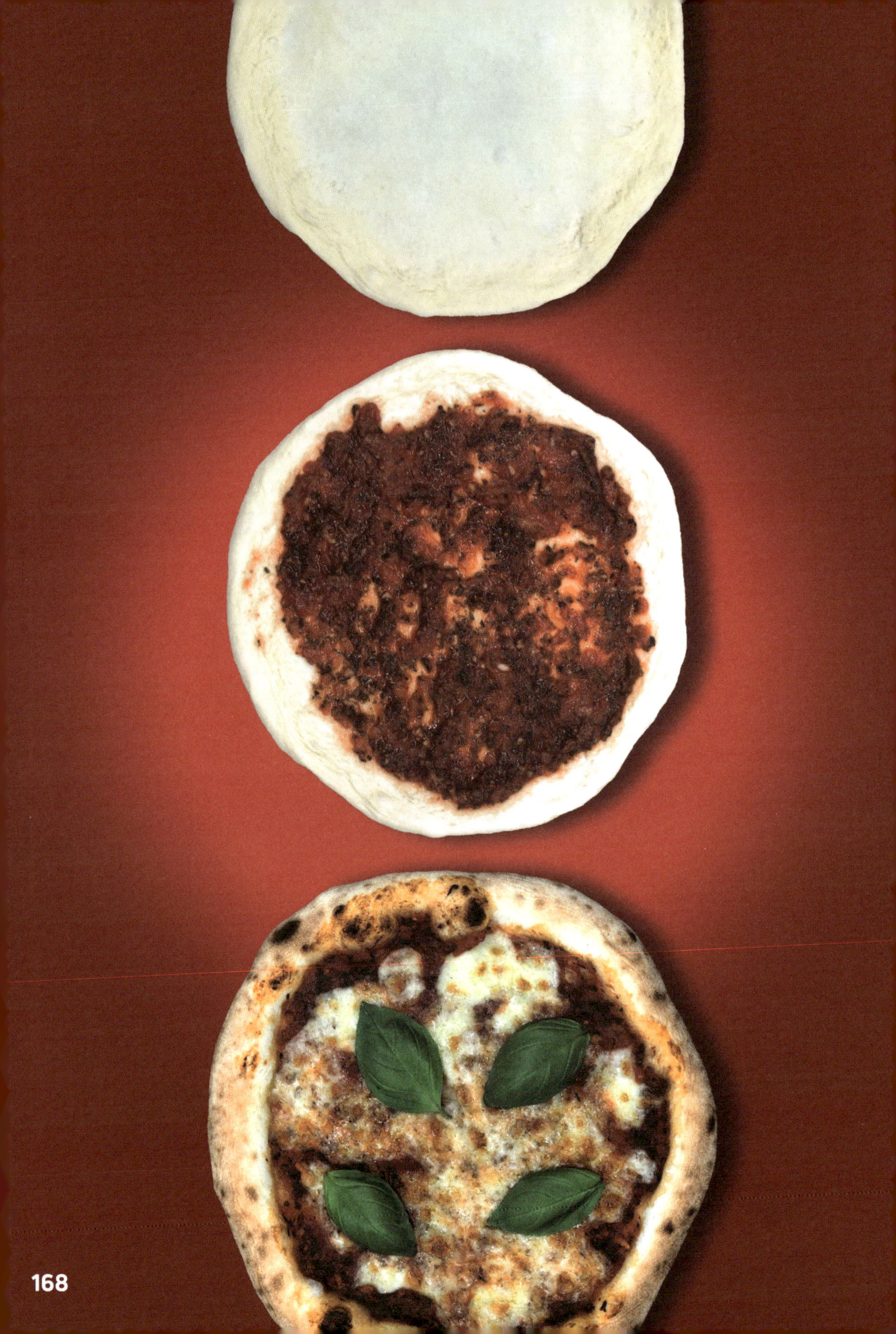

Pizzateig & Pizzasauce

Pizza haben wir schon immer geliebt. Unsere Leidenschaft geht dabei sogar so weit, dass wir eine Ausbildung zum Pizzaiolo gemacht haben. Pizza ist nämlich nicht gleich Pizza: Selbst in einem Holzofen wird aus einem Fertigteig oder einem Blitz-Teig mit viel Hefe keine wirklich gute Pizza. Alles beginnt mit einem von Hand hergestellten Teig und einer langen Teigführung. Die Belohnung: ein tolles Aroma und ein luftiger Rand, dem Familie und Freunde garantiert nicht widerstehen können. – Boris

Zutaten (etwa 4 Pizzen)

500 g Weizenmehl (tipo 00)
275 g Wasser
15 g Olivenöl
15 g Salz
1 EL Olivenöl
0,5 g Frischhefe

Tipps

Ist der Teig kälter, ist er weniger elastisch, sondern fester und reißt dadurch weniger. Das macht es am Anfang leichter. Mehr Spaß macht es aber, wenn der Teig schon etwas Zimmertemperatur angenommen hat, dann werden die Pizzen größer und dünner (aber vorsichtig arbeiten, damit der Teig nicht reißt). Dabei den Teig niemals mit einem Nudelholz ausrollen, sondern nur mit den Händen arbeiten.

Auf einem Pizzastein backen, oder ein Backblech im Ofen bei voller Hitze gut aufheizen.

Pizzateig – Zubereitung

» Mehl in eine große Schüssel geben. Hefe vollständig im Wasser auflösen und zum Mehl schütten. Mit den Händen (Küchenmaschine nicht empfohlen) den Teig für ca. 10 Minuten kräftig durchkneten, bis der Teig das gesamte Wasser aufgenommen hat.

» Salz zugeben und einige Minuten lang unter den Teig kneten. 15 g Öl ebenfalls zugeben und kräftig unterkneten, bis ein glatter nicht klebriger Teig entsteht.

» 1 EL Öl über den Teig geben und gleichmäßig verteilen, damit dieser komplett mit Öl benetzt ist. Teig in der Schüssel belassen und darin mit einer Frischhaltefolie gut abdecken. Ca. 6 Stunden bei Zimmertemperatur (ca. 20 bis 22 Grad) reifen lassen. Danach in den Kühlschrank stellen und dort weitere 18 Stunden reifen lassen.

» Teig aus dem Kühlschrank nehmen und mit einer bemehlten Teigkarte in 4 Stücke à 180 bis 200 g teilen. Jedes Stück zu einer Kugeln formen, indem die Außenseiten nach innen gekrempelt werden, bis eine straffe, geschlossene Kugel entsteht. Kugeln in eine abgedichtete Aufbewahrungsdose geben und diese im Kühlschrank ca. 6 bis 8 Stunden ruhen lassen.

» Teigkugeln ca. 30 bis 60 Minuten vor der Weiterverarbeitung aus dem Kühlschrank nehmen.

Zutaten (Sauce für etwa 4 Pizzen)

400 g San-Marzano-Tomaten aus der Dose (ganz und geschält)
2 Knoblauchzehen, gepresst
50 ml Wasser
2 TL Oregano
2 TL Basilikum
1 TL Majoran
1 TL Thymian
Salz
Pfeffer

Pizzasauce – Zubereitung

» Tomaten in einen Topf geben, mit einer großen Gabel zerdrücken, Wasser zugeben und alles kurz aufkochen. Knoblauch, Oregano, Basilikum, Majoran und Thymian unterrühren.

» Ca. 20 Minuten auf niedriger Flamme köcheln lassen.

» Abschließend mit Salz und Pfeffer abschmecken.

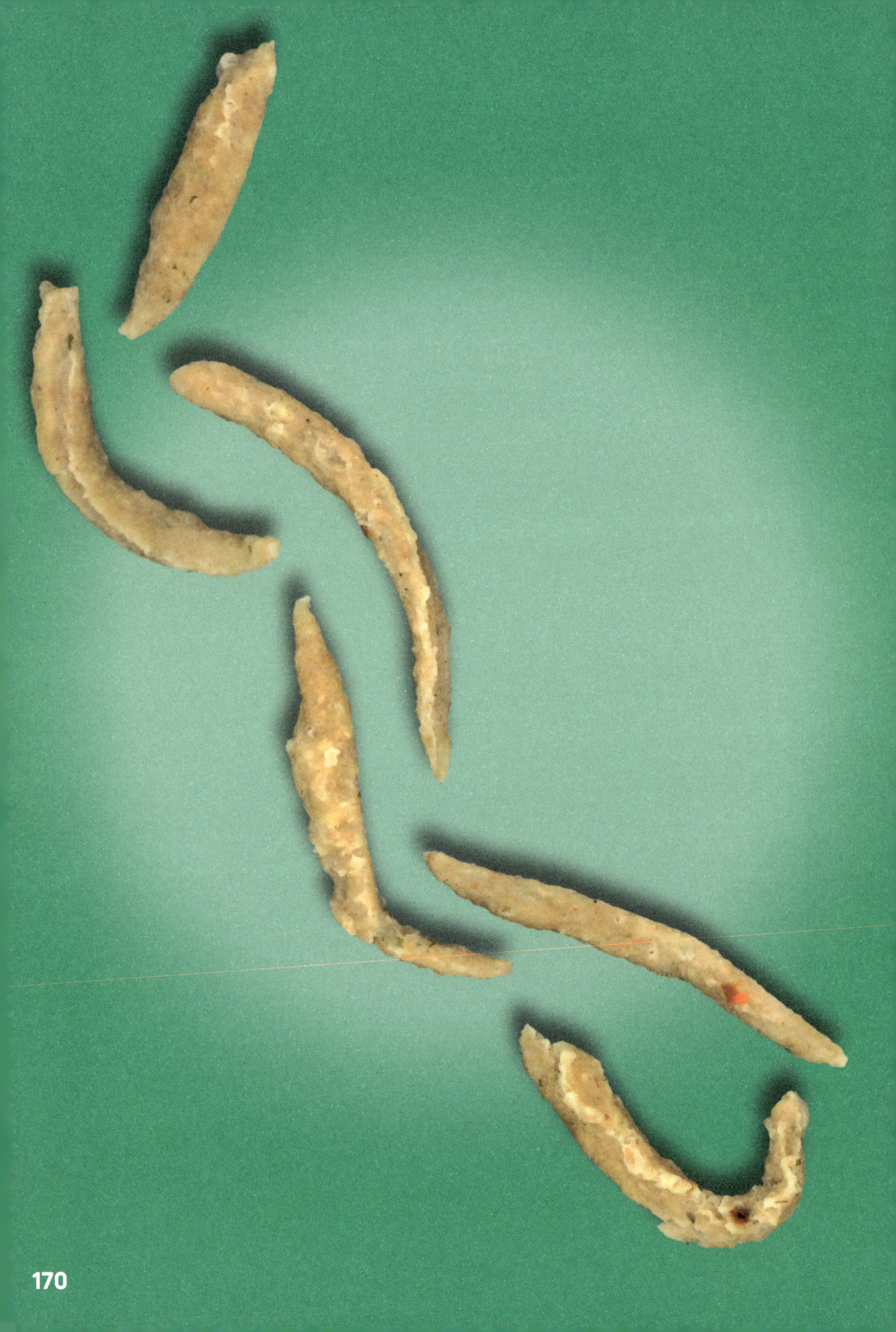

Spätzle

Die besten Spätzle macht die Mama! Dieser Grundsatz gilt auch heute noch. Auch, wenn ich immer wieder bei Freunden oder in Restaurants wirklich gute Spätzle probiert habe – Mamas sind dann doch unerreicht. Dabei verzichtet sie auf komische Utensilien wie eine Spätzlepresse oder so. Zum Einsatz kommen nur Rührlöffel, Schaber und Spätzlebrett – das Ergebnis: ein Traum von Spätzle. Die nötigen Handgriffe dafür hat sie bei einem Besuch Oliver beigebracht – der macht mittlerweile die zweitbesten Spätzle ;-) – Boris

Zutaten (4 Portionen à etwa 175 g)

275 g Weizenmehl (Type 550)
100 g Dinkelvollkornmehl
120 g Wasser
2 Eier
2 EL Olivenöl
1 TL Salatkräuter
¼ TL Salz

Zubereitung

» Mindestens 2 Liter Wasser in einem großen Topf zum Kochen bringen.

» Mehle, Eier, Salatkräuter und Salz in einer Schüssel mit einem Rührlöffel (Kochlöffel mit Loch) gut miteinander verrühren.

» Wasser und Öl zugeben und den Teig luftig schlagen bis er eine gleichmäßige Konsistenz hat.

» Teig sofort mit Spätzlebrett und Schaber ins kochende Wasser schaben. Hierzu das Spätzlebrett und den Schaber kurz ins kochende Wasser tauchen, einen großen Klecks der Teigmasse fingerdick auf dem Brett verteilen und mit dem Schaber gleichmäßige Spätzle ins Wasser abstechen.

» Sobald die Spätzle oben schwimmen mit einem Schaumlöffel abschöpfen und auf einem Backblech mit Backpapier trocknen lassen.

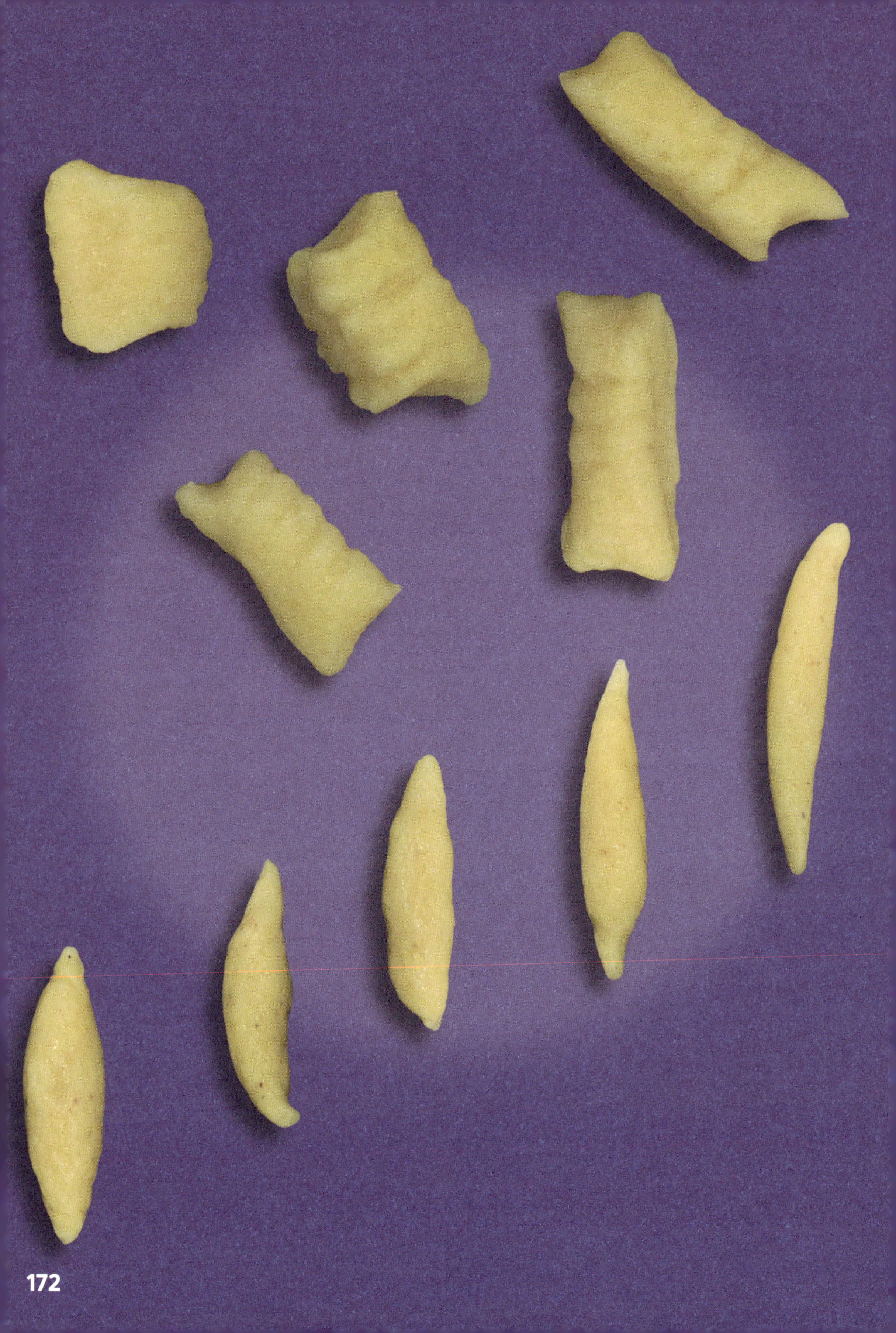

Gnocchi & Schupfnudeln

Der Erdapfel ist in Deutschland noch immer eine beliebte Speise. Ob als klassische Salz-, Petersilien-, Brat , oder Pellkartoffel, als Stampfkartoffel, als Kartoffelsalat oder als Pommes Frites kommt er regelmäßig auf den Tisch. Die Kartoffelspeise in Form einer Nudel ist dagegen eher etwas Besonderes. Es sei denn, man ist – so wie Boris – im süddeutschen Raum aufgewachsen. Dann hat man Gnocchi und Schupfnudeln mit sehr hoher Wahrscheinlichkeit bereits fest ins Herz geschlossen. – Oliver

Zutaten (8 Portionen à etwa 300 g)

2 kg mehligkochende Kartoffeln, gegart, gepellt und abgekühlt
400 g Weizenmehl (tipo 00)
30 g Speisestärke
100 g Parmesan, fein gerieben
5 Eigelb
8 g Salz
etwas Mehl zum Arbeiten

Tipp

Gleich nach dem Kochen mit etwas Öl vermischt und in einem luftdicht verschlossenen Gefäß aufbewahrt, halten sich die Gnocchi mehrere Tage im Kühlschrank bzw. mehrere Monate im Tiefkühlfach.

Gnocchi – Zubereitung

» Mehl auf einer Arbeitsplatte zu einem Haufen aufschütten. Kartoffeln mit einer Kartoffelpresse über dem Haufen verteilen. Speisestärke, Parmesan, Eigelb und Salz ebenfalls darüber geben. Nun alles kräftig durchkneten, bis ein leicht klebriger aber geschmeidiger Teig entsteht.

» Teig in acht gleich große Stücke aufteilen und jedes Stück auf einer bemehlten Arbeitsfläche zu einem Strang rollen. Mit einem bemehlten Messer in fingerdicke Stücke schneiden und diese auf einer großen leicht bemehlten Gabel entlang der Zinken rollen (alternativ können die Stücke in der Mitte auch nur mit dem Daumen leicht eingedrückt oder einfach so weiterverarbeitet werden).

» Gnocchi portionsweise in reichlich kochendem Salzwasser garen, bis sie an der Oberfläche schwimmen. Mit einem Schaumlöffel abschöpfen und gut abtropfen lassen.

Zutaten (4 Portionen à etwa 240 g)

640 g mehligkochende Kartoffeln, gegart, gepellt und gekühlt
100 g Weizenmehl (Type 550)
40 g Hartweizengrieß
15 g Speisestärke
2 Eier
1 TL Muskatnuss
4 g Salz
etwas Mehl zum Arbeiten

Tipp

Wie bei den Gnocchi gilt auch für die Schupfnudeln: gleich nach dem Kochen mit etwas Öl vermischt und in einem luftdicht verschlossenen Gefäß aufbewahrt, halten sie sich mehrere Tage im Kühlschrank bzw. mehrere Monate im Tiefkühlfach.

Schupfnudeln – Zubereitung

» Mehl und Hartweizengrieß auf einer Arbeitsplatte zu einem Haufen aufschütten. Kartoffeln mit einer Kartoffelpresse über dem Haufen verteilen. Speisestärke, Eier, Muskat und Salz ebenfalls darüber geben. Nun alles kräftig durchkneten, bis ein leicht klebriger aber geschmeidiger Teig entsteht.

» Teig in acht gleich große Stücke aufteilen und jedes Stück auf einer bemehlten Arbeitsfläche zu einem daumendicken Strang ausrollen. Mit einem bemehlten Messer in ca. 2 cm lange Stücke schneiden und deren Enden zwischen den bemehlten Händen spitz rollen.

» Schupfnudeln portionsweise in reichlich kochendem Salzwasser garen, bis sie an der Oberfläche schwimmen. Mit einem Schaumlöffel abschöpfen und gut abtropfen lassen.

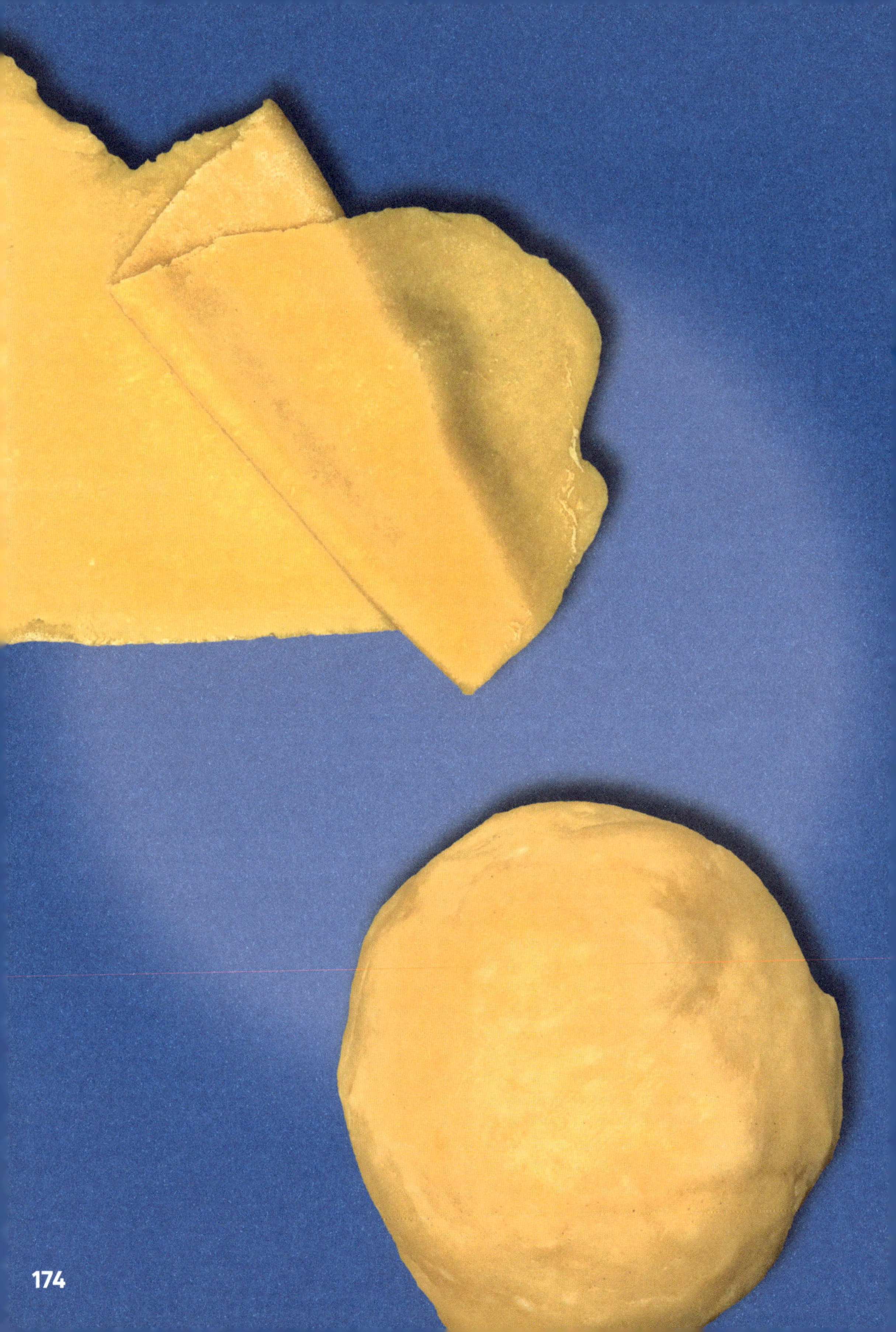

Pastateig & Mürbeteig

Noch besser als Pasta ist frische Pasta. Dies gilt nicht nur für den Geschmack, auch die Sättigung setzt viel schneller ein und ist deutlich nachhaltiger, als bei getrockneter Pasta. Ob nun herzhaft oder süß, der Kuchen steht und fällt, manchmal auch sprichwörtlich, mit der Qualität des Teiges. Auch für den Geschmack hat dieser eine tragende Rolle und aus süßem Mürbeteig lassen sich blitzschnell Kekse ausstechen. Deswegen besser nichts dem Zufall überlassen und Teige einfach selbst herstellen. – Oliver

Zutaten (4 Portionen à etwa 150 g)

200 g Weizenmehl (Type 550)
200 g Hartweizengrieß
4 Eier
1 EL Olivenöl
½ TL Salz

Tipps

Etwas Farbe gefällig? Färbende Substanz einfach beim Kneten hinzufügen (für ein leichtes Rot z.B. 40 g Tomatenmark).

Für eine glutenfreie Variante Mehl und Hartweizengrieß durch Buchweizenmehl ersetzen. Achtung: der Teig ist dann etwas empfindlicher, also nicht zu dünn ausrollen.

Pastateig – Zubereitung

» Mehl, Hartweizengrieß und Salz auf der Arbeitsfläche miteinander vermischen und zu einem Haufen formen.

» In die Mitte eine Mulde drücken und die Eier und das Öl hineingeben. Nun alles kräftig durchkneten, bis ein glatter, geschmeidiger Teig entsteht.

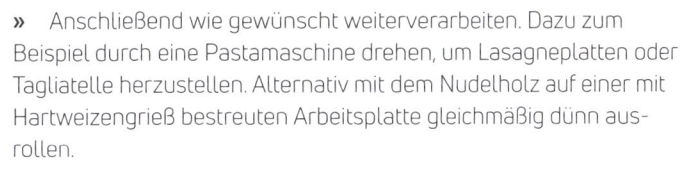

» Teig zu einer Kugel formen, in Frischhaltefolie einwickeln und ca. 30 Minuten im Kühlschrank ruhen lassen.

» Anschließend wie gewünscht weiterverarbeiten. Dazu zum Beispiel durch eine Pastamaschine drehen, um Lasagneplatten oder Tagliatelle herzustellen. Alternativ mit dem Nudelholz auf einer mit Hartweizengrieß bestreuten Arbeitsplatte gleichmäßig dünn ausrollen.

Salzig
Zutaten (etwa 400 g, reicht für eine Springform – ⌀ 26/28 cm)

200 g Weizenmehl (Type 550)
75 g Butter, eiskalt
2 Eier
2 g Backpulver
¼ TL Salz

Süß
Zutaten (etwa 475 g, reicht für eine Springform – ⌀ 26/28 cm)

200 g Weizenmehl (Type 550)
75 g Puderzucker
75 g Butter, eiskalt
2 Eier
2 g Backpulver

Mürbeteig – Zubereitung

» Butter in kleine Stücke schneiden und in eine große Schüssel geben.

» Alle anderen Zutaten dazugeben und alles mit kalten, leicht feuchten Händen nur so lange kneten, bis sich alle Zutaten gut miteinander verbunden haben.

» Teig in einer Frischhaltefolie eingewickelt mindestens 1 Stunde kaltstellen.

» Ca. 30 Minuten vor der Weiterverarbeitung aus dem Kühlschrank nehmen.

„Wenn die Muddi die Steaksauce mitnimmt auf große Fahrt – dann hast Du alles richtig gemacht."

Saucen, Dips & Cremes

Jeder hat seine Favoriten und es ist immer schön, wenn eine große Auswahl auf dem Tisch steht. Die Rede ist von Saucen, Dips & Cremes. Von Sandwich, Baguette und Stulle, über Kartoffeln, Pasta und Reis, hin zu Raclette, Fleisch-Fondue und Gemüsesticks – so richtig komplett wird es erst mit dem passenden Begleiter.
Unsere Saucen, Dips & Cremes wollen nie übertrumpfen, nicht dick auftragen und sind Nebendarsteller, nicht Hauptcharakter – aber ohne sie fehlt einfach etwas. Deswegen findet Ihr auf den nächsten Seiten eine bunte Auswahl, wo sicherlich für jeden etwas dabei ist.

Egal ob Dips & Cremes nur für eine Nacht oder Saucen, die sogar noch nach mehreren Wochen eine gute Figur machen – es darf stets nach Herzenslust getunkt, gedippt und geschmiert werden.

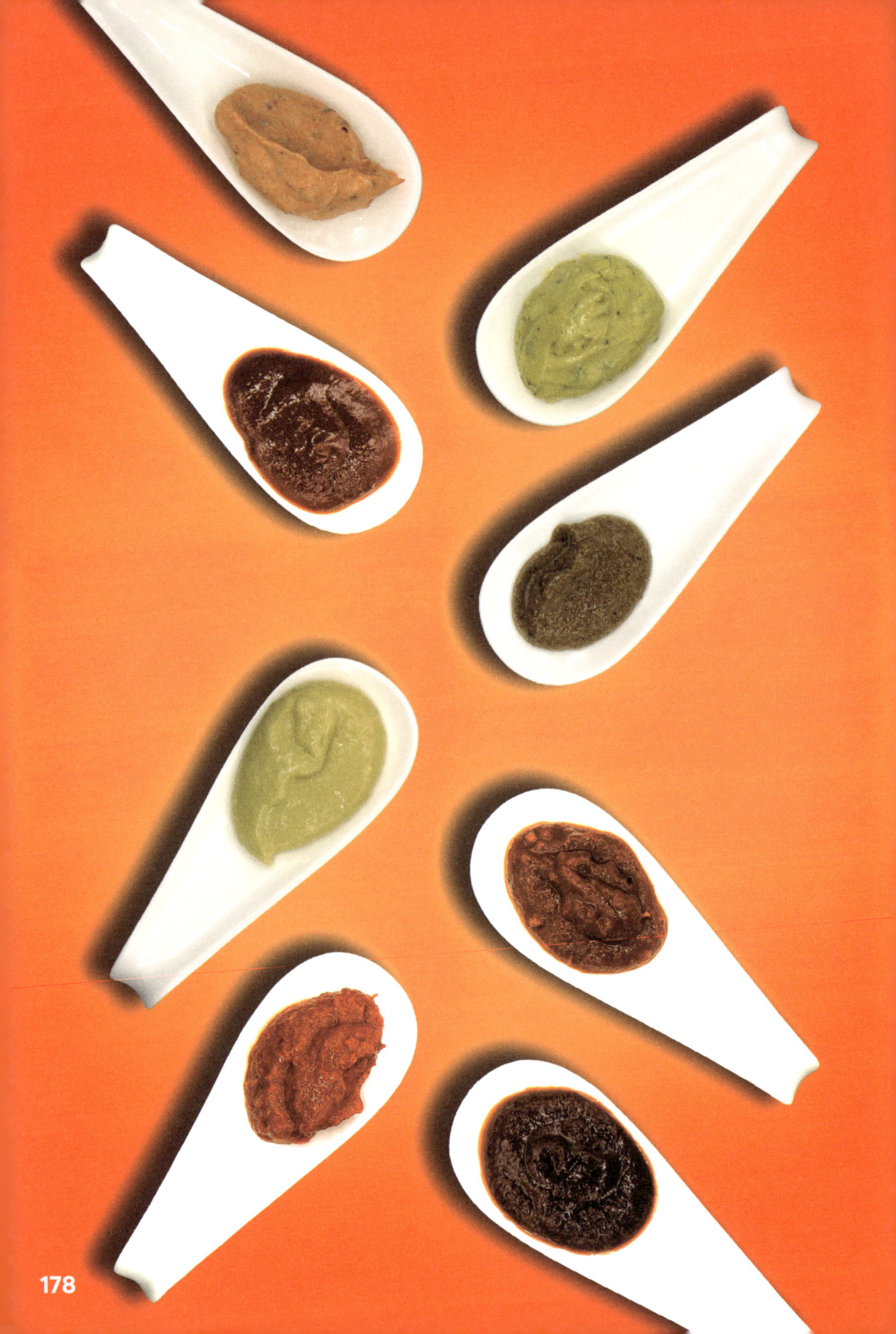

Saucen

Wenn man im Supermarkt vor dem gefüllten Saucen-Regal steht, kann einem schon mal schnell schwindelig werden – so riesig ist die Auswahl. Dreht man die Flasche der Wahl um und wirft einen Blick auf die Zutatenliste, so schwirrt einem schon wieder der Kopf – all die unbekannten Bezeichnungen, welche es in die Lieblingssauce geschafft haben. Daher haben wir nachfolgend für Euch unsere Favoriten aufgeschrieben. Eine kleine, aber feine Auswahl mit ganz viel drin – nämlich Geschmack! – Boris

Ketchup – Zubereitung

Zutaten (etwa 700 ml)

800 g Kirschtomaten, halbiert
2 rote Zwiebeln, fein gewürfelt
1 Karotte, gerieben
200 g Tomatenmark
100 ml Balsamico Bianco
100 ml Aceto Balsamico di Modena
50 g Mascobadozucker
50 g Ahornsirup
2 EL Olivenöl
2 EL Worcestershire Sauce
2 Sternanis, ganz
3 EL Paprikapulver (ungarisch)
2 TL Majoran
1 TL Zimt
1 TL Piment
1 TL Salz
1 TL Pfeffer

» Öl in einem großen Topf erhitzen und die Zwiebeln darin glasig andünsten. Karotten und Zucker zugeben und unter Rühren leicht karamellisieren lassen.

» Mit dem kompletten Balsamico ablöschen und die Tomaten zugeben. Tomatenmark und Ahornsirup unterrühren und alles mit Worcestershire Sauce, Sternanis, Paprikapulver, Majoran, Zimt, Piment, Salz und Pfeffer würzen.

» Auf niedriger Flamme ca. 45 Minuten einkochen lassen, dabei gelegentlich umrühren.

» Ketchup wenige Minuten abkühlen lassen und anschließend passieren. Noch heiß in abgekochte Flaschen oder Gläser abfüllen und verschließen.

» Vollständig abkühlen lassen und bis zu zwei Wochen im Kühlschrank aufbewahren.

Basilikum-Mayonnaise – Zubereitung

Zutaten (etwa 12 Portionen)

1 frisches Eigelb
100 ml Basilikumöl
1 EL Limettensaft
1 TL frische Basilikumblätter, gehackt
½ TL mittelscharfer Senf
Salz
Pfeffer

Tipp
Für eine neutrale Mayonnaise Sonnenblumenöl verwenden und den Basilikum weglassen. Gerne auch andere Geschmackskombinationen ausprobieren: hierzu entsprechendes Öl und Kräuter einsetzen.

» Eigelb und Senf mit einem Schneebesen verschlagen.

» ⅔ des Öls schluckweise der Eimasse zugeben und kräftig unterschlagen.

» Sobald die Mayonnaise eine festere Konsistenz hat, kann der Rest des Öls untergeschlagen werden.

» Limettensaft und Basilikum ebenfalls unterrühren. Mit Salz und Pfeffer abschmecken.

Darstellung auf der Abbildung (von oben nach unten): 1. Spalte – Red Sour Cream, Ketchup, Alioli, Mojo Rojo; 2. Spalte – Mayo, Senf, Steaksauce, BBQ Sauce

Zutaten (etwa 1 Liter)

800 g Kirschtomaten, halbiert
4 weiße Zwiebeln, fein gewürfelt
1 Mango (340 g), entsteint und gewürfelt
1 kleine rote Chilischote, in Ringe geschnitten
100 g Tomatenmark
50 g Kokosblütenzucker
200 ml Balsamico Bianco
2 EL Knoblauchöl
5 TL Chili Ancho
2 TL Paprikapulver (ungarisch)
2 TL Pfefferkörner, grob gemörsert
1 TL Salz

Steaksauce – Zubereitung

» Öl in einem großen Topf erhitzen und die Zwiebeln darin glasig andünsten. Mango und Zucker zugeben und unter Rühren leicht karamellisieren lassen.

» Mit Balsamico ablöschen und die Tomaten zugeben. Tomatenmark unterrühren und alles mit Chili, Chili Ancho, Paprikapulver, Pfeffer und Salz würzen.

» Auf niedriger Flamme ca. 45 Minuten einkochen lassen, dabei gelegentlich umrühren.

» Sauce wenige Minuten abkühlen lassen und pürieren. Noch heiß in abgekochte Flaschen oder Gläser abfüllen und verschließen.

» Vollständig abkühlen lassen und bis zu zwei Wochen im Kühlschrank aufbewahren.

Zutaten (etwa 450 g)

2 rote Paprika, geviertelt
2 rote Chilischoten, grob zerkleinert
4 Knoblauchzehen, grob zerkleinert
2 EL Tomatenmark
4 EL Olivenöl
2 TL Paprikapulver (ungarisch)
1 TL Chili Ancho
1 TL Cumin
1 TL Salz
½ TL Paprikapulver (geräuchert)
Pfeffer

Mojo Rojo – Zubereitung

» Paprika mit der Haut nach oben auf ein Backblech legen, mit 2 EL Öl gleichmäßig bepinseln und im Backofen grillen.

» Paprika kurz abkühlen lassen und etwas zerkleinern.

» Alle Zutaten im Universalzerkleinerer fein pürieren. Mit Pfeffer (und ggf. Salz) abschmecken.

Zutaten (etwa 4 Portionen)

100 g Sour Cream
50 g Salatcreme
35 g Tomatenketchup
15 g Worcestershire Sauce
1 EL Paprikapulver (ungarisch)
2 TL Pfeffer
1 TL Chiliflocken
½ TL Salz

Red Sour Cream – Zubereitung

» Alle Zutaten zu einem homogenen Dip verrühren.

BBQ Sauce – Zubereitung

Zutaten (etwa 300 ml)

400 g Tomaten aus der Dose (stückig)
1 weiße Zwiebel, fein gewürfelt
2 Knoblauchzehen, gepresst
50 g brauner Zucker
80 ml Aceto Balsamico di Modena
2 EL Worcestershire Sauce
1 EL Chipotle Sauce
1 EL Olivenöl
1 TL scharfer Senf
4 TL Paprikapulver (ungarisch)
4 TL Paprikapulver (geräuchert)
2 TL Chili Ancho
1 TL Cumin
1 TL Cayennepfeffer
1 TL Rauchsalz
½ TL Pfeffer

» Öl in einem Topf erhitzen und Zwiebeln darin glasig andünsten. Zucker zugeben und unter Rühren leicht karamellisieren lassen.

» Mit Balsamico ablöschen und die Tomaten zugeben.

» Alles mit Knoblauch, Worcestershire Sauce, Chipotle Sauce, Senf, beide Paprikapulver, Chili Ancho, Cumin, Cayennepfeffer, Rauchsalz und Pfeffer würzen.

» Auf niedriger Flamme ca. 25 Minuten einkochen lassen, dabei gelegentlich umrühren.

» Sauce wenige Minuten abkühlen lassen und passieren. Noch heiß in abgekochte Flaschen oder Gläser abfüllen und verschließen.

» Vollständig abkühlen lassen und bis zu zwei Wochen im Kühlschrank aufbewahren.

Alioli – Zubereitung

Zutaten (etwa 4 Portionen)

2 Knoblauchzehen, in Scheiben geschnitten
1 Eigelb
4 EL Olivenöl
⅓ TL Salz

» Knoblauch und Salz in einen Mörser geben und fein zerstoßen. Eigelb zugeben und mit dem Mörser verschlagen, bis eine homogene Masse entsteht.

» Nun das Öl erst tröpfchenweise zugeben und kräftig unterschlagen, bis eine feste, cremige Masse entsteht.

» Erst wenn etwa 2 EL aufgebraucht sind, kann das restliche Öl löffelweise zugegeben werden.

Balsamico-Rucola-Senf – Zubereitung

Zutaten (etwa 500 g)

80 g Rucola
1 Limette, ausgepresst
100 g gelbes Senfmehl
100 g Honig
120 ml Wasser
120 ml Aceto Balsamico di Modena
½ TL Salz

» Senfmehl mit Wasser und Balsamico verrühren und ca. 2 Stunden im Kühlschrank quellen lassen.

» Rucola, Limettensaft, Honig und Salz zugeben und alles pürieren.

» In abgekochte Gläser abfüllen und mehrere Wochen im Kühlschrank aufbewahren.

Tipp

Je nach verwendetem Senfmehl kann der Senf am Anfang sehr scharf sein. Allerdings wird er mit der Zeit milder.

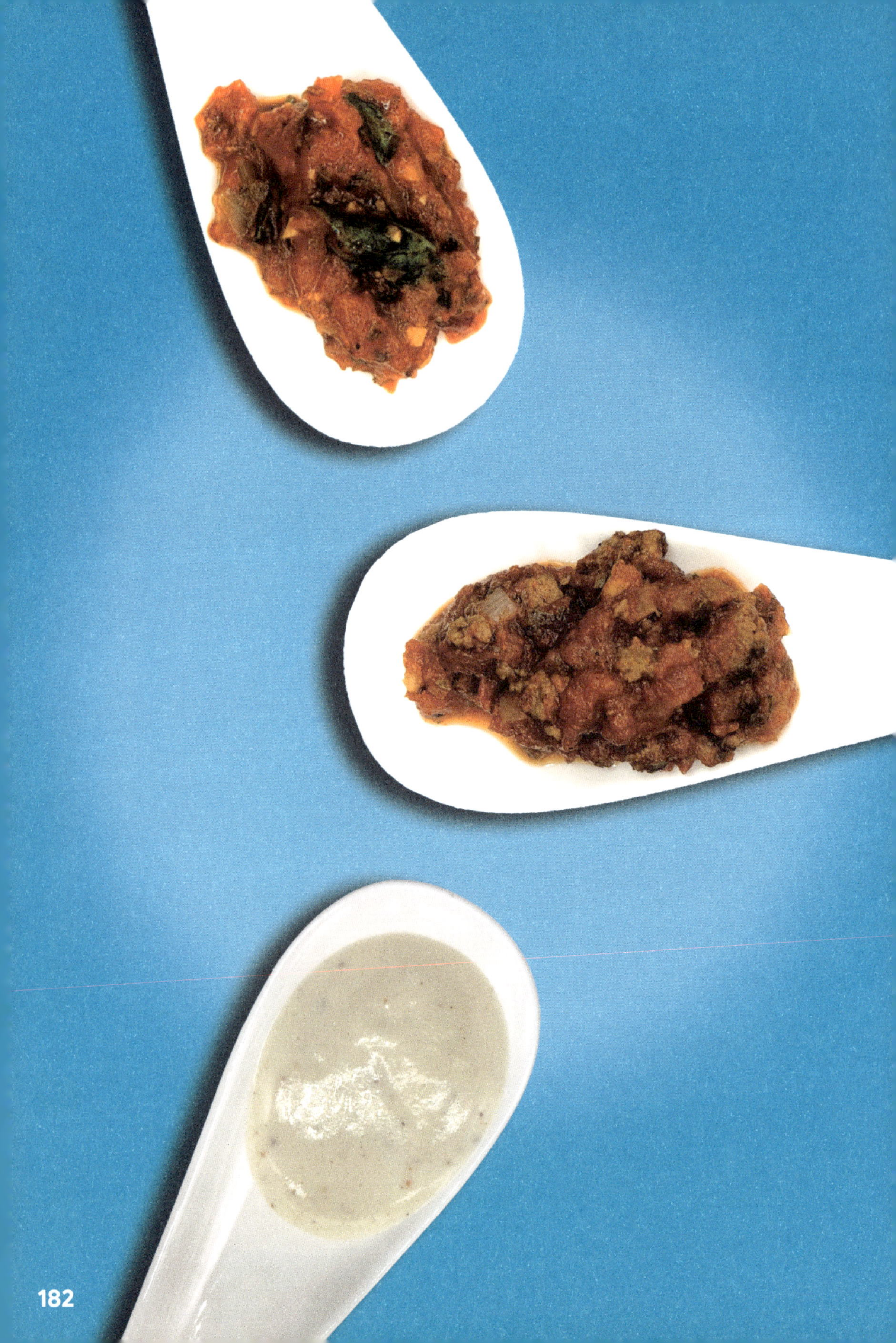

Zutaten (etwa 300 g)

400 g San-Marzano-Tomaten aus der Dose (ganz und geschält)
1 kleine weiße Zwiebel, fein gewürfelt
3 Knoblauchzehen, fein gehackt
1 EL Chiliöl
40 frische Basilikumblätter (20 g)
1 Lorbeerblatt, ganz
2 TL Oregano
1 TL Chiliflocken
1 TL Thymian
1 TL Pfeffer
¼ TL Salz

Marinara Sauce – Zubereitung

» Öl in einem Topf erhitzen und Zwiebeln darin andünsten. Knoblauch zugeben und kurz andünsten. Tomaten zugeben und mit einem Kochlöffel etwas zerdrücken. Lorbeerblatt, Oregano, Chiliflocken, Thymian, Pfeffer und Salz unterrühren.

» Sauce kurz aufkochen und dann unter gelegentlichem Rühren erst ca. 45 Minuten auf niedriger Flamme und abschließend ca. 15 Minuten bei ausgeschalteter Flamme einkochen lassen.

» Sauce von der Flamme nehmen, Lorbeerblatt entfernen, Basilikum grob zupfen und einrühren. Abkühlen lassen.

Zutaten (2 Portionen)

200 g Hackfleisch (halb und halb Rinder- und Schweinehackfleisch)
800 g Tomaten aus der Dose (stückig)
1 Zwiebel, fein gewürfelt
3 Knoblauchzehen, gepresst
20 g Mascobadozucker
2 EL Olivenöl
2 TL Paprikapulver (ungarisch)
2 TL Basilikum
1 TL Oregano
1 TL Chili Ancho
½ TL Rosmarin
½ TL Majoran
Salz
Pfeffer

Sauce Bolognese – Zubereitung

» Öl in einem großen Topf erhitzen und das Hackfleisch darin kurz anbraten. Zwiebeln zugeben und andünsten, bis sie glasig sind. Tomaten und Zucker zugeben und alles ca. 10 Minuten auf mittlerer Hitze köcheln lassen.

» Knoblauch, Paprikapulver, Basilikum, Oregano, Chili Ancho, Rosmarin und Majoran unterrühren. Mit Salz und Pfeffer abschmecken.

» Ca. 15 Minuten auf niedriger Flamme einkochen und dabei gelegentlich umrühren.

Zutaten (etwa 450 g)

30 g Weizenmehl (Type 550)
400 ml Milch
30 g Butter
½ TL Muskatnuss

Béchamelsauce – Zubereitung

» Butter in einem kleinen Topf bei mittelhoher Hitze vollständig schmelzen und das Mehl mit einem Schneebesen einrühren.

» Sobald die Mischung schäumt und leicht braun wird, mit dem Muskat würzen, die Hitze etwas reduzieren und die Milch einrühren. Achtung: die Milch nicht auf einmal, sondern in großen Schlücken hinzufügen und dabei ständig rühren, damit die Masse nicht klumpt.

» Sobald die Mischung eine sämige Konsistenz hat von der Flamme nehmen und sofort weiterverarbeiten.

Darstellung auf der Abbildung (von oben nach unten): Marinara Sauce, Sauce Bolognese, Béchamelsauce

184

Dips & Cremes

In allen Formen kaufen wir regelmäßig fertige von der Lebensmittelindustrie hergestellte Dips und Cremes. Manche schmecken, viele nicht und wenn es mal etwas Neues gibt, muss auch das erstmal probiert werden. Kennen wir. Kann man machen. Ist aber wie bei der Kräuterbutter. Es ist so einfach und viel geschmackvoller, wenn man Dips oder Cremes selbst macht. Keine industrielle Verarbeitung, keine unnötigen Zusätze, sondern wenige gute und frische Zutaten. – Oliver

Zutaten (etwa 350 g)

1 kleine rote Zwiebel, fein gehackt
1 Knoblauchzehe, gepresst
250 g Speisequark (40 % Fett i. Tr.)
2 EL Zitronensaft
1 Bund frischer Schnittlauch, in Röllchen geschnitten
Salz
Pfeffer

Sour Cream – Zubereitung

» Zwiebeln, Knoblauch, Quark, Zitronensaft und Schnittlauch miteinander verrühren bis die Mischung schön cremig ist.

» Zum Schluss mit Salz und Pfeffer abschmecken.

Zutaten (6 Portionen)

1 grüne Jalapeño, fein gehackt
1 Knoblauchzehe, gepresst
20 g Weizenmehl (Type 550)
200 g Milch
160 g Appenzeller Käse (oder auch „Füürtüfel", ein Käse mit Chili), gerieben
20 g Butter
1 TL Cayennepfeffer

Käse-Dip – Zubereitung

» Butter in einem Topf schmelzen und das Mehl mit einem Schneebesen einrühren. Weiterrühren und sobald die Mischung leicht braun wird, die Milch schluckweise hinzufügen. Dabei ständig rühren, damit die Masse nicht klumpt (siehe auch Béchamelsauce)!

» Jalapeño und Knoblauch ebenfalls unter Rühren zugeben. Solange rühren, bis die Mischung eine sämige Konsistenz hat.

» Sofort von der Flamme nehmen, mit Cayennepfeffer würzen und Käse unterrühren bis er vollständig geschmolzen ist.

Zutaten (etwa 500 g)

140 g Thunfischfilet aus der Dose (in eigenem Saft)
1 rote Zwiebel, fein gewürfelt
50 g Kartoffelchips (gesalzen)
200 g Frischkäse (Natur)
100 ml Sahne
10 g Limettensaft
1 TL Chili Ancho
1 TL Pfeffer

Thunfischcreme – Zubereitung

» Chips direkt in der Chipstüte oder in einem Tuch zerdrücken.

» Thunfisch in einer Schüssel mit einer Gabel zerkleinern, erst Chips und Sahne, dann alle anderen Zutaten gut untermischen.

Darstellung auf der Abbildung: 1. Spalte – Käse-Dip, Obazda, Habanero; 2. Spalte – Sour Cream, Guacamole, Salsa; 3. Spalte – Linsen, Auberginen, Thunfisch

Zutaten (2 Portionen)

1 Habanero Chilischote, entkernt und fein gehackt
50 g Tomatenmark
80 ml Buttermilch
70 ml Sahne
50 g Limettensaft
15 g Ahornsirup
1 EL Olivenöl
1 EL Korianderblätter
1 TL Kurkumapulver
½ TL Zimt
Salz
Pfeffer

Tipp

Den Dip am besten sofort verwenden, denn wenn er zu lange zieht, wird er nochmals deutlich schärfer. Vorsicht!

Habanero-Buttermilch-Dip – Zubereitung

» Öl in einem Topf erhitzen und die Chili darin scharf anbraten.

» Mit Limettensaft ablöschen. Tomatenmark, Buttermilch, Sahne und Ahornsirup gut unterrühren. Mit Korianderblättern, Kurkuma und Zimt würzen.

» Ca. 10 Minuten auf niedriger Flamme köcheln lassen, dabei gelegentlich umrühren.

» Abschließend mit Salz und Pfeffer abschmecken.

Zutaten (4 Portionen)

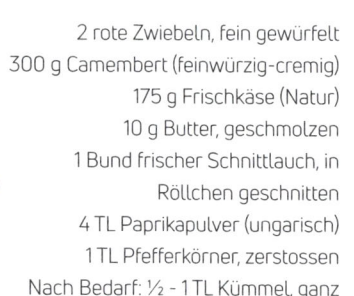

2 rote Zwiebeln, fein gewürfelt
300 g Camembert (feinwürzig-cremig)
175 g Frischkäse (Natur)
10 g Butter, geschmolzen
1 Bund frischer Schnittlauch, in Röllchen geschnitten
4 TL Paprikapulver (ungarisch)
1 TL Pfefferkörner, zerstossen
Nach Bedarf: ½ - 1 TL Kümmel, ganz

Obazda – Zubereitung

» Camembert in Stücke schneiden und diese mit einer Gabel grob zerdrücken.

» Butter in eine große Schüssel füllen, Zwiebeln, Camembert und Frischkäse zugeben und gut vermischen.

» Schnittlauch, Paprikapulver, Pfeffer und Kümmel nach und nach kräftig unterrühren.

Zutaten (etwa 480 g)

400 g Tomaten aus der Dose (stückig)
1 rote Zwiebel, fein gewürfelt
1 Knoblauchzehe, gepresst
30 g Mascobadozucker
3 EL Balsamico Bianco
1 EL Olivenöl
3 TL Paprikapulver (ungarisch)
1 TL Chili Ancho
1 TL Habanero Chiliflocken
Salz
Pfeffer

Salsa – Zubereitung

» Öl in einem Topf erhitzen und die Zwiebeln darin kurz andünsten. Tomaten dazugeben und einige Minuten köcheln lassen.

» Dann Knoblauch, Zucker, Balsamico, Paprikapulver, Chili Ancho und Chiliflocken Schritt für Schritt unterrühren.

» Einige Minuten auf niedriger Flamme einkochen bis eine stückige Konsistenz erreicht ist.

» Abschließend mit Salz und Pfeffer abschmecken.

Linsen-Kokos-Creme – Zubereitung

Zutaten (4 Portionen)

- 400 ml Kokosmilch
- 120 ml Wasser
- 100 g rote Linsen
- 3 rote Chilischoten, grob zerkleinert
- 2 Knoblauchzehen, gepresst
- 50 g Tomatenmark
- 25 g Limettensaft
- 30 g frischer Koriander (inkl. Stiele), grob gehackt
- 4 TL Paprikapulver (ungarisch)
- 3 TL Cumin
- 2 TL Cayennepfeffer
- 1 TL Koriandersamen, gemörsert
- 1 TL Kurkumapulver
- 1 TL Salz
- ½ TL Kümmel, gemahlen
- ½ TL Zimt

» In einem Topf Kokosmilch und Wasser zum Kochen bringen. Linsen zugeben und auf niedriger Flamme ca. 20 Minuten köcheln lassen.

» Für die Harissa Gewürzpaste Chili, Knoblauch, Tomatenmark, Limettensaft, Koriander, Paprikapulver, Cumin, Cayennepfeffer, Koriandersamen, Kurkuma, Salz, Kümmel und Zimt in einem hohen Gefäß mit einem Pürierstab pürieren.

» Linsen kurz abkühlen lassen und dann zusammen mit der Gewürzpaste pürieren.

Guacamole – Zubereitung

Zutaten (etwa 160 g)

- 1 reife Avocado
- 1 kleine rote Zwiebel, fein gewürfelt
- 1 Knoblauchzehe, gepresst
- 2 EL Limettensaft
- 1 EL frische Petersilienblätter, gehackt
- 1 TL Chiliflocken
- 1 TL Koriandersamen, gemahlen oder gemörsert
- Salz
- Pfeffer

» Avocado halbieren und Kern, sowie Schale entfernen. Fruchtfleisch kleinschneiden und in einer Schüssel mit einer Gabel fein zerdrücken bis es schön cremig ist.

» Dann Zwiebeln, Knoblauch, Limettensaft, Petersilie, Chiliflocken und Koriandersamen zugeben und alles gut miteinander verrühren.

» Abschließend mit Salz und Pfeffer abschmecken.

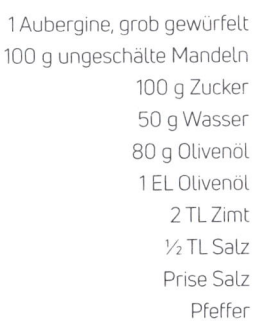

Auberginencreme mit gebrannten Mandeln – Zubereitung

Zutaten (etwa 450 g)

- 1 Aubergine, grob gewürfelt
- 100 g ungeschälte Mandeln
- 100 g Zucker
- 50 g Wasser
- 80 g Olivenöl
- 1 EL Olivenöl
- 2 TL Zimt
- ½ TL Salz
- Prise Salz
- Pfeffer

» Aubergine in eine Auflaufform geben, mit 1 EL Öl beträufeln, gut verrühren und im Backofen gleichmäßig grillen.

» Zucker, Wasser, 1 TL Zimt und eine Prise Salz in einer Pfanne verrühren und auf niedriger Hitze zum Köcheln bringen. Mandeln dazugeben und rühren bis die Masse zu stocken beginnt. Unter Rühren kurz abkühlen lassen (bis sich Zuckerklumpen bilden), dann unter Rühren nochmals kurz auf voller Flamme erhitzen, bis sich die Klumpen verflüssigen. Abschließend unter Rühren abkühlen lassen.

» Aubergine, Mandeln, 80 g Öl, 1 TL Zimt und ½ TL Salz vermischen, pürieren und mit Pfeffer (und ggf. Salz) abschmecken.

„Selbst zeitlos, begeistert das kalte Dessert noch immer Jung und Alt und das zu Recht. Egal ob neu kreierte Sorte oder Klassiker – erlaubt ist, was gefällt. Aber bitte immer mit echter Sahne!"

Eis & Sorbet

Es gibt kaum jemanden, der nicht gerne mal eine Kugel Eis essen mag. Am schönsten ist es natürlich, wenn es nicht aus einer Plastikdose kommt, sondern frisch aus der nächsten Eisdiele – selbstverständlich aus besten Zutaten hausgemacht.
So dachten wir jedenfalls, bis wir eine Reportage sahen, die zeigte, mit welchen Mitteln Eis sehr häufig in Eisdielen „hausgemacht" wird: da die Verwendung dieses Begriffes lebensmittelrechtlich noch nicht geregelt ist, reicht es aus, wenn (ähnlich einem Kartoffelpüree aus der Tüte) aus Milchpulver, Sahnepulver, Bindemittel und Dextrose das Eis vor Ort angerührt wird. Noch eine der vielen Aromapasten dazu und fertig sind 30 verschiedene Sorten.

Dann doch lieber wirklich aus eigener Herstellung! Ausschließlich mit frischen und guten Zutaten – ganz ohne Pulver und Zusatzstoffe. Den Unterschied schmeckt man sofort und beim Kreieren der eigenen Sorten sind keine Grenzen gesetzt.

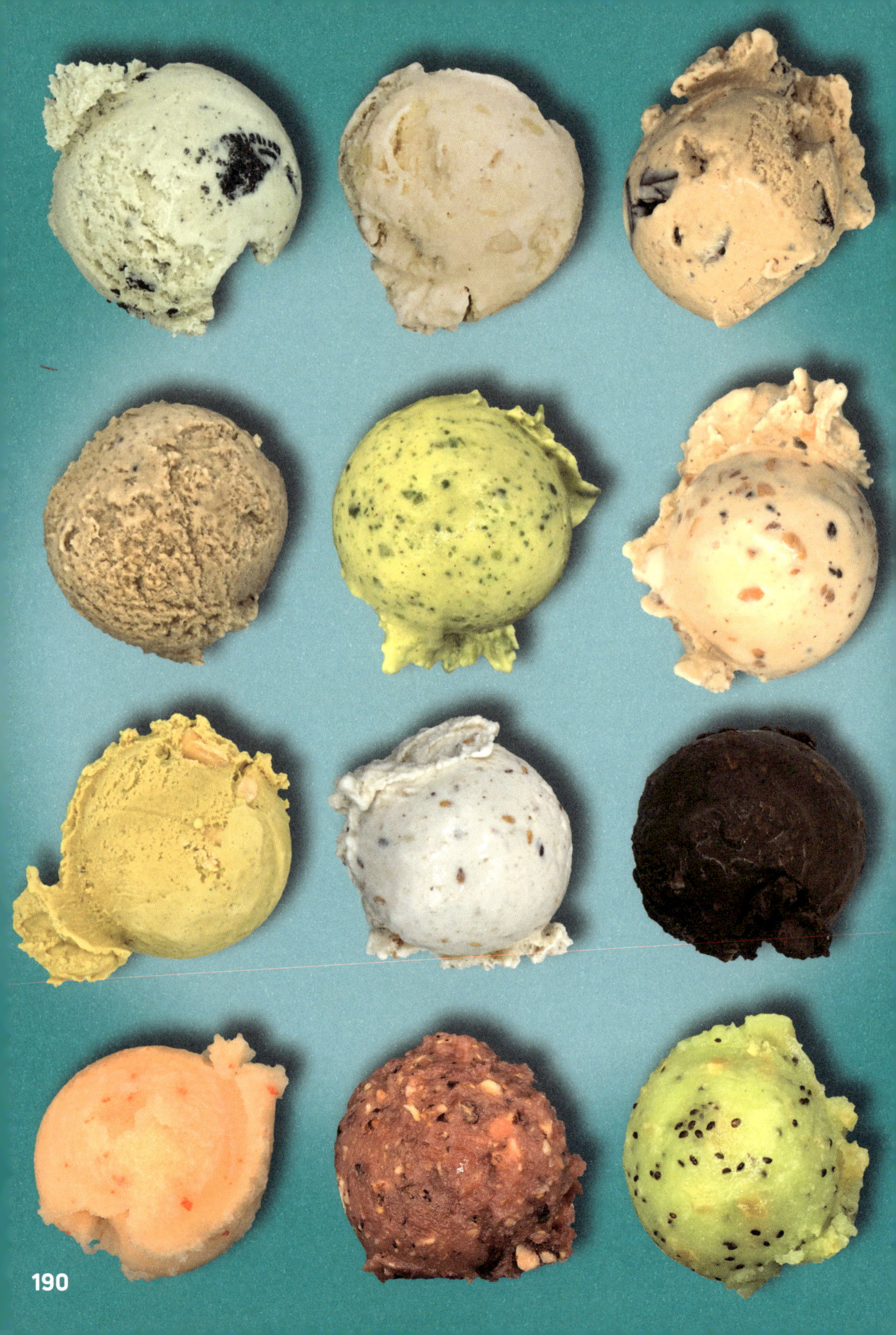

Eis & Sorbet

Ice Ice Baby – natürlich darf Eis in keinem Kochbuch fehlen. Und weil wir Eis lieben, war es uns ein Bedürfnis, Euch nicht nur neun verschiedene Sorten (+ 3 Sorbets), sondern auch ein Grundrezept für Eis an die Hand zu geben. Denn eigentlich braucht es nur eine gute Eismasse, ein paar „geschmacksgebende Zutaten" und natürlich Crunch – fertig ist das individuelle Eis! Wir empfehlen daher unbedingt, sich einfach mal an eigene Kreationen heranzutrauen, lecker wird's bestimmt und hausgemacht auf alle Fälle! – Boris

Zutaten (etwa 11 Kugeln)

2 frische Eier
400 g Sahne
240 g Milch
120 g Zucker
16 g Vanille Zucker
Prise Salz

Tipps

Basierend auf diesem Grundrezept sind schier endlose Kreationen möglich. Dabei gibt es verschiedene Möglichkeiten, das Rezept zu verändern: So kann zum Beispiel anderer Zucker oder eine Pflanzenmilch zum Einsatz kommen. Oder man fügt ein Fruchtpüree oder gemahlene Nüsse zur Zucker-Eier-Mischung hinzu. Für etwas Crunch können auch gehackte Schokolade, Nüsse oder Getreide während des Gefriervorgangs dem Eis zugegeben werden. Also einfach der Kreativität freien Lauf lassen.
Wichtig: wird zur Eismasse zusätzliche Flüssigkeit oder Kakaopulver hinzugefügt oder die Milch durch eine pflanzliche Variante ersetzt, so sind immer 2 Eier mehr zu verarbeiten. Auf den nächsten Seiten haben wir ein paar Inspirationen als Anregung notiert.

Das Eis vor dem Verzehr für ca. 10 Minuten im Kühlschrank antauen lassen. So lässt es sich nicht nur besser portionieren, sondern behält auch seinen leckeren „Schmelz".

Eis-Grundrezept – Zubereitung

» In einer Wasserbad-Schüssel die Eier, den gesamten Zucker und ggf. **Zusatz 1** mit einem Schneebesen cremig schlagen.

» Sahne, (Pflanzen-) Milch und ggf. **Zusatz 2** in einem Topf unter ständigem Rühren kurz aufkochen, dann unter Rühren etwas abkühlen lassen.

» Der Zucker-Eier-Mischung eine Prise Salz zugeben und dann in einem Wasserbad so lange unter ständigem Rühren erhitzen, bis die Masse zäher wird und Wellen bildet („Zur Rose abziehen").

» Zucker-Eier-Mischung sofort von der Flamme nehmen und ggf. **Zusatz 3** unterrühren.

» Dann Sahne-Milch-Gemisch erst löffelweise, dann schluckweise ebenfalls unterrühren, damit eine homogene Masse entsteht.

» Unter gelegentlichem Rühren vollständig abkühlen lassen.

» Eis-Grundmasse über Nacht kalt stellen.

» Gemäß Anleitung in einer Eismaschine weiterverarbeiten.

» Ggf. zur Mitte des Gefriervorgangs **Crunch** zugeben.

Darstellung auf der Abbildung: 1. bis 3. Zeile – Eis wie auf der nächsten Seite angeordnet; 4. Zeile (von links nach rechts) – Melone, Rum Trauben, Kiwi

Cookies & Cream – Zutaten (etwa 18 Kugeln)

2 frische Eier
400 g Sahne
240 g Milch
120 g Zucker
Prise Salz
Zusatz 2
Mark von 2 Vanilleschoten (Schoten können ebenfalls mit aufgekocht werden; vor der Weiterverarbeitung wieder entfernen)
Crunch
12 Oreo Kekse, geviertelt

Macadamia White Chocolate – Zutaten (etwa 14 Kugeln)

2 frische Eier
400 g Sahne
240 g Milch
120 g Zucker
16 g Vanille Zucker
Prise Salz
Zusatz 3
80 g Macadamianüsse, püriert
Crunch
50 g Macadamianüsse, gehackt
60 g weiße Schokolade, geschmolzen

Mocca Chocolate Chip – Zutaten (etwa 15 Kugeln)

4 frische Eier
400 g Sahne
240 g Milch
120 g Mascobadozucker
16 g Vanille Zucker
Prise Salz
Zusatz 3
80 g Cold Brew Coffee
Crunch
100 g Zartbitter Schokolade (85 % Kakao), gehackt

Walnuss – Zutaten (etwa 12 Kugeln)

2 frische Eier
400 g Sahne
240 g Milch
120 g Mascobadozucker
16 g Vanille Zucker
Prise Salz
Zusatz 3
100 g Walnüsse, püriert

Pistazie – Zutaten (etwa 12 Kugeln)

2 frische Eier
400 g Sahne
240 g Milch
120 g Zucker
16 g Vanille Zucker
Prise Salz
Zusatz 3
100 g Pistazien, püriert

Mandel – Zutaten (etwa 15 Kugeln)

4 frische Eier
400 g Sahne
240 g Mandelmilch (ungesüßt)
120 g Zucker
16 g Vanille Zucker
Prise Salz
Crunch
120 g blanchierte, gehackte Mandeln, ohne Fett in einer Pfanne geröstet

Erdnuss-Curry – Zutaten (etwa 12 Kugeln)

2 frische Eier
400 g Sahne
240 g Milch
120 g Kokosblütenzucker
16 g Vanille Zucker
Prise Salz
Zusatz 2
80 g Erdnussmus
2 TL Curry Madras
Crunch
80 g gesalzene, geröstete Erdnüsse

Unbaked Banana (Banane Honig Sesam) – Zutaten (etwa 17 Kugeln)

2 frische Eier
400 g Sahne
240 g Milch
80 g Zucker
16 g Vanille Zucker
Prise Salz
Zusatz 2
200 g Banane, püriert
Crunch
40 g Sesam, ohne Fett in einer Pfanne geröstet
40 g flüssiger Honig

Schoko Hafer – Zutaten (etwa 19 Kugeln)

4 frische Eier
400 g Sahne
240 g Milch
120 g Mascobadozucker
16 g Vanille Zucker
Prise Salz
Zusatz 1
35 g Kakaopulver (70 % Kakao)
Zusatz 2
100 g Zartbitter Schokolade (70 % Kakao), grob gehackt
Crunch
100 g Hafer Pops

Zutaten (etwa 11 Kugeln)

1 Galiamelone (1 kg, Fruchtfleisch 500 g)
1 rote Chilischote, entkernt und fein gehackt
40 g Honig
30 g Zucker
100 g Weißwein
2 cl Cointreau

Tipp

Sorbet eignet sich aufgrund des hohen Anteils an Flüssigkeit vor allem zum taggleichen Verzehr. Friert man es mehrere Tage im Tiefkühler ein, kann es sehr hart werden.

Sorbet „Melone Chili" – Zubereitung

» Melone längs halbieren, entkernen, Fruchtfleisch herausschneiden, würfeln und zusammen mit der Chili pürieren.

» Honig, Zucker und Wein in einem Topf unter ständigem Rühren aufkochen, bis es schäumt. Diesen Sirup unter Rühren noch einen Augenblick weiter köcheln, dann etwas abkühlen lassen.

» Sirup und Cointreau unter die pürierte Melone rühren und gemäß Anleitung in einer Eismaschine weiterverarbeiten.

Zutaten (etwa 10 Kugeln)

600 g rote kernlose Trauben
80 g gehackte Haselnüsse, ohne Fett in einer Pfanne geröstet
40 g Honig
40 g Mascobadozucker
120 g roter Trauben-Direktsaft
6 cl Übersee Rum

Sorbet „Rum Trauben Nuss" – Zubereitung

» Honig, Zucker und Traubensaft in einem Topf unter ständigem Rühren aufkochen, bis es blubbert. Diesen Sirup unter Rühren noch einen Augenblick weiter köcheln, dann etwas abkühlen lassen.

» Trauben pürieren. Sirup und Rum unterrühren und gemäß Anleitung in einer Eismaschine weiterverarbeiten.

» Zur Mitte des Gefriervorgangs Haselnüsse zugeben.

Zutaten (etwa 6 Kugeln)

4 Kiwis (je 90 g)
20 g Ingwer (getrocknet, ohne Zucker)
25 g Honig
20 g Zucker
60 g starker Ingwertee
2 cl Gin

Tipp

Da Ingwer sehr scharf sein kann, nicht mit den Ingwerstückchen übertreiben! Auch komplett ohne schmeckt das Sorbet sehr lecker und ist dann auch etwas milder.

Sorbet „Kiwi Ingwer" – Zubereitung

» Fruchtfleisch aus der Kiwi herauslöffeln, würfeln und pürieren.

» Honig, Zucker und Ingwertee in einem Topf unter ständigem Rühren aufkochen, bis es blubbert. Diesen Sirup unter Rühren noch einen Augenblick weiter köcheln, dann etwas abkühlen lassen.

» Sirup und Gin unter die pürierte Kiwi rühren und gemäß Anleitung in einer Eismaschine weiterverarbeiten.

» Ingwer fein würfeln und zur Mitte des Gefriervorgangs zugeben.

„Selbstgemachte Marmeladen: verhelfen alten Senfgläsern zu neuem Glanz und zaubern jedem Beschenkten ein Lächeln auf die Lippen."

Marmelade

Klar, man kann Früchte und Obst aus dem eigenen Garten für ganz viele verschiedene Leckereien verwenden: Obstsalat, Obstkuchen, Säfte oder auch einfach zum Aufpeppen des morgendlichen Müslis.
Wir machen allerdings am liebsten Marmelade daraus – obwohl wir selbst gar nicht so viel Marmelade zum Frühstück essen. Man kann dann nämlich auf einen Schlag alle Früchte im Garten ernten und sofort vollständig verarbeiten.
Und da sich die eingemachte Marmelade wirklich lange lagern lässt, muss man sich keine Sorgen darüber machen, dass das wundervolle Obst schlecht wird und irgendwann faul vom Baum fällt.

Hinzu kommt, dass man für die Herstellung der eigenen Kreativität freien Lauf lassen, sich immer neue Geschmackskombinationen ausdenken kann und so Marmeladen entstehen, die es im Laden nicht zu kaufen gibt.

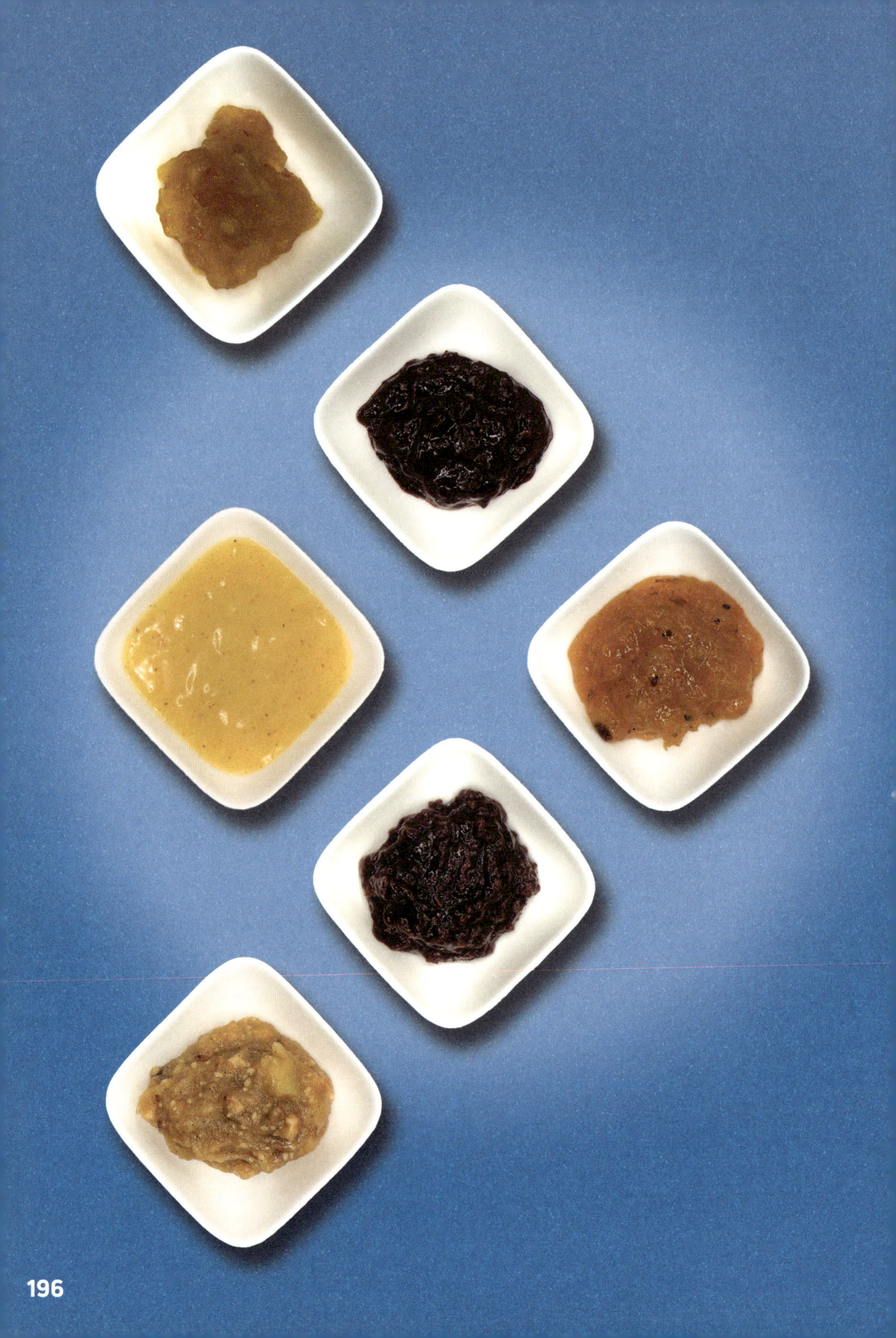

Marmelade

Neben den bereits erwähnten Äpfeln gibt es bei uns im Garten auch noch Stachelbeeren, schwarze Johannisbeeren und Sauerkirschen. Alles ideale Früchte, um eigene Marmelade daraus zu machen. Dabei ist diese nicht nur für den Eigenverzehr eine tolle Sache, sondern auch eine ideale und meist willkommene Alternative zum Blumenstrauß, wenn man jemandem eine kleine Aufmerksamkeit mitbringen möchte. Außerdem ist sie bei kühler und dunkler Lagerung lange haltbar. – Oliver

Zutaten (etwa 6 Gläser)

1,2 kg säuerliche Äpfel, geschält, entkernt und klein geschnitten
2 rote Chilischoten, entkernt und fein gehackt
600 g Gelierzucker 2:1
500 g Wasser
2 TL Golden Milk Gewürzmischung
1 TL Habanero Chiliflocken

Apfel trifft Chili – Zubereitung

» Die Äpfel in einen großen Topf geben und das Wasser unterrühren. Topf langsam erhitzen bis die Mischung anfängt zu kochen, dabei regelmäßig umrühren.

» Chili, Golden Milk Gewürzmischung und Habanero Chiliflocken zugeben und alles unter regelmäßigem Rühren ca. 10 Minuten auf niedriger Flamme köcheln lassen.

» Gelierzucker Stück für Stück zugeben und unterrühren. Ca. 5 Minuten weiter köcheln lassen.

» Marmeladengläser und -deckel mit kochendem Wasser ausspülen. Nach erfolgreicher Gelierprobe die Marmelade sofort in die Marmeladengläser abfüllen. Marmeladengläser mit dem Schraubdeckel verschließen und für 5 Minuten auf den Kopf stellen.

Zutaten (etwa 5 Gläser)

1,25 kg schwarze Johannisbeeren
610 g Gelierzucker 2:1
50 g Wasser
90 g Raspelschokolade Zartbitter (min. 50 % Kakao)

Schwarze Johannisbeere trifft Zartbitterschokolade – Zubereitung

» Die Johannisbeeren in einen großen Topf geben, mit einem Pürierstab grob zerkleinern und das Wasser unterrühren. Topf langsam erhitzen bis die Beeren anfangen zu kochen, dabei regelmäßig umrühren.

» Gelierzucker Stück für Stück zugeben und unterrühren. Ca. 5 Minuten weiter köcheln lassen.

» Marmeladengläser und -deckel mit kochendem Wasser ausspülen. Nach erfolgreicher Gelierprobe die geraspelte Schokolade unter die Marmelade heben und sofort in die Marmeladengläser abfüllen. Marmeladengläser mit dem Schraubdeckel verschließen und für 5 Minuten auf den Kopf stellen.

Darstellung auf der Abbildung: 1. Spalte – Apfel Chili, Gin Zitrone, Apfel Winter; 2. Spalte – Johannisbeere, Sauerkirsche; 3. Spalte – Stachelbeere Aprikose

Stachelbeere trifft Aprikose – Zubereitung

Zutaten (etwa 5 Gläser)

900 g Stachelbeeren
450 g Aprikosen, entsteint und in Stücke geschnitten
650 g Gelierzucker 2:1
2 Vanilleschoten

» Die Stachelbeeren und Aprikosen in einen großen Topf geben, mit einem Pürierstab grob zerkleinern.

» Vanilleschoten längs halbieren und das Vanillemark auskratzen.

» Mark und Schoten zu den Früchten geben. Topf langsam erhitzen bis die Früchte anfangen zu kochen, dabei regelmäßig umrühren.

» Vanilleschoten wieder entfernen.

» Gelierzucker Stück für Stück zugeben und unterrühren. Ca. 5 Minuten weiter köcheln lassen.

» Marmeladengläser und -deckel mit kochendem Wasser ausspülen. Nach erfolgreicher Gelierprobe die Marmelade sofort in die Marmeladengläser abfüllen. Marmeladengläser mit dem Schraubdeckel verschließen und für 5 Minuten auf den Kopf stellen.

Sauerkirsche trifft Balsamico & Rosmarin – Zubereitung

Zutaten (etwa 5 Gläser)

1,2 kg Sauerkirschen, entkernt
690 g Gelierzucker 2:1
140 g Aceto Balsamico di Modena
10 g frische Rosmarinnadeln, fein gehackt
1 ½ TL Pfefferkörner, grob zerstoßen

» Die Sauerkirschen in einen großen Topf geben, mit einem Pürierstab grob zerkleinern.

» Balsamico, Rosmarin und Pfeffer zugeben. Topf langsam erhitzen bis die Beeren anfangen zu kochen, dabei regelmäßig umrühren.

» Gelierzucker Stück für Stück zugeben und unterrühren. Ca. 5 Minuten weiter köcheln lassen.

» Marmeladengläser und -deckel mit kochendem Wasser ausspülen. Nach erfolgreicher Gelierprobe die Marmelade sofort in die Marmeladegläser abfüllen. Marmeladengläser mit dem Schraubdeckel verschließen und für 5 Minuten auf den Kopf stellen.

Apfel trifft Winter – Zubereitung

Zutaten (etwa 6 Gläser)

1,2 kg säuerliche Äpfel, geschält, entkernt und klein geschnitten
500 g Gelierzucker 2:1
500 g Wasser
100 g blanchierte, gemahlene Mandeln
100 g blanchierte, gehackte Mandeln, ohne Fett in einer Pfanne geröstet
2 Vanilleschoten
10 g Zimt
4 Nelken, ganz
2 Sternanis, ganz

Tipp
Ihr könnt die Nelken und den Sternanis auch in einen Teefilter geben und diesen verknoten. So findet Ihr sie in dem großen Topf leichter wieder.

» Die Äpfel in einen großen Topf geben und das Wasser unterrühren. Topf langsam erhitzen bis die Mischung anfängt zu kochen, dabei regelmäßig umrühren.

» Vanilleschoten längs halbieren und das Vanillemark auskratzen.

» Mark, Schoten, Nelken und Sternanis zugeben und alles unter regelmäßigem Rühren ca. 15 Minuten auf niedriger Flamme köcheln lassen.

» Vanilleschoten, Nelken und Sternanis wieder entfernen.

» Gemahlene Mandeln und Zimt unterrühren.

» Gelierzucker Stück für Stück zugeben und unterrühren. Ca. 5 Minuten weiter köcheln lassen.

» Marmeladengläser und -deckel mit kochendem Wasser ausspülen. Nach erfolgreicher Gelierprobe die gehackten Mandeln unter die Marmelade heben und sofort in die Marmeladengläser abfüllen. Marmeladengläser mit dem Schraubdeckel verschließen und für 5 Minuten auf den Kopf stellen.

Gin-Zitronen-Creme – Zubereitung

Zutaten (etwa 420 ml)

1 Bio-Zitrone, ausgepresst (70 g Zitronensaft) und vollständig abgerieben
140 g Zucker
10 g Vanille Zucker
115 g Butter, geschmolzen
1 Ei
50 g Wasser
4 cl Gin

Tipp
Im Kühlschrank hält sich die Creme bis zu einem Jahr. Dazu die Einmachgläser wie bei der Marmelade mit kochendem Wasser ausspülen und die Creme stets mit einem sauberen Löffel entnehmen.

» Zitronensaft, Zitronenabrieb, Ei und Wasser in einem kleinen Topf mit einem Schneebesen schaumig schlagen.

» Topf auf mittlerer Hitze erwärmen, gesamten Zucker und Butter unter ständigem Rühren abwechselnd schrittweise zugeben.

» Weiterrühren bis die Creme leicht köchelt.

» Gin zugeben und nur noch kurz köcheln lassen, dann von der Flamme nehmen, noch heiß in Einmachgläser abfüllen und vollständig abkühlen lassen.

Register

A
Alioli 181
Älplermagronen 61
Apfel trifft Chili Marmelade 197
Apfel trifft Winter Marmelade 199
Apple Crumble 129
Arme Ritter 71
Auberginencreme mit gebrannten Mandeln 187

B
Bagel
        Everything 123
        Laugen 123
Balsamico-Rucola-Senf 181
Bananen-Schoko-Walnuss-Brownies 165
Bärlauch-Ravioli an Paprika-Tomaten-Sugo 89
Basilikum-Mayonnaise 179
BBQ Sauce 181
Béchamelsauce 183
Bhuna Gosht 105
Bohnensalat 139
Brezelknödel 95
Brotsalat 23
Buchweizenpfannkuchen 69
Burger Buns 77

C
Caesar Salad 23
Cannelloni 35
Chäschüechli 157
Chäsgetschädder 63
Cornflakes Parmesan Schnitzel 67
Crêpes 69

D
Dünnele 161

E
Eis
    Cookies & Cream 192
    Erdnuss-Curry 192
    Grundrezept 191
    Macadamia White Chocolate 192
    Mandel 192
    Mocca Chocolate Chip 192
    Pistazie 192
    Schoko Hafer 192
    Unbaked Banana 192
    Walnuss 192

F
Fajita Chicken 155
Fenchelpasta 49
Fenchelsalat 139
Fischfilet in Tomatensauce 111
Fladenbrot 159
Frittata mit Kirschtomaten, Avocado und Feta 59

G
Gambas al Ajillo 111
Gebratene Maultaschen mit Ei 41
Gebratene Mie-Nudeln mit Ei und Pute 65
Gewürzreis 103
Gin-Zitronen-Creme 199
Gnocchi 173
Gnocchi mit Appenzeller 43
Gnocchi Prosciutto Napoli 43
Green Curry Bowl mit Hähnchen 107
Grilled Cheese Sandwich 71
Grillgemüse-Tortellini mit Spargelcreme 87
Guacamole 187
Gurkensalat 137

H
Habanero-Buttermilch-Dip 186
Honey-Mustard-Butter 151

I
Injera 99

K
Kaffee-Käsekuchen 79
Kaiserschmarrn 117
Kalbsgeschnetzeltes 95
Kartoffelgratin 33
Kartoffelpüree 33
Kartoffelspalten 33
Käse-Dip 185
Käsespätzle 39
Ketchup 179
Kichererbsen-Tahini-Suppe mit Röstbrokkoli 135
Knoblauch-Weißwein-Pasta 49
Krabbensalat 141
Kräuterbutter 151

L
Lasagne 35
Laugenfächer 125
Laugengebäck 121
Limettenbutter 151
Linsen-Kokos-Creme 187
Linzer Torte 127

M
Mac 'n' Cheese 47
Marinara Sauce 183
Matjessalat 141
Maultaschen 91
Maultaschen mit Schmelzzwiebeln 41
Mojo Rojo 180
Mozzarella Sticks 97
Mürbeteig 175

N
Naan 103
Nachos Diabolo 115
Nüsslisalat, Trüffel-Champignons und Ziegenkäse 83

O
Obazda 186
Omas Geburtstagskuchen 163
Omas Kartoffelsalat 147

P
Palek Paneer 104
Pancakes 73
Pane con Tomate 109
Papas Arrugadas 109
Pasta all' arrabbiata 37
Pasta Marinara mit Auberginen-Scamorza-Balls 51
Pasta mit Chili und Feta 37
Pastasalat mit Feta und Pinienkernen 145
Pastasalat mit Honig-Vinaigrette 145
Pastateig 175
Pesto
    Basilikum Pinienkern 53
    Koriander Kürbiskern 53
    Rote Bete Walnuss 53
    Rucola Haselnuss 53
    Vino Rosso 53
Pflaumen im Speckmantel 111
Pizzasauce 169
Pizzateig 169
Pizzoccheri della Valtellina 93
Potato Cheese Bites 97

Q
Quinoa-Salat 143

R
Radieschensalat mit Sesam 137
Ratatouille à la Olli 31
Ravioli mit Ziegenfrischkäse an Salbeibutter 85
Red Sour Cream 180
Rindertatar 113
Risotto
    Fenchel Zitronen 55
    Rote Bete 55
Risottofrikadellen 57
Rösti 61
Rotwein-Schalotten-Butter 151
Rucolasalat mit Spargel und Burratina 83

S
Salsa 186
Saltimbocca 67
Sauce Bolognese 183
Sauerkirsche trifft Balsamico & Rosmarin Marmelade 198
Schupfnudeln 173
Schupfnudeln mit Knoblauch-Chili-Öl 45
Schupfnudeln mit Mohn 45
Schupfnudeln mit Sauerkraut 45

Schwäbischer Kartoffelsalat 147
Schwarze Johannisbeere trifft
Zartbitterschokolade Marmelade 197
Schwarzwurzelsuppe mit Trüffel-Champignons 27
Schweine-Medaillons am Rosmarinzweig 155
Schweinebraten 113
Schweizer Bürli 75
Schweizer Käsesalat 149
Shakshuka 29
Sorbet
 Kiwi Ingwer 193
 Melone Chili 193
 Rum Trauben Nuss 193
Sour Cream 185
Spätzle 171
Spätzle Piri Piri 39
Stachelbeere trifft Aprikose Marmelade 198
Steaksauce 180
Stew
 Erdnuss Süßkartoffel 101
 Linsen 101
 Spinat Frischkäse 99
Süßkartoffel-Kokos-Suppe 133

T

Thunfischcreme 185
Tiramisu 119
Tiroler Spinatknödel 63
Toastbrot 77
Tomatensuppe 25
Torta Caprese 79
Tortilla Española 109

W

Waffeln 73
Würstchen
 Basil Tomato 153
 Indian Ginger 153
 Maple Rosemary 153
 Mexican Chipotle 153
Wurstsalat 149

Z

Zwetschgenknödel 127
Zwiebelkuchen 157
Zwiebelsalat 137

Fleisch

Älpermagronen 61
Bhuna Gosht 105
Cornflakes Parmesan Schnitzel 67
Dünnele 161
Fajita Chicken 155
Fenchelpasta 49
Fischfilet in Tomatensauce 111
Gambas al Ajillo 111
Gebratene Maultaschen mit Ei 41
Gebratene Mie-Nudeln mit Ei und Pute 65
Gnocchi Prosciutto Napoli 43
Green Curry Bowl mit Hähnchen 107
Kalbsgeschnetzeltes 95
Krabbensalat 141
Lasagne 35
Matjessalat 141
Maultaschen 91
Maultaschen mit Schmelzzwiebeln 41
Omas Kartoffelsalat 147
Pflaumen im Speckmantel 111
Rindertatar 113
Saltimbocca 67
Sauce Bolognese 183
Schweine-Medaillons am Rosmarinzweig 155
Schweinebraten 113
Thunfischcreme 185
Wurstsalat 149
Zwiebelkuchen 157

Vegetarisch

Alioli 181
Apple Crumble 129
Arme Ritter 71
Balsamico-Rucola-Senf 181
Bananen-Schoko-Walnuss-Brownies 165
Bärlauch-Ravioli an Paprika-Tomaten-Sugo 89
Basilikum-Mayonnaise 179
Béchamelsauce 183
Bohnensalat 139
Brezelknödel 95
Brotsalat 23
Buchweizenpfannkuchen 69
Burger Buns 77
Caesar Salad 23
Cannelloni 35
Chäschüechli 157
Chäsgetschädder 63
Crêpes 69

Eis
    Cookies & Cream 192
    Erdnuss-Curry 192
    Grundrezept 191
    Macadamia White Chocolate 192
    Mandel 192
    Mocca Chocolate Chip 192
    Pistazie 192
    Schoko Hafer 192
    Unbaked Banana 192
    Walnuss 192
Fenchelsalat 139
Fladenbrot 159
Frittata mit Kirschtomaten, Avocado und Feta 59
Gin-Zitronen-Creme 199
Gnocchi 173
Gnocchi mit Appenzeller 43
Grilled Cheese Sandwich 71
Grillgemüse-Tortellini mit Spargelcreme 87
Habanero-Buttermilch-Dip 186
Honey-Mustard-Butter 151
Kaffee-Käsekuchen 79
Kaiserschmarrn 117
Kartoffelgratin 33
Kartoffelpüree 33
Käse-Dip 185
Käsespätzle 39
Kichererbsen-Tahini-Suppe mit Röstbrokkoli 135
Knoblauch-Weißwein-Pasta 49
Kräuterbutter 151
Laugenfächer 125
Laugengebäck 121
Limettenbutter 151
Linzer Torte 127
Mac 'n' Cheese 47
Mozzarella Sticks 97
Mürbeteig 175
Naan 103
Nachos Diabolo 115
Nüsslisalat, Trüffel-Champignons und Ziegenkäse 83
Obazda 186
Omas Geburtstagskuchen 163
Palek Paneer 104
Pancakes 73
Pasta all' arrabbiata 37
Pasta Marinara mit Auberginen-Scamorza-Balls 51
Pasta mit Chili und Feta 37

Pastasalat mit Feta und Pinienkernen 145
Pastasalat mit Honig-Vinaigrette 145
Pastateig 175
Pesto
    Basilikum Pinienkern 53
    Koriander Kürbiskern 53
    Rote Bete Walnuss 53
    Rucola Haselnuss 53
    Vino Rosso 53
Pizzoccheri della Valtellina 93
Potato Cheese Bites 97
Quinoa-Salat 143
Radieschensalat mit Sesam 137
Ravioli mit Ziegenfrischkäse an Salbeibutter 85
Red Sour Cream 180
Risottofrikadellen 57
Rote Bete Risotto 55
Rotwein-Schalotten-Butter 151
Rucolasalat mit Spargel und Burratina 83
Schupfnudeln 173
Schupfnudeln mit Knoblauch-Chili-Öl 45
Schupfnudeln mit Mohn 45
Schupfnudeln mit Sauerkraut 45
Schwarze Johannisbeere trifft Zartbitterschokolade Marmelade 197
Schwarzwurzelsuppe mit Trüffel-Champignons 27
Schweizer Käsesalat 149
Shakshuka 29
Sorbet
    Kiwi Ingwer 193
    Melone Chili 193
    Rum Trauben Nuss 193
Sour Cream 185
Spätzle 171
Spätzle Piri Piri 39
Spinat Frischkäse Stew 99
Tiramisu 119
Tiroler Spinatknödel 63
Toastbrot 77
Tomatensuppe 25
Torta Caprese 79
Tortilla Española 109
Waffeln 73
Zwetschgenknödel 127

Vegan

Apfel trifft Chili Marmelade 197
Apfel trifft Winter Marmelade 199
Auberginencreme mit gebrannten Mandeln 187
Bagel
    Everything 123
    Laugen 123
BBQ Sauce 181
Fenchel Zitronen Risotto 55
Gewürzreis 103
Guacamole 187
Gurkensalat 137
Injera 99
Kartoffelspalten 33
Ketchup 179
Linsen-Kokos-Creme 187
Marinara Sauce 183
Mojo Rojo 180
Pane con Tomate 109
Papas Arrugadas 109
Pizzasauce 169
Pizzateig 169
Ratatouille à la Olli 31
Rösti 61
Salsa 186
Sauerkirsche trifft Balsamico & Rosmarin Marmelade 198
Schwäbischer Kartoffelsalat 147
Schweizer Bürli 75
Stachelbeere trifft Aprikose Marmelade 198
Steaksauce 180
Stew
    Erdnuss Süßkartoffel 101
    Linsen 101
Süßkartoffel-Kokos-Suppe 133
Würstchen
    Basil Tomato 153
    Indian Ginger 153
    Maple Rosemary 153
    Mexican Chipotle 153
Zwiebelsalat 137

Laktosefrei

Alioli 181
Apfel trifft Chili Marmelade 197
Apfel trifft Winter Marmelade 199
Auberginencreme mit gebrannten Mandeln 187
Bagel
    Everything 123
    Laugen 123
Balsamico-Rucola-Senf 181
Basilikum-Mayonnaise 179
BBQ Sauce 181
Bohnensalat 139
Fajita Chicken 155
Fenchel Zitronen Risotto 55
Fischfilet in Tomatensauce 111
Gebratene Maultaschen mit Ei 41
Gebratene Mie-Nudeln mit Ei und Pute 65
Gewürzreis 103
Green Curry Bowl mit Hähnchen 107
Guacamole 187
Gurkensalat 137
Injera 99
Kartoffelspalten 33
Ketchup 179
Krabbensalat 141
Linsen-Kokos-Creme 187
Marinara Sauce 183
Matjessalat 141
Maultaschen 91
Mojo Rojo 180
Omas Kartoffelsalat 147
Pane con Tomate 109
Papas Arrugadas 109
Pastateig 175
Pizzasauce 169
Pizzateig 169
Quinoa-Salat 143
Radieschensalat mit Sesam 137
Ratatouille à la Olli 31
Rindertatar 113
Rösti 61
Salsa 186
Saltimbocca 67
Sauce Bolognese 183
Sauerkirsche trifft Balsamico & Rosmarin Marmelade 198
Schupfnudeln 173
Schupfnudeln mit Knoblauch-Chili-Öl 45
Schupfnudeln mit Sauerkraut 45
Schwäbischer Kartoffelsalat 147
Schweine-Medaillons am Rosmarinzweig 155
Schweinebraten 113
Schweizer Bürli 75
Shakshuka 29
Sorbet
    Kiwi Ingwer 193
    Melone Chili 193
    Rum Trauben Nuss 193
Spätzle 171
Stachelbeere trifft Aprikose Marmelade 198
Steaksauce 180
Stew 99
    Erdnuss Süßkartoffel 101
    Linsen 101
Süßkartoffel-Kokos-Suppe 133
Tortilla Española 109
Würstchen
    Basil Tomato 153
    Indian Ginger 153
    Maple Rosemary 153
    Mexican Chipotle 153
Zwetschgenknödel 127
Zwiebelsalat 137

Glutenfrei

Alioli 181
Apfel trifft Chili Marmelade 197
Apfel trifft Winter Marmelade 199
Auberginencreme mit gebrannten Mandeln 187
Balsamico-Rucola-Senf 181
Basilikum-Mayonnaise 179
Bhuna Gosht 105
Bohnensalat 139
Buchweizenpfannkuchen 69
Cornflakes Parmesan Schnitzel 67
Eis
    Erdnuss-Curry 192
    Grundrezept 191
    Macadamia White Chocolate 192
    Mandel 192
    Mocca Chocolate Chip 192
    Pistazie 192
    Schoko Hafer 192
    Unbaked Banana 192
    Walnuss 192
Fenchelsalat 139
Fischfilet in Tomatensauce 111
Frittata mit Kirschtomaten, Avocado und Feta 59

Gambas al Ajillo 111
Gewürzreis 103
Gin-Zitronen-Creme 199
Green Curry Bowl mit Hähnchen 107
Guacamole 187
Gurkensalat 137
Habanero-Buttermilch-Dip 186
Honey-Mustard-Butter 151
Injera 99
Kalbsgeschnetzeltes 95
Kartoffelgratin 33
Kartoffelpüree 33
Kartoffelspalten 33
Kichererbsen-Tahini-Suppe mit Röstbrokkoli 135
Krabbensalat 141
Kräuterbutter 151
Limettenbutter 151
Linsen-Kokos-Creme 187
Marinara Sauce 183
Matjessalat 141
Mojo Rojo 180
Nüsslisalat, Trüffel-Champignons und Ziegenkäse 83
Obazda 186
Omas Kartoffelsalat 147
Palek Paneer 104
Papas Arrugadas 109
Pesto
    Basilikum Pinienkern 53
    Koriander Kürbiskern 53
    Rote Bete Walnuss 53
    Rucola Haselnuss 53
    Vino Rosso 53
Pflaumen im Speckmantel 111
Pizzasauce 169
Pizzoccheri della Valtellina 93
Quinoa-Salat 143
Ratatouille à la Olli 31
Risotto
    Fenchel Zitronen 55
    Rote Bete 55
Rösti 61
Rotwein-Schalotten-Butter 151
Rucolasalat mit Spargel und Burratina 83
Salsa 186
Saltimbocca 67
Sauce Bolognese 183
Sauerkirsche trifft Balsamico & Rosmarin Marmelade 198

Schwäbischer Kartoffelsalat 147
Schwarze Johannisbeere trifft Zartbitterschokolade Marmelade 197
Schwarzwurzelsuppe mit Trüffel-Champignons 27
Schweine-Medaillons am Rosmarinzweig 155
Schweinebraten 113
Schweizer Käsesalat 149
Shakshuka 29
Sorbet
    Kiwi Ingwer 193
    Melone Chili 193
    Rum Trauben Nuss 193
Sour Cream 185
Stachelbeere trifft Aprikose Marmelade 198
Steaksauce 180
Stew 99
    Erdnuss Süßkartoffel 101
    Linsen 101
    Spinat Frischkäse 99
Süßkartoffel-Kokos-Suppe 133
Thunfischcreme 185
Tomatensuppe 25
Torta Caprese 79
Tortilla Española 109
Wurstsalat 149
Zwiebelsalat 137

**Dinner with friends – Das Kochbuch.
Rezepte für legendäre Abende und Nächte.**

ISBN 9783958940604. 24,99 Euro. Überall im Buchhandel.